BAJA CALIFORNIA

<u>**Abseits der Straßen**</u>

Mexiko: BAJA CALIFORNIA

Ein Offroad-Reiseführer

von

JIM HUNTER

übersetzt und erweitert von
Michael Müller u. Cornelia Stauch

Müller-Stauch

Fotos

Robert Western: S. 89, 105, 115, 143.
Jim Hunter: S. 46, 47, 50, 118, 123, 125.
M. Müller, C. Stauch: S. 164, 166, 170, 187, 203, Titelbild.

CIP-Kurztitelaufnahme der Deutschen Bibliothek

Hunter, Jim:
Mexiko, Baja California: e. Offroad-Reiseführer/
von Jim Hunter. Übers. u. erw. von Michael Müller
u. Cornelia Stauch. - Schwäbisch Gmünd/Her-
likofen: Müller-Stauch, 1982.
(Abseits der Straßen)
Einheitssacht.: Offbeat Baja dt.
ISBN 3-922592-04-X

Veröffentlicht im Müller/Stauch Verlag

Amerikanische Originalausgabe:
OFFBEAT BAJA von Jim Hunter, Chronicle Books, San Francisco.

Druck: STUWE Druck Tübingen

ISBN 3-922592-04-X

VORWORT DER ÜBERSETZER

Die 1 300 km lange mexikanische Halbinsel BAJA CALIFORNIA im äußersten Westen Mexikos mit ihrem ganzjährig warmen Klima und den palmenbewachsenen, menschenleeren Stränden bietet für jeden etwas: für Wanderer, Kajakfahrer, Surfer, Offroader, Angler, Taucher, Naturforscher - und für den Faulenzer, der genug hat von den Regentagen in unseren Breitengraden!

Die Baja ist immer noch weitgehend unerschlossen:
bis 1973 gab es keine einzige geteerte Straße auf der ganzen Halbinsel! Ein Paradies - aber nur für Kundige mit Geländewagen.
Heute führt die geteerte Mex 1 insgesamt 1 700 km von Tijuana im Norden an der US-Grenze bis in die Tropen nach Cabo San Lucas am südlichen Ende der Halbinsel.
Links und rechts dieser Straße aber hat sich nichts verändert: es ist kaum besiedelte Wildnis, in die nur kleinere Seitenwege führen, die die Bezeichnung Straße nicht verdienen. Es sind lediglich Spuren, die auf die mehr oder weniger häufige Benützung durch mexikanische Rancheros hindeuten. Der Zustand dieser Wege ist recht unterschiedlich. Auf vielen kommt man, wenn man vorsichtig ist, mit einem VW-Bus ans Ziel. Bei einigen ist Allradantrieb unerläßlich. Und dann gibt es noch welche, die man besser nur zu Fuß oder mit einem Esel in Angriff nimmt. Da es so gut wie keine Straßenbeschilderung gibt, braucht man entweder einen ortskundigen Begleiter oder eine genaue Beschreibung der jeweiligen Strecke.
Jim Hunter kann sie geben: seit mehr als 20 Jahren erforscht er mit Geländewagen, Motorrad und zu Fuß immer wieder neue Gebiete der Baja. In diesem Buch gibt Jim genaue Logbeschreibungen mit Entfernungsangaben für 52 Routen abseits der 'Carretera Transpeninsular', der geteerten Mex 1. Damit sich jeder, ob mit VW-Bus, Motorrad oder Geländewagen auf solche Strecken wagen kann, ohne ein unberechenbares Risiko einzugehen, hat Jim ein Klassifizierungssystem ausgetüftelt, das von I (zweispuriger, problemloser Weg) bis X (von allen motorisierten Fahrzeugen zu meiden) reicht.
Bei jeder Streckenbeschreibung werden die darin vorkommenden Schwierigkeitsgrade angegeben.
Wer einige dieser Seitenwege (zus. ca. 3 000 km) fährt, wird überrascht sein von der Unterschiedlichkeit und Abwechslung,

die die Baja bietet. Sie führen zu den herrlichsten Stränden mit warmem, türkisgrünem Wasser, zu alpinen Wald- und Wiesengebieten, palmenbewachsenen Oasen, heißen Quellen und zu verlassenen Ruinen von Missionen, die die Jesuiten hier im 17. und 18. Jahrhundert errichteten.
Wer im Winter (Dezember bis März) auf der Baja ist, hat die besten Chancen, die riesigen Grauwale in ihrem Paarungsgebiet beobachten zu können.
Außerdem gibt es Seelöwen und Pelikane zu sehen und eine Unmenge von Fischen. Wer an der Pazifikküste kein Glück hat mit dem Angeln, dem ist der Erfolg dann an der Ostküste am Cortez Meer (früher Golf von Kalifornien genannt), auf jeden Fall beschieden. An manchen Stellen brodelt das Wasser förmlich vor lauter Fischen!
Die Vegetation bietet die unterschiedlichsten und bizarrsten Formen von Kakteen, die es nirgendwo sonst auf der Welt gibt.
Die Baja hält soviel Neues, Schönes und teilweise gänzlich Unerwartetes bereit, daß es schade wäre, wenn man die neue Teerstraße nur dazu benützen würde, um an einem Rutsch hinunterzudonnern. Wir erlebten im Frühjahr '81 dort zwei herrliche Monate und selbst diese Zeit war viel zu kurz.

Eines hat die Baja mit Alaska gemeinsam: weites, fast unberührtes wunderschönes Land. Beides sind 'Frontiers', Grenzgebiete, wo die Zivilisation noch nicht so weit fortgeschritten ist. Vielleicht können wir es mit unserem heutigen Wissen und unserem festen Willen noch schaffen, solche Gebiete zwar zu betreten, aber nicht weiter zu zerstören - dabei ist unser Verhalten als Gast in diesem Land von ganz besonderer Bedeutung!

Bei unserer Übersetzung haben wir die von Jim überarbeitete Ausgabe von OFFBEAT BAJA (Stand Frühjahr '82) zur Vorlage genommen und es mit dem Kapitel 'Wissenswertes über die Baja' und verschiedenen Tips für den Nicht-Amerikaner ergänzt.
Wir würden uns freuen, wenn Ihr uns eigene Erfahrungen von dort (gute und schlechte) und nützliche Tips schreiben würdet. Für jeden verwertbaren Hinweis schicken wir ein Exemplar der Neuauflage.

Viel Spaß beim Lesen und noch mehr Spaß auf den Seitenwegen der Baja !!!

Cornelia + Michael

(Leider wieder) Tübingen, Frühjahr 1982

INHALT

NÜTZLICHE REISETIPS

1. EINREISEFORMALITÄTEN

Für die Einreise nach Mexiko benötigt man eine Touristenkarte, die man gegen Vorlage des Reisepasses bei jedem mexikanischen Konsulat (Adressen siehe Kap. 'Adressen, Preise u. andere nützliche Infos') und bei fast allen Mexiko anfliegenden Fluggesellschaften erhält.

Wer über die USA nach Mexiko einreist, kann sich die Touristenkarte auch auf einem der zahlreichen mexikanischen Konsulate in den Vereinigten Staaten besorgen. Oder direkt an der Grenze in einem Gebäude, wo 'Migracion' draufsteht.
Reisende, die über die USA kommen, benötigen natürlich auch ein Visum für die USA. Dabei darauf achten, daß man ein 'multiple entry' Visum bekommt, damit auch eine evtl. Rückreise in die Staaten problemlos ist.

Grenzübergangsstellen entlang der US-Grenze sind Tijuana, Mexicali und Algodones.
Die Grenze in Tijuana und Mexicali ist rund um die Uhr offen (ebenso die Versicherungsbüros).
Tecate ist von 8 Uhr morgens bis Mitternacht offen; Algodones von 6 Uhr morgens bis Mitternacht.

Da Mexiko am Tourismus interessiert ist und die Baja außerdem Freihandelszone ist, hat man bei der Einreise keine Probleme. Man braucht auch für ein Fahrzeug keine Einfuhrerlaubnis. Die wird erst bei der Überfahrt aufs Festland erforderlich. Man erhält sie auch beim Konsulat oder beim jeweiligen Fährhafen.

ACHTUNG: Auf dem Weg nach Süden (17 km hinter Ensenada auf der Mex 1, kurz nach Maneadero) kommt man an einem Schild vorbei, wo 'Migracion' draufsteht. Hier müssen alle Ausländer anhalten und ihre Touristenkarte und den Paß vorzeigen, damit sie den notwendigen Stempel erhalten. Wenn man das nicht macht, muß man mit Schwierigkeiten bei der Ausreise rechnen!

2. ANREISE

Von Deutschland aus gibt es keinen Direktflug auf die Baja. Man kann entweder nach M e x i c o C i t y oder nach L o s A n g e l e s fliegen und von dort aus einen Anschlußflug nach Tijuana oder La Paz nehmen.

Etwas billiger ist es, wenn man von L.A. oder von Mexico City auf dem Landweg auf die Baja weiterreist:
Von L.A. aus fahren täglich Busse nach Tijuana und Mexicali.
Von Mexico City aus fahren Züge und Busse nach Mazatlán, Topolobampo und Guaymas. Von allen drei Orten kann man mit der Fähre auf die Halbinsel übersetzen.
(Preise und Fährenfahrplan siehe Kap. 'Adressen, Preise und andere nützliche Infos'.)

Eine beliebte Anreiseroute ist die Fahrt mit der alten Eisenbahn durch den Kupfer Canyon von Chihuahua nach Los Mochis über die Sierra Madre Occidental und von Topolobampo mit der Fähre nach La Paz.

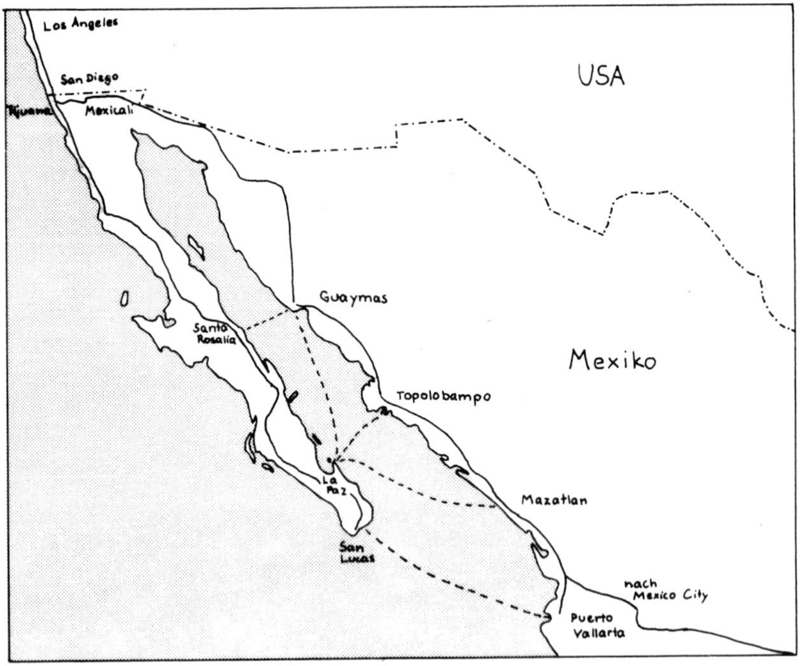

3. TRANSPORTMÖGLICHKEITEN AUF DER BAJA

a) Mit dem B u s

Von Tijuana fährt zweimal täglich ein Bus nach La Paz. Reservierungen sind nicht möglich und i.a. auch nicht notwendig. Wer die ganze Strecke nicht an einem Rutsch durchfahren will, muß sich ein Teilstreckenticket besorgen, da man mit einer Fahrkarte für die ganze Strecke die Fahrt nirgends unterbrechen kann.
(Preise siehe Kap. 'Adressen, Preise u. andere nützliche Infos'.)

b) Mit dem M i e t w a g e n

Alle Flughäfen haben Mietwagenverleihe. In Städten wie La Paz, Ensenada, Tijuana und Mexicali ist dies ebensowenig ein Problem. Am einfachsten ist es, man reserviert sich seinen Mietwagen schon von Deutschland aus, dann kann man auch noch in aller Ruhe die Preise der verschiedenen Firmen vergleichen.
Wer in Mexiko einen Mietwagen nimmt, muß eine Kaution oder seine Kreditkartennummer hinterlegen.
Der deutsche Führerschein reicht aus, ein internationaler ist besser.
Das Mindestalter, um dort ein Auto mieten zu können, ist 25 Jahre.

Wegen der oft schlechten Wegbeschaffenheit sind in ganz Mexiko Volkswagen (Golf, VW-Bus und vor allem Käfer) sehr beliebt. Neuerdings werden auch immer mehr geländegängige Fahrzeuge und sogar vereinzelt Allradfahrzeuge von den Mietwagenfirmen angeboten.
(Adressen und Preise siehe Kap. 'Adressen, Preise u.a. nützliche Infos'.)

c) Mit dem T a x i

Taxis sind in ganz Mexiko beliebt, nicht nur für Kurzstrecken. Innerhalb von Städten sind die Raten meist fix, aber bei längeren Fahrten (vor allem über Seitenwege) kann man auf jeden Fall handeln.
Einige Taxis nehmen unterwegs auch noch andere Fahrgäste mit, was dann die ganze Fahrt noch billiger macht.

4. AUTO-/MOTORRADKAUF IN USA

Wenn man über die USA anreist, bietet sich neben einem Mietwagen eine viel bessere Möglichkeit, nämlich ein Auto oder ein Motorrad zu kaufen.
Dies lohnt sich auch schon für Leute, die nur 6 Wochen unterwegs sind und vor allem für diejenigen, die daran denken, ihr Fahrzeug dann aus den USA in die BRD zu importieren. Dies kostet zwar etwas Zeit, ist aber nicht problematisch. Bei einigen Fahrzeugen lohnt sich der finanzielle Aufwand (Fracht ca. 1000 DM), da sie in den Staaten wesentlich billiger sind als bei uns!

Das trockene Klima im Südwesten und die milden Winter entlang der Westküste lassen auch ein 10 Jahre altes Auto (und noch viel ältere!) ohne nennenswerten Rostfraß dastehen. Wir importierten z.B. 1980 einen 68er VW-Bus, der vorher in Kalifornien und Utah zugelassen war und bekamen mühelos das notwendige Vollgutachten vom TÜV! Der Mann kam völlig verblüfft mit seinem Hämmerchen unter dem Wagen hervor und konnte nur noch staunen!
1981 kauften wir im Staat Washington einen Toyota Landcruiser Stationwagon, der trotz seiner 9 Lebensjahre völlig rostfrei war. Wir fuhren ihn pannenfrei 25000 km und konnten ihn fast zum gleichen Preis wieder verkaufen. Bezahlt haben wir für ihn 1800 $. In dieser Preislage liegen an der Westküste auch die VW-Busse gleichen Alters (teilweise mit Westfalia Ausrüstung).

Der Autokauf ist in den USA völlig problemlos und wenn man bei einem Gebrauchtwagenhändler kauft, erledigt dieser evtl. auch die notwendigen Formalitäten. Über Anzeigen in lokalen Zeitungen ist es aber meist billiger.
Dasselbe gilt auch für Motorräder. Geländemaschinen aller Art sind zahlreich angeboten und für 500 $ ist es kein Problem, z.B. eine 5 bis 6 Jahre alte 350 XL Honda oder etwas Ähnliches in gutem Zustand zu kaufen.

Verkaufen geht ebenso einfach. Wenn man nicht an einen Händler verkaufen will, gibt man am besten eine Zeitungsanzeige auf mit einer Telefonnummer. Wenn man keine Freunde mit Telefon hat, kommt einem das amerikanische Telefonsystem zu Hilfe: man kann nämlich in den USA (und in Canada) auch Telefonzellen anwählen! Man sucht sich also eine passende Zelle (ruhig und nicht zu stark frequentiert) aus und gibt eine Annonce mit dieser Telefonnummer auf und noch die Zeit, wann man dort zu erreichen ist. Also z.B.:

FOR SALE, VW-Bus, excellent condition,
2000 $ or best offer.
Call Mike 234 - 7292 (from 6 to 7 p.m. only!)

Für den Autokauf sollte man ein bis zwei Tage einkalkulieren, für den Verkauf mindestens so lange. Vielleicht kann man auch schon unterwegs etwas arrangieren oder an einen anderen Touristen schon von Deutschland aus weiterverkaufen. Anzeigen in Globetrotter-Zeitschriften oder Stadt-Zeitungen können oft recht schnell Erfolg bringen.

Wenn man das Fahrzeug aber wieder in den Staaten verkaufen will, ist es am einfachsten, wenn man es im gleichen Staat, wo man es gekauft hat, auch wieder verkauft. Damit werden einige Formalitäten eingespart.

Was für ein Fahrzeug sollte man nun kaufen?
Das kommt natürlich ganz auf den geplanten Trip an. Bei einem 6-wöchigen Urlaub kann man für den Preis eines Mietwagens (Preise siehe Kap. 'Adressen, Preise ...') auch schon ein Auto kriegen und es notfalls anschließend verschenken, ohne dabei Geld zu verlieren.
Für die Baja können wir unbedingt einen VW Käfer empfehlen. Er ist geländegängig und stabil. Man kriegt problemlos Ersatzteile und vor allen Dingen kann man sich schon in Deutschland etwas mit ihm vertraut machen. Einen 15 - 20 Jahre alten Käfer in gutem Zustand kriegt man durchaus zwischen 300 $ und 500 $.
Die andere Möglichkeit ist, mehr Geld anzulegen und darauf zu vertrauen, daß sich der Verlust beim Verkauf niedrig halten läßt - was sehr gut möglich ist.
Fahrzeuge mit Vierradantrieb zwischen 8 und 20 Jahre alt kriegt man zwischen 900 $ und 3000 $, je nach Typ.
(Diese Preise sind natürlich nur Anhaltspunkte - sie stammen aus Seattle, WA, 1981.)
Auffallend ist, daß die unbedingt zuverlässigen Arbeitspferde wie unser Toyota oder ein Landrover wesentlich billiger sind als irgendwelche Renommier- und Sporttrucks. Allerdings gibt es für sie in Mexiko nicht überall Ersatzteile. Also bereits in den Staaten das Fahrzeug checken (lassen) und Dinge wie Verteilerdeckel oder Luftfilter etc. schon dort auswechseln. Benzinpumpen oder Zündkabel können immer zumindest provisorisch repariert bzw. ersetzt werden - und darin sind die Mexikaner große Meister!
Ersatzteile für amerikanische Wagen, vor allem bei älteren Modellen, gibt's überall.

Um die Anschaffung eines 4 x 4's zu erleichtern, geben wir einige Tips, worauf beim Kauf zu achten ist:
Man sollte sich zunächst auf einen bestimmten Fahrzeugtyp festlegen. Falls man nicht aus irgendwelchen Gründen ein ganz besonderes Modell will, empfiehlt sich vom Preis und von der Lebensdauer her neben dem VW Käfer vor allem der Toyota Landcruiser (die kürzere jeepähnliche Version (FJ 40) und auch der etwas größere Stationwagon (FJ 55), in dem man auch schlafen kann - hinter den Vordersitzen hat man eine Liegefläche von 1,80 m). Vor allem der Wagon ist wegen seines etwas exotischen Aussehens billig zu haben, da in den Staaten der harte 'Macho-Look' eher gefragt ist.
Ein anderes, etwas teureres Modell ist der Jeep Wagoneer, der besonders deshalb günstig ist, weil er als komfortbetontes Familienfahrzeug gilt - d.h., die Chancen sind gut, daß die Vorbesitzer ihn nie an seiner Leistungsgrenze gequält haben, sodaß die mechanischen Teile noch nicht verschlissen sind.
Einen guten Kompromiß zwischen Preis und Zustand bieten die Modelle der Baujahre von ca. 1967 bis 1973, wobei zu beachten ist, daß durch die Abgasgesetze ab Baujahr '69 die Motoren mit immer komplexeren Vorrichtungen versehen sind. Dadurch kann es schwieriger werden, die Motoren optimal einzustellen.

Wenn man dann zur Besichtigung schreitet, sollte man dies tunlichst tagsüber erledigen (nachts sieht man nur die Hälfte!), möglichst auch nicht in strömendem Regen und man sollte sich so anziehen, daß man auch unters Auto liegen kann, ohne Angst um den teuren Anzug haben zu müssen. Am besten nimmt man eine Taschenlampe, Reifendruckprüfer, einen Schraubenzieher und einen Lappen mit.
Zunächst einmal das Äußere testen:
Ist die Karosserie verrostet, zeigt sie Spuren von Unfallschäden, überstrichenen Stellen? Oder gar Rostlöcher? Wurde geschweißt?
Die Reifen: Ungleiche Abnützung der vorderen Reifen kann auf Probleme mit der Lenkgeometrie hindeuten! Sind alle Reifen von gleicher Art und gleicher Abmessung? Auch das Ersatzrad? Haben Radlager oder Lenkgestänge Spiel?
Unter der Haube: Ist alles verschmutzt und verölt oder einigermaßen sauber? Wenn alles blitzeblank ist, kann es auch sein, daß extra eine Motorwäsche gemacht wurde, um die Öllecks zu vertuschen!
Der Flüssigkeitsstand von Batterie, Bremse, hydraulischer Kupplung, Motoröl, Servolenkung prüfen, außerdem das Kühlwasser! Hieraus läßt sich auf den allgemeinen Wartungsstand schließen. Wenn Öl im Kühlwasser zu sehen ist, ist mit einer größeren Reparatur zu rechnen!

Sind alle Kabel und Schläuche intakt, sind die Kunststoffteile brüchig?
Ist der Keilriemen in Ordnung?
Haben die Riemenscheiben Spiel?

Und dann das Innere:
Sind die Sitze ok?
Ist der Boden unter den Matten rostig?
Funktionieren alle Schalter und Hebel?
Sind Fenster und Türen in Ordnung - schließen sie auch dicht?

Wenn soweit alles in Ordnung ist, sollte man sich, ohne den Motor angemacht zu haben, unter das Fahrzeug legen.
Ist hier alles mit Öl verschmiert?
Sind Rost- oder Schweißstellen sichtbar?
Sind Risse im Rahmen oder am Boden?
Haben die Kardangelenke Spiel?
Ist der Auspuff lose, hat das Lenkgestänge Spiel?
Sind hervorstehende Teile oder der Motorschutz verkratzt oder verbeult?
Wenn man einen schlechten Eindruck hat, kann man prüfen, ob Getriebe, Verteilergetriebe und beide Differentiale genug Öl haben. Wenn nicht, dann läßt man am besten die Finger davon!

Eine abschließende Testfahrt sollte man unbedingt selbst machen (nicht nur auf dem Beifahrersitz).
Auf Motorgeräusche achten, Brems- und Fahrverhalten prüfen.
Zeigen alle Instrumente an?
Gibt's Probleme beim Schalten?
Kann man im großen Gang im Leerlauf den Motor abwürgen oder rutscht die Kupplung?
Bei Automatik: arbeitet sie ruckfrei in allen Gängen?
Unbedingt auch Vierradantrieb und Untersetzung ausprobieren.

Um ganz sicher zu gehen, kann man sich in der nächsten Werkstatt von einem Mechaniker für ca. 20 $ das Fahrzeug prüfen lassen.
Und bevor man dann einen Vertrag unterschreibt (beim Händler), sollte man das Kleingedruckte lesen!

5. AUTO-/ MOTORRADVERSICHERUNG in Mexiko

Es ist zwar keine Pflicht, in Mexiko eine Versicherung abzuschließen, trotzdem ist es ratsam, dies zu tun!
Wer in Mexiko einen Unfall hat und nicht versichert ist, der sitzt erst einmal so lange im Gefängnis, bis die Schuldfrage geklärt ist.
Die US-Versicherung oder die kanadische gilt in Mexiko nicht!

Alle Versicherungen über kürzere Zeiträume sind zwangsweise teuer, weil soviel Schreibkram damit verbunden ist.
Man kann direkt an der Grenze (letzte Autobahnausfahrt) eine Versicherung abschließen. Beim kalifornischen Automobilclub kann man auch eine Versicherung bekommen, die in Mexiko gültig ist, die ist aber mehr als doppelt so teuer wie die, die man an der Grenze bekommt.
Die Tarife der verschiedenen Gesellschaften sind unterschiedlich, preislich und leistungsmäßig. Die Hitze hält einen wahrscheinlich davon ab, erst lange nach der allerbilligsten zu suchen - sehr groß sind die Unterschiede eh nicht.
(Preise siehe Kap. 'Adressen, Preise ....')

WISSENSWERTES ÜBER DIE BAJA

Baja California - wo liegt das?
Die wenigen, die schon etwas von ihr gehört haben, kennen sie meist nur als Wüstenlandschaft, durch die alljährlich das Baja 1000 Geländerennen führt.
Die 1300 km lange mexikanische Halbinsel ist die Fortsetzung Kaliforniens nach Süden bis in die Tropen hinein.
Ihre Breite variiert zwischen 48 und 233 km^2. Flächenmäßig (knapp 86 000 km^2) ist sie etwas größer als Österreich, sie hat aber nur 1,5 Millionen Einwohner. Die meisten leben in den Städten Tijuana, Mexicali und Ensenada im Norden und in La Paz im Süden.

Von Osten ist sie vom mexikanischen Festland durch den Colorado und das Cortez Meer (früher Golf von Kalifornien genannt) getrennt, im Westen liegt der Pazifik.
Beide Küstenlinien sind durch zahlreiche Buchten und vorgelagerte Inselketten charakterisiert. Das Rückgrat der Halbinsel bildet eine Reihe von Gebirgszügen:
Im Norden, gleich an der US-Grenze, die *Sierra Juárez*, etwas südlicher die *Sierra San Pedro Mártir*, entlang der südlichen Golfküste die *Sierra de la Giganta* und dann ganz im Süden die *Sierra de la Laguna*.
Die höchste Erhebung auf der ganzen Baja ist der über 3000 m hohe Picacho del Diablo in der Sierra San Pedro Mártir.

Baja California heißt Niederkalifornien.
Alta California, Hochkalifornien, wurde der heutige US-Bundesstaat Kalifornien früher genannt, der im mexikanisch-amerikanischen Krieg (1846 - 48) von Mexiko abgetrennt wurde.
1952 wurde der nördliche Teil der Baja zum Staat erklärt, während die südliche Hälfte (südlich des 28. Breitengrades) erst 1974 zum 30. mexikanischen Staat wurde.
Die Halbinsel ist somit in zwei mexikanische Staaten geteilt:
Baja California *Norte* mit der Hauptstadt Mexicali und
Baja California *Sur* mit der Hauptstadt La Paz.

1. KURZER ÜBERBLICK von Norden nach Süden

a) Norden

Das Klima und die Topographie des nördlichen Teils der Baja ist ähnlich wie Südkalifornien.
An der Pazifikküste ist es durch die Winde vom Ozean das ganze Jahr hindurch kühler als auf der Golfseite.
Im Frühling und zu Beginn des Sommers ist es häufig neblig.
Im Norden regnet es vor allem im Winter. In den Bergen fällt sogar Schnee, während es in der Wüste östlich der Berge fast nie regnet. Die Winter dort sind mild und sonnig, aber im Sommer wird es oft unerträglich heiß.

In den nördlichen Gebirgen wachsen Pinien- und Fichtenwälder wie in der kalifornischen Sierra Nevada.
In den östlichen Wüstengebieten gedeihen noch niedere Büsche und einige Kakteen, mancherorts wächst überhaupt nichts mehr.
Im scharfen Kontrast dazu steht das M e x i c a l i T a l , wo dank künstlicher Bewässerung reiches Farmland gedeiht.

Von T i j u a n a nach M e x i c a l i :

Tijuana (850 000 Einwohner) ist die größte Stadt auf der ganzen Halbinsel. Es herrscht hier ein reger Grenzverkehr: pro Minute reisen hier im Durchschnitt 900 Fahrzeuge nach Mexiko ein!
Eine Grenzstadt verkörpert nicht immer gerade das, was man sich von einem Land erhofft. Wem es in Tijuana also nicht gefällt, darf deshalb nicht gleich wieder enttäuscht umdrehen!

Fährt man von Tijuana auf der Mex 2 nach Osten, dann kommt man durch zwei kleinere Städte: T e c a t e , wo das köstliche Tecate Bier und Carta Blanca gebraut wird, und L a R u m o r o s a . La Rumorosa ist das Felsentor zu der S i e r r a J u á r e z , einer eigenartigen Landschaft mit unzähligen runden Felsbrocken.
Kurz hinter La Rumorosa hat man eine atemberaubende Aussicht auf die Wüste L a g u n a S a l a d a , das tiefstgelegene Tal in ganz Mexiko. Am Fuße der Sierra Juárez, am Rande der Laguna Salada sind herrliche Oasen mit Palmen, warmen Quellen und kühlen Wasserfällen - wer's nicht selbst einmal gesehen hat, der kann sich sowas kaum vorstellen!
(Siehe dazu Roadlog 17, 18, 19, 20.)

Von M e x i c a l i nach P u e r t o c i t o s :

Von Mexicali (410 000 Einwohner) führt die geteerte Mex 5 bis nach S a n F e l i p e . San Felipe (3000 Einwohner) ist ein kleiner Fischerhafen, der oft von amerikanischen Sportfischern und Dune Buggy Fahrern überschwemmt wird.
Der Gezeitenunterschied ist hier oben im Norden des Cortez Meeres am größten. Bei Cabo San Lucas im Süden beträgt er knapp 1 m, während es bei der Mündung des Colorado bis 10 m ansteigt. Der Strand bei San Felipe wird auf einer Strecke von fast 1 km bei Ebbe freigelegt.
Die beste Gelegenheit also zum Muschelnsammeln!!!
Mit dem Gezeitenunterschied hängt ein anderes biologisches Phänomen zusammen: zwischen Februar und März jedes Jahres schwimmen die Leuresthes Sardinen bei Vollmond an Land, kratzen mit dem Schwanz ein Loch in den Sand und legen die befruchteten Eier darin ab. Danach kehren sie wieder ins Meer zurück. Die Larven liegen dann bis zum nächsten Vollmondstand dort und werden, wenn die Flut wieder ihren Höchststand erreicht hat, ins Meer geschwemmt.

Von San Felipe aus führt ein guter Schotterweg bis nach Puertocitos. Dahinter verschlechtert sich der Weg dann zusehends. (Siehe dazu Roadlog 40, 41.)

Von T i j u a n a nach E n s e n a d a :

Der schnellste Weg, Ensenada von Tijuana aus zu erreichen, führt über die mautpflichtige Mex 1. Dies ist das einzige mautpflichtige Stück auf der ganzen Baja.
Die Mautgebühren werden an drei verschiedenen Stationen bezahlt. Alles zusammen macht ca. 2,50 $ (US).

Wenn man etwas mehr Zeit hat, kann man auf der alten Straße nach Ensenada fahren, die auch öfters für ein paar Kilometer ins Landesinnere hineinführt. Sie ist etwas kurviger, aber in sehr gutem Zustand.
Ensenada (150 000 Einwohner) ist ein wichtiger Fischereihafen. Hier sollte man sich ausreichend mit Lebensmitteln (vor allem Papayas, Salsa etc.!!!) eindecken, bevor man weiter nach Süden fährt, denn die Auswahl ist bis nach La Paz nicht mehr allzu groß!

Von E n s e n a d a nach S a n F e l i p e :

Von Ensenada aus führt die Mex 3 fast 250 km quer durch die Halbinsel bis nach San Felipe. Über einsame Berge und Täler, durch trockene Salzseen und durch das V a l l e d e T r i n i - d a d , wo im Frühling und Frühsommer verschiedene Arten von Kakteen und Blumen gelb, orange, rot und blau blühen.
Ein unterirdischer Wasservorrat macht es den Bauern hier möglich, Pfirsiche, Pflaumen, Mandeln und Kartoffeln anzupflanzen.

Von der Mex 3 aus hat man über lange Strecken einen herrlichen Blick auf den P i c a c h o d e l D i a b l o , den höchsten Gipfel auf der Halbinsel, mitten im Nationalpark S a n P e d r o M á r t i r . Dieser Nationalpark gehört mit seinen über 384 000 Hektar zu einer der Überraschungen auf der Baja: eine alpine Gebirgslandschaft - ideal für längere Wanderungen!
(Dazu siehe Roadlog 21, 22.)

b) Mitte

Von San Quintin bis nach La Paz erstreckt sich der trockenste Teil der Baja. Vor allem im Herzen der Wüste, von El Rosario bis San Ignacio, fällt oft jahrelang kein Tropfen Regen.
Im Winter ist das Klima hier angenehm mild. An der Pazifikküste bleibt es selbst im Sommer einigermaßen kühl, aber im Inneren und an der Golfküste gibt es sehr heiße Sommer.

Topographisch gesehen ist der mittlere Teil der Baja durch öde Berge, felsige Täler und sandige Ebenen charakterisiert.
An der Golfküste fällt das Land jäh zum Meer hin ab, entlang der Pazifikküste ist der Übergang nicht so abrupt.
Die zwei größeren Ebenen sind die Vizcaino Wüste bei Guerrero Negro und die Magdalena Ebene weiter südlich.

Von San Quintin nach Guerrero Negro

Bei Catavina hat es herrliche Felsen, eine ideale Gegend zum Zelten! Die Mex 1 führt hier durch Wälder von Cirios und Cardónkakteen.
(Siehe dazu RL 1, 2, 3, 23, 24, 25, 26.)

In Punta Prieta führt die Teerstraße 66 km nach Osten zur Bahía de los Angeles. Hier gibt es ausgezeichnete Möglichkeiten zum Angeln, Muschelnsammeln und Kanufahren.
Vorsicht: Nachmittags bläst oft ein starker Wind!
(Siehe dazu RL 29, 42, 43, 44, 45.)

Nördlich von Guerrero Negro steht der 'Monumento Aguila', der häßliche Stahladler, der die Grenze zwischen Baja Sur und Baja Norte kennzeichnet.
Kurz zuvor geht's ab zu den weißen Sarafandünen. Das ist kein weiter Weg - und es lohnt sich!
(Siehe dazu RL 6.)

Guerrero Negro (4 000 Einwohner) ist eine kleine Dorfkolonie der Salzarbeiter. (Siehe dazu RL 4, 27, 28, 46.)
Hier beginnt die größte mexikanische Sandwüste, die Vizcaino Wüste. Die Salzgewinnung in den Lagunen von Guerrero Negro ist die produktivste auf der ganzen Welt. Japan deckt 90% seines gesamten Salzbedarfes von hier.
Zahlreiche Bohrungen lassen zudem annehmen, daß die Vizcaino Wüste reich an Öl- und Gasschätzen ist.
In der Scammon Lagune bei Guerrero Negro sieht man von Dezember bis März häufig Grauwale, die hier überwintern.
(Siehe dazu RL 5.)

Von S a n   I g n a c i o   nach C i u d a d   C o n s t i t u c i ó n

San Ignacio (1000 Einwohner) ist herrlich gelegen, an einem Fluß, umringt von Dattelpalmen, die ursprünglich aus Arabien stammen. Sie wurden von den Missionaren hier angepflanzt. Die Missionskirche sollte man auf jeden Fall anschauen. Sie wurde 1786 fertiggestellt. Der rote Parkverbotstreifen an der Mauer kam allerdings erst neuerdings hinzu!
(Siehe dazu RL 7.)

Südlich von San Ignacio beginnt ein Vulkangebiet. Die T r e s V i r g e n e s , die man von der Mex 1 aus gut sehen kann, sind Vulkane. Die S i e r r a   d e   l a   G i g a n t a , die sich von Santa Rosalia bis nach La Paz hin erstreckt, ist vulkanischen Ursprungs.
Zwischen den dunkelroten Lavafelsen wächst eine Unmenge von Elefantenbäumen!
Die Mex 1 macht vor Santa Rosalia ein paar ziemlich große Steigungen. Auf dem Weg nach Norden also Vorsicht vor Überhitzung des Fahrzeugs!

In Santa Rosalia (12 000 Einwohner) ist auch heute noch der französische Einfluß unverkennbar - nicht nur wegen der Kirche von Eiffel, die hier versehentlich stehengeblieben ist. Eigentlich war sie nämlich für Frankreich bestimmt. Bis 1953 waren auch die Kupferminen hier noch in französischem Besitz.
Das beste Brot auf der ganzen Baja gibt es hier! Die 'Panaderia' ist gleich neben dem großen Supermarkt.
In Santa Rosalia gehen auch die Fähren nach Guaymas ab. (Fährenpreise und -fahrpläne siehe Kapitel 'Adressen, Preise und andere nützliche Infos'.)
(Siehe dazu RL 30, 31, 32, 33.)

In Mulegé (4 000 Einwohner) gibt's wieder üppige Vegetation! Ungefähr 20 km südlicher erscheint die herrliche Santisipac Lagune, das Schmuckstück der B a h í a   d e   l a   C o n c e p c i ó n . Hier folgt die Mex 1 über mehrere Kilometer sehr eng der Küstenlinie. Man hat grandiose Ausblicke auf die Buchten mit ihrem kristallklaren türkisgrünen Wasser. Hier gibt's auch viele schöne Campingplätze (kommerzielle und wilde!).
(Siehe dazu RL 47, 48.)

In Loreto (4 000 Einwohner) steht die erste Mission, die von den Jesuiten auf der Baja gegründet worden ist, die 'Mision de la Nuestra Senora de Loreto'. Sie wurde 1752 fertiggestellt.
(Siehe dazu RL 9, 34, 35, 36, 37, 49.)

Kurz hinter Loreto geht es nach Westen in die Berge zur Mission San Javier, die 1744 gegründet worden ist. Der erst vor kurzem ('81) gemachte Weg ist zwar teilweise noch recht steil, aber bei weitem nicht mehr so schwierig wie der alte, der teilweise im Bachbett des Las Parras entlangführt. (Siehe dazu RL 38.)

Ciudad Constitución (29 000 Einwohner) ist in den letzten 20 Jahren dank der Entwicklung des Ackerbaus auf den Magdalena Ebenen rasch angewachsen. Ebenso wie im Valle de Trinidad wurden hier unterirdische Wasservorräte angezapft. Teilweise sieht es recht verblüffend aus: auf der einen Straßenseite ist nichts als öde Wüste, ein paar Schritte weiter, auf der anderen Seite, steht ein wogendes Kornfeld. (Siehe dazu RL 10, 11, 12.)

c) Süden

Der südliche Teil, von La Paz bis nach Cabo San Lucas, liegt teilweise in den Tropen. Dies bedeutet gelegentlichen leichten Sommerregen und gegen Ende des Sommers tropische Hurrikane, 'chubascos' genannt.
Die Winter sind warm und sonnig, die Sommer ziemlich heiß. Die beste Zeit ist hier zwischen November und Mai.

Botaniker klassifizieren die Vegetation hier als tropischen Dornenwald: dichte Bestände von Cardón, Pitahaya, Cholla und vielen anderen Arten von Kakteen.

Am südlichen Ende wird La Paz von der Sierra de la Laguna überragt, deren Gipfel bis zu 2100 m hoch sind.

Von La Paz bis nach Cabo San Lucas

La Paz (110 000 Einwohner) bietet Zivilisation, Supermärkte, Autoersatzteile, Restaurants und was das Herz sonst noch alles begehrt!
Die besten Restaurants findet man entlang der Malecon, der Hauptstraße, die um die Bucht herumführt. Ihre Verlängerung ist die Straße nach Pichilingue, von wo aus die Fähren abfahren. (Fährenpreise und - fahrpläne siehe Kap. 'Adressen, Preise und andere nützliche Infos'.)
(Siehe dazu RL 50, 51.)

Fährt man von La Paz nach Süden, teilt sich die Mex 1. Der linke Zweig führt über Buenavista, Los Barilles und Santiago nach San José del Cabo und nach San Lucas, während der rechte Zweig zur Mex 9 wird und durch Todos Santos nach San José del Cabo führt.
(Siehe dazu RL 13, 39.)

San José del Cabo (10000 Einwohner) ist die größte Stadt südlich von La Paz. Wie in San Lucas fängt auch hier langsam der Touristikbetrieb an.
(Siehe dazu RL 52.)

San Lucas (5 000 Einwohner) wurde 1537 zum erstenmal gesichtet und zwar von Francisco de Ulloa. Über 250 Jahre war es eine Art Zwischenstation für die Schiffe, die aus Manila und anderen Teilen des Fernen Ostens kamen. Die örtlichen Früchte wie Mangos, Papayas und Bananen waren eine willkommene Abwechslung auf dem Speiseplan - für uns übrigens auch!
Von hier geht auch eine Fähre ab nach Puerto Vallarta.

Am südlichen Ende der Baja treffen Pazifik und Golf aufeinander, beim C a b o S a n L u c a s , der imposanten Felsenkette, die weit ins Meer hereinragt. Hier gibts herrliche Sandstrände! Leider wurde vor Cabo San Lucas ein riesiges Hotel gebaut, das den Zugang zum Strand versperrt. Das ist zwar ärgerlich, aber man kann durchs Hotel an den Strand kommen und dort stört einen dann keiner der Hotelgäste - die baden alle im Swimmingpool!
(Siehe dazu RL 13, 14, 15, 16.)

2. GESCHICHTE

Über die Ureinwohner der Baja ist sehr wenig bekannt. Ungelöste Rätsel bilden die Höhlen- und Felsmalereien längst ausgestorbener Indianerstämme. Einige dieser Malereien liegen in der Sierra de San Francisco bei San Ignacio, in der Nähe des Canyon Sal Si Puedes, wo man nur zu Fuß und mit Maultier hinkommt. Die bekannteste ist die Cueva Pintada. Für eine Expedition in dieses entlegene Gebiet sollte man ein bis zwei Wochen Zeit haben und entsprechend ausgerüstet sein.

Gerüchte von unheimlichen Schätzen auf der Baja lockten einige Expeditionen:
1535 segelte Hernán Cortés von der Westküste Mexikos zu der heutigen Bahía de la Paz. Dort versuchte er eine kleine Kolonie zu gründen.
Diese und zahlreiche andere Kolonisationsversuche schlugen fehl. Schuld daran war zum einen die Unwirtlichkeit des Landes, zum anderen war es schwierig, Nachschub über den stürmischen Golf zu bringen.

Die Aufgabe, die Halbinsel zu kolonisieren, wurde den Jesuiten übertragen. Erst im Oktober 1697 gelang es dem Padre Juan María Salvatierra, eine beständige Mission zu errichten. Er gründete die Mission 'Nuestra Senora de Loreto'.
In den folgenden 70 Jahren gründeten die Jesuiten 23 weitere Missionen.

1768 wurden die Jesuiten von der spanischen Regierung von der Baja verbannt, da sie sich zuviel Macht und Reichtum angeeignet hatten. Ersetzt wurden sie durch die Franziskaner, die ihre Missionsarbeit aber mehr in Kalifornien trieben und auf dem Weg dahin nur eine Mission auf der Baja gründeten.

Erst die Dominikaner setzten das Werk der Jesuiten fort.
1829 wurden auch sie von der mexikanischen Regierung vertrieben.
1832 wurde die Säkularisierung aller Missionen angeordnet. Einige der Missionen sind heutzutage noch in Gebrauch, die meisten sind zu Ruinen zerfallen. Erst neuerdings fängt man mit der Restaurierung einiger Missionen an.

Durch Epidemien, die durch die Spanier eingeschleppt wurden, dezimierte sich die Zahl der Indianer in wenigen Jahren von 70000 auf rund 6000 im Jahre 1845.

3. PFLANZEN auf der Baja

Die meisten Geologen gehen davon aus, daß die Baja nicht immer schon eine Halbinsel war, sondern sich erst im Laufe der Zeit durch tektonische Bewegungen vom Festland Mexiko gelöst hat.
Man nimmt an, daß die Baja vor ungefähr 20 Millionen Jahren Teil des Festlandes war. Cabo San Lucas an der Südspitze der Baja war zwischen Acapulco und Puerto Vallarta zu suchen. Es hat mehr als 20 Millionen Jahre gedauert, bis sich die Baja 480 km nach Westen und Norden verschoben hat. Selbst heutzutage bewegt sie sich zusammen mit Kalifornien um rund 2 cm im Jahr nach Norden.

Die Flora der Baja stammt demnach wahrscheinlicherweise auch von der des Festlandes ab.
Aufgrund der Fossilienfunde nimmt man an, daß das Klima auf der Baja früher (vor 80 Millionen Jahre) tropischer und wärmer war und es größere Flüsse gab. Als das Klima trockener wurde, richteten sich die Pflanzen darauf ein: sie wurden stacheliger, die Blätter wurden kleiner und die grüne Rinde übernahm die Funktion der Blätter. Die Kakteen entwickelten Stoffe, um Wasser länger aufbewahren zu können. Die Blätter produzierten wachsige Oberflächen, um so einer Austrocknung vorzubeugen.

Botaniker haben über 100 verschiedene Arten von Kakteen auf der Baja identifiziert. Über 70 davon gibt es sonst nirgends auf der Welt! Darunter zählt z.B. der Cirio, die vielleicht charakteristischste Pflanze auf der Baja - sie sieht wie eine umgedrehte Karotte aus. Von Norden her kommend sieht man den Cirio das erste Mal südöstlich von El Rosario. Von 'Gringo'-Schriftstellern wird er auch oft Boojum Baum genannt.

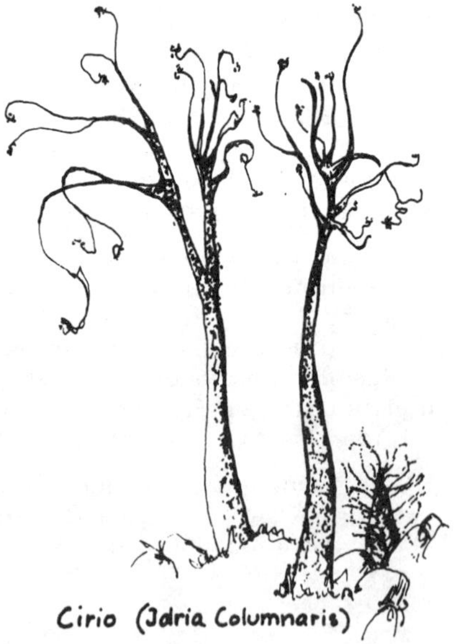

Cirio (Idria Columnaris)

Der C a r d ó n   K a k t u s ist der höchste Kaktus der Welt. Er wird bis zu 24 m hoch. Man verwechselt ihn häufig mit dem Saguaro in Arizona, den gibt's aber auf der Baja nicht. Die größeren Exemplare wachsen mehr im Landesinneren.
Der E l e f a n t e n b a u m oder Copalquin ist eine äußerst merkwürdige Pflanze. Er hat einen kurzen dicken Stamm und sieht eigentlich fast abgestorben aus. Aber wenige Tage nach einem Regen bekommt er grüne Blätter. Er wächst nur innerhalb dieser Grünzeit. Nachdem die Blätter wieder abgefallen sind, blüht er rosa. Das sieht an dem sonst fast tot aussehenden Baum recht komisch aus. Das erste Mal entdeckt man ihn, wenn man von Norden kommt, auf den Hügeln südlich von San Agustin.

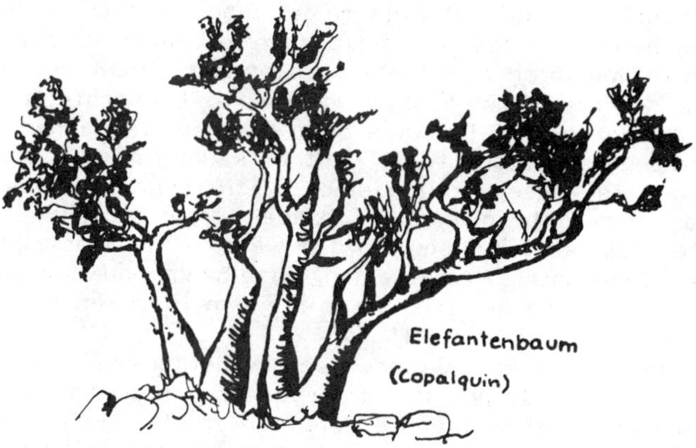

Elefantenbaum
(Copalquin)

Der Y u c c a Baum oder Datilillo ist dunkelgrün und hat cremegelbe Blüten. Er ist mit dem kalifornischen Joshua Baum verwandt, der in den Wüsten nördlich von Los Angeles häufig vorkommt. Südlich von Punta Prieta an der Pazifikküste gibt es sehr viele davon.

Darüberhinaus gibt es noch all die anderen Arten von Pflanzen, die auch im Südwesten der USA vorkommen, wie z.B. Agave, Cholla, Barrel Kaktus, Pitahaya und Ocotillo. Der Ocotillo ist unser Lieblingskaktus. Seine dünnen Zweige wachsen vom Boden aus auseinander und ganz am Ende seiner langen Arme blüht er rot. Man findet ihn mehr auf dem nördlichen Teil der Halbinsel als weiter im Süden.
In den verschiedenen Oasen gibt es Dattelpalmen. Die meisten wurden von den Missionaren während der spanischen Kolonialzeit eingeführt.

4. TIERE auf der Baja

K o j o t e n kann man nachts überall auf der Baja heulen hören! Auch B e r g l ö w e n gibt es häufig - jedenfalls überall dort, wo es Vieh gibt. Vor allem in den Bergen der Cap Region südlich von La Paz. Aber keine Angst, sie sind sehr scheu und tagsüber sieht man sie nirgends.

Die P r o n g h o r n A n t i l o p e n weideten früher in großen Herden auf der Baja. Heutzutage findet man sie nur noch recht vereinzelt, z.B. in der Vizcaino Wüste und nordwestlich von San Felipe.

B r a u n e P e l i k a n e sind in den Staaten schon vom Aussterben bedroht, auf der Baja findet man sie noch zahlreich entlang beiden Küsten. Wenn sie kurz vor einem auffliegen, wird man von ihren drei Metern Spannweite recht beeindruckt! In einer kleinen Bucht südlich von La Paz beobachteten wir jeden Abend über 40 Pelikane beim Fischen. Wer ihnen dabei mal ganz genau zuschaut, der hält es kaum für möglich, daß sie auf diese Weise wirklich einen Fisch fangen. Sie lassen sich aus ca. 10 m Höhe mit dem Schnabel voraus sturzflugartig - wie wenn sie abgeschossen worden wären - ins Wasser fallen, machen dann unter Wasser einen Purzelbaum und tauchen dann wieder auf. Offenbar meistens mit einem Fisch im Maul, denn verhungern tun sie ja nicht!
Dabei war bei unserer Gruppe noch bemerkenswert, daß nicht jeder Vogel der Gruppe immer, wenn es ihm gerade danach war, seinen Sturzflug machte. Vielmehr flogen sie alle hintereinander im Kreis und einer nach dem anderen versuchte sein Glück beim Fischen. Danach reihte er sich wieder an derselben Stelle ein und flog weiter im Kreis, bis er von neuem an der Reihe war.

Der große F r e g a t t v o g e l schwebt majestätisch über den Buchten und Stränden der Baja. Meistens entlang der südlichen Golfküste. Relativ zu seinem Gewicht hat der Fregattvogel die größte Spannweite von allen Vögeln: 2,1 - 2,4 m.
Die außergewöhnlich langen, angewinkelten Flügel erlauben ihm spektakuläre Flugkunststücke.
Man erkennt ihn schon von weitem an seinem langen scherenartig geteilten Schwanz. Die Männchen sind ganz schwarz, die Weibchen haben eine weiße Brust.

T r u t h a h n g e i e r sieht man überall dort, wo tote Tiere herumliegen. Aus der Nähe erkennt man sie an dem kleinen, unbefiederten roten Kopf.

Der kleine zitronengelbe und schwarze Vogel (bis zu 20 cm lang), der sich oft frech auf deinen Frühstückstisch setzt, ist ein Schottischer Oriole.

Einige Arten von Tieren sind leider ausgestorben, z.B. der gigantische kalifornische Condor, der nicht mehr länger über den nördlichen Gebirgsketten des Nationalparks San Pedro Mártirs schwebt. Einstmals gab es hier viele dieser Vögel. Der letzte wurde 1933 gesichtet.

Für das Wild, das bis jetzt überlebt hat, sieht die Zukunft wieder etwas besser aus. Die Jagd ist von der Regierung reguliert und Tiere, bei denen die Gefahr der Ausrottung besteht, wie beim Pronghorn und Big Horn, sind jetzt unter Naturschutz gestellt.

Schlangen gibt es einige. Sie sind vor allem im Frühjahr und Frühsommer aktiv. Vorsicht, wenn man durch steinige und buschige Gegend kommt - und an Flußläufen entlang!

Der Ozean um die Baja herum ist voller Leben: das Cortez Meer im Osten ist eines der interessantesten Meere der Welt. Es gibt hier über 300 Arten verschiedener Fische und Tausende von Meerestieren, die nirgendwo sonst auf der Welt zu finden sind.

Wenn im Oktober die Gewässer nördlich der Beringsee und Chukchisee zu gefrieren anfangen, ziehen die Grauwale von diesen Weidegründen, wo es einen Überfluß an Krill gibt, nach Süden, in die warmen Lagunen der Baja California. Bis sie zu ihren bevorzugten Lagunen kommen, haben sie zwischen 12000 und 16000 km zurückgelegt!
Die Salzlagunen bei Guerrero Negro an der Pazifikküste sind von Januar bis Anfang April das Ziel von über 6000 Grauwalen, die sich hier paaren und ihre Jungen zur Welt bringen.
Die bei Geburt 4,5 m lange und 450 kg schwere 'Babies' konsumieren täglich bis zu 190 l Milch. Sie nehmen 2 Monate lang pro Tag 45 kg zu. In dieser ganzen Zeit frißt die Mutter überhaupt nichts!
Grauwale erreichen mit 8 Jahren das fortpflanzungsfähige Alter. Die Paarungszeit ist relativ kurz. Meistens vom späten November bis Anfang Dezember, während die Wale auf dem letzten Stück ihrer Südwanderung sind. Sie paaren sich nur alle 2 Jahre, da sie fast 13 Monate lang trächtig sind.
Die Nordwanderung beginnt im Februar. Ende März verlassen die weiblichen Tiere mit ihren Jungen als letzte die Lagunen.

Früher gab es zwei Gruppen von Grauwalen im Nordpazifik, die kalifornische und die koreanische. Beide wurden gegen Ende des 19. Jahrhunderts von kommerziellen Walfängern fast völlig ausgerottet. 1937 gab es noch 100 kalifornische Grauwale. Im Gegensatz zum koreanischen Grauwal, von dem in den letzten Jahren kein einziger mehr gesichtet wurde, hat sich der kalifornische in den letzten 30 Jahren wieder sehr gut erholt. Es gibt schon fast wieder so viele Wale wie vor Fangbeginn: die Schätzung von 1978 beläuft sich auf 15 000. Trotzdem bleiben sie auch weiterhin bedroht, z.B. durch Forschungs- und Bohrvorhaben vor den Küsten ihrer Futtergründe in Alaska und entlang ihrer Wanderrouten in Kalifornien. Die Reagan Regierung treibt diese Projekte zielstrebig voran, ohne dabei auf die Wale Rücksicht zu nehmen!

Die Grauwale gehören zur Familie der B a r t e n w a l e , dazu gehören außerdem noch der Blauwal, der Finwal, der Right Wal und der Buckelwal. Der Blauwal ist das größte Säugetier auf der Welt, er wird bis zu 32 m lang! Die übrigen Wale aus dieser Familie sind ebenfalls durch ihre unwahrscheinliche Größe charakterisiert. Weitere Kennzeichen der Bartenwale sind die zwei Blaslöcher und die fehlenden Zähne. Anstelle der Zähne hängen die zahllosen Barten vom oberen Kiefer herunter. Speziell den Grauwal kann man am besten an seinem gefleckten grauen Muster erkennen, das von Muschelkolonien herrührt, die auf dem Tier leben. Besonders ausgeprägt ist dies am Kopf. Ein weiteres typisches Kennzeichen ist die fehlende Rückenflosse, stattdessen hat er einen breiten Höcker auf dem Rücken, der von 9 bis 13 kleineren Höcker gefolgt wird.

Der Grauwal ist der häufigst gesehene Wal entlang beiden Küsten, der Buckelwal und der Finwal ist aber auch in den Gewässern um die Baja zu finden. Ihre Routen sind aber nicht so genau definiert. Ebenso gibt es Killerwale, Seehunde und Seelöwen. Nach letzteren 'Lobo Marino' sind viele Orte auf der Baja benannt worden, z.B. 'Punta Lobos'. Wenn man unwahrscheinlich Glück und vor allem ein Boot hat, kann man sogar manchmal die riesigen Blauwale sehen!!!

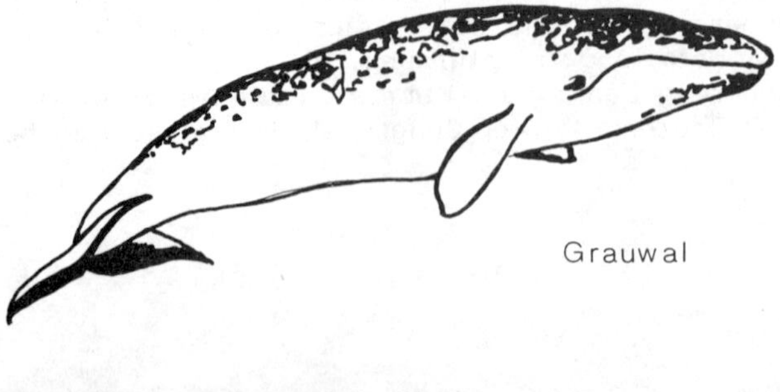

Grauwal

5. MEX 1

Früher war sie nicht mehr als ein schlechter Feldweg. Schlecht genug, um hier alljährlich ein recht strapaziöses Geländewagenrennen (Baja 1000) stattfinden lassen zu können.

Während der letzten 40 Jahre wurde von mexikanischen Politikern immer wieder versprochen, daß die Strecke geteert werden würde, aber während der ganzen Zeit wurde nur an dem Abschnitt zwischen Camalú und San Quintin gearbeitet.
Sie ebneten ein weites gerades Stück entlang der Küstenebene auf ungefähr 160 km ein, geteert wurde es aber nie.
Das Ergebnis dieser Anstrengungen war das schlimmste Stück auf den ganzen 1600 km. Schwere Lastwagen, die normalerweise auf dem kurvenreichen engen Weg nicht über eine Geschwindigkeit von 10 bis 20 km/h hinauskamen, traten aufs Gas, sobald sie diesen Abschnitt erreicht hatten.
Im Handumdrehen wurde daraus die unglaublichste Waschbrettstrecke. Die Löcher waren ungefähr 30 cm tief und doppelt so breit. Dazu kam, daß sich nach jedem Regenfall irgendwo ein Lastwagen tief in die Straße eingrub. Und was für ein Loch so ein 2 1/2 Tonner machen kann, der sich bis zur Achse eingegraben hat, ist erstaunlich. Die alte Straße bei San Quintin war voll von solchen Kratern.
Sobald ein Krater da war, fuhren die folgenden Fahrzeuge vorsichtig außen rum und bahnten eine neue Spur. Der nächste folgte dann der Umleitung, die somit zur Straße wurde. An einer matschigen Stelle führten mehr als 50 Abzweigungen von der Hauptstraße weg und stießen alle nach 200 m wieder zusammen.
Dies machte die Orientierung auf der alten Strecke manchmal wirklich zur Kunst. Man wußte nie genau, wo der Weg nun hinführte, da es obendrein kaum mal einen Wegzeiger gab.

1971 ordnete dann Präsident Echeveria den Bau der Straße an und 1973 war es dann so weit, die Mex 1 wurde dem Verkehr übergeben.
Die Transpeninsulastraße, auf Spanisch 'carretera' (Teerstraße), führt insgesamt 1700 km von Tijuana aus bis nach Cabo San Lucas am Südende der Baja.
Sie ist zweispurig, meistens ohne Randbefestigung und teilweise mit Schlaglöchern. Nirgends ist sie aber so schlecht, daß man mit einem normalen PKW Probleme hat.
Es gibt Geschwindigkeitsbegrenzungen zwischen 50 und 80 km/h. Die hält man auch besser ein, denn es kommt oft vor, daß plötzlich ein Pferd oder eine Kuh auf die Fahrbahn springt, das Vieh wird nämlich auf der Baja fast nie eingezäunt.

Die Touristenabteilung hat die Baja in Abschnitte von ca. 160 km eingeteilt, die täglich von grellgrünen Pickups patrouilliert werden. Sie werden die Grünen Engel 'Los Angeles Verdes' genannt und i.a. kann einer der beiden Engel auch Englisch. Sie sind so ausgerüstet, daß sie Notfallhilfen geben können.

Außer der Mex 1 gibt es vor allem im Norden noch ein paar geteerte Straßen (z.B. die Mex 2 von Tijuana nach Mexicali). Alle andere Wege sind ungeteert. Diese 'Dirt Roads' haben zum Teil behandelte Oberflächen, d.h. sie werden planiert oder geölt. Ihr Zustand ist recht unterschiedlich!

Tankstellen (Pemexstationen) gibt es entlang den geteerten Straßen genügend. Allerdings kann es schon ab und zu mal vorkommen, daß eine Tankstelle kein Benzin mehr hat. Deshalb sollte man lieber öfters tanken und es nicht darauf ankommen lassen.

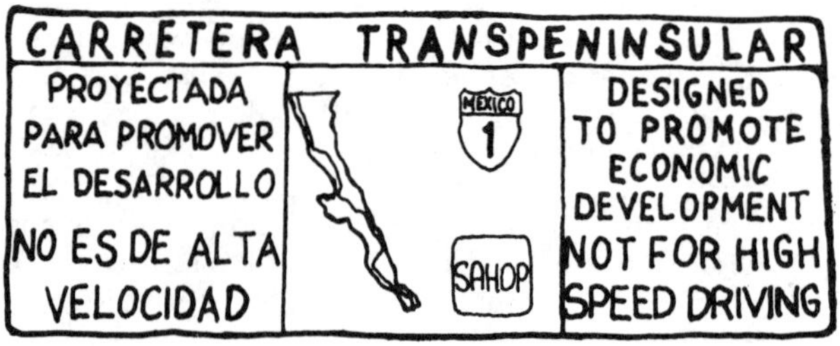

EINLEITUNG VON JIM HUNTER

Dieses Buch beschreibt die Baja California von der man wenig weiß: die lange, bergige Halbinsel, die reich ist an Vergessenem und nicht immer leicht zugänglich; es beschreibt das Versteckte und das oft Übersehene. D i e s e Baja zu erreichen ist das Ziel meines Buches.
Die neue geteerte Straße, 1973 eingeweiht, ermöglicht die Erforschung der Baja von einem Ende zum anderen.

Natürlich stimmt es, daß das Meiste der alten Baja 1000 Strecke für immer verloren ist. Aber diese alte Straße war nicht die einzige auf der Baja. Die Ausblicke von ihr aus waren nicht die einzig schönen - bei weitem nicht!

Eine neue Generation von 'Baja Freaks' findet neue Buchten und neue Strände. Sie entdecken versteckte Bergdörfer und Orte, an denen die alte Strecke einfach vorbeiführte. Und wenn sie zurückkommen, dann erzählen sie von langen, unberührten Küstenstreifen und einem riesigen, größtenteils unbekannten Landesinneren.

Die Baja ist ein fremdartiges, wildes Land und da die alten Ausgangspunkte für Erkundungsfahrten jetzt auf der neuen Teerstraße leichter erreichbar sind, werden bis jetzt unberührte und ungewöhnliche Gegenden zum realistischen Ziel.

Das B a j a - D i r t - R o a d - K l a s s i f i z i e r u n g s s y s t e m gleich zu Beginn und die vielen Logbucheinträge beschreiben genau, was von den Nebenstraßen und Feldwegen zu erwarten ist.
Die Logbucheintragungen und das Klassifizierungssystem machen es möglich, vergleichbare Schwierigkeitsgrade der Geländewege auf der Baja anzugeben.

Die Hälfte der Nachforschungen für dieses Buch wurden auf Fahrten mit einem 1970er Toyota FJ-55 4WD Landcruiser Wagon gemacht. Der Rest in vielen Jahren mit verschiedenen Motorrädern (Straßen- und Geländemaschinen), Bus, Flugzeug, Reisemobil und beim Trampen.

Die Entfernungen wurden (oft sogar doppelt) mit einem genauen Wegstrecken- und Tageskilometerzähler gemessen.
Die Genauigkeit hängt dabei natürlich von den Reifen, Felgengröße und dem Zustand der Meßgeräte ab. Es lohnt sich deshalb, den Tacho überprüfen zu lassen, bevor man in die Gebiete der Baja fährt, wo Genauigkeit wichtig und notwendig ist.

Hier wird nun nicht jeder einzelne Weg auf der Baja besprochen. Auch ist es keine komplette Besprechung der interessantesten Offroad-Schätze der Baja: die mysteriösen und unzählige Felsenmalereien. Dies liegt daran, daß eine solche Stelle nur mit Maultier und Führer zu erreichen ist - und obendrein gibt es ja auch das herrliche Buch von Harry Crosby über diese Malereien (siehe Kapitel 'Interessante Bücher'). Doch sind 49 sehr selten befahrene Wege aufgeführt, die wohl zu den schönsten und interessantesten der Baja gehören.

Keine Reise auf der Baja ist entweder ganz 'off the road' oder ganz 'on the road'. Es hängt davon ab, wie es mit dem Benzin- und Lebensmittelvorrat steht - und wie es einem selbst am besten gefällt.
Auch Geländefahrzeuge und Motorräder müssen hin und wieder mal ein Stück auf geteerter Straße fahren, ebenso werden sich Wohnmobilfahrer auch ab und zu mal im Gelände wiederfinden.

Für jeden, der von der Teerstraße herunterfährt, bedeutet es aber einen Wechsel von Komfort und Sicherheit zu Ungemütlichkeit und möglicher Gefahr. Dieser Wechsel geht nicht allmählich vor sich, sondern der Übergang ist abrupt. Es gibt dann nur noch selten Brücken, ausgefahrene Spurrillen, Felsen und steile Hänge sind normal. Teuflische und scheinbar nicht enden wollende Waschbretter nehmen überhand. Kletterpartien über größere Felsbrocken und losen Sand sind regelmäßig Bestandteil eines Baja Offroad Trips.
Das neue Land, das sich einem jetzt erschließt, ist so hart wie das alte - vielleicht noch härter.

Obwohl niemand jemand anderem ganz genau sagen kann, was er mitnehmen muß, gibt es doch einige universale und elementare Regeln, die jeder einhalten sollte, der die geteerte Straße verläßt:

- so oft es geht, sollte man erfahrene Personen und Bewohner der Gegend, die das Land kennen, nach Wegbeschaffenheit, nächster Tankstelle etc. fragen. Außerdem hilft auch das Lesen verschiedener Lektüren als Vorbereitung.

- jeder, der sich auf Wege begibt, auf denen man selten jemanden trifft, sollte eine gewisse Kenntnis des Fahrzeugs haben und in der Lage sein, kleinere Reparaturen selbst ausführen zu können.

- geeignete Werkzeuge sind unbedingt notwendig, d.h. also nicht nur das Original Bordwerkzeug mitnehmen, sondern einen Satz Steckschlüssel und Schraubenschlüssel speziell für das jeweilige Fahrzeug. (Notfalls jemanden fragen, was man für sein Fahrzeug genau braucht - Angaben in Betriebsanleitungen stimmen oft nicht - dabei sollte man nicht sparen!

Und dann noch

- Wasservorräte. Die Baja ist zwar von Wasser umgeben, trotzdem herrscht hier Wassermangel!
- Kopfbedeckung.
- Erste Hilfe Ausrüstung.

Schließlich noch ein letzter Rat: nur unerfahrene Leute gehen in die Wüste, in die Baja oder in irgend eine Art Wildnis, ohne vorher jemanden darüber zu informieren, wo man hingeht und wann man wieder zurücksein will!

Ein Traum wird auf der Baja California wahr: der einer unverdorbenen Wildnis, die von starken und großherzigen Menschen bewohnt wird. Ich schreibe dieses Buch nicht ohne die ständige Angst, daß der anwachsende Tourismus dies ändern könnte. Meine Hoffnung ist, daß die Baja California treue Freunde gewinnt: Freunde, denen das Land, das sie gesehen haben, und die Leute, die sie getroffen haben, viel bedeutet und beiden mit Respekt begegnen; Freunde, die durch ihre Liebe und ihr Verständnis für diese wilde Gegend auch bereit sind, sie zu beschützen.

Jim Hunter

Monterey, Kalifornien
Februar 1977

KLASSIFIZIERUNGSSYSTEM UND ROADLOGS

Jeder, der die Baja erforschen will, muß sich auf sein eigenes Urteilsvermögen verlassen. Die Logbuchangaben und die Klassifizierungen sollen dabei helfen.
Ob eine bestimmte Route nun für einen möglich ist oder nicht, hängt mehr von den Fahrkünsten ab als von der Wegbeschaffenheit und dem Fahrzeug.
Es gibt Wege, die über die längste Strecke gut zu fahren sind, aber zwei oder drei sehr schlechte Abschnitte haben, die dann vielleicht die ganze Route unmöglich machen. Das Klassifizierungssystem beschreibt diese schwierigen Stellen und ermöglicht so, vorher abzuschätzen, was geht und was nicht.
Dieses System kann nun nicht stur zwischen allen möglichen Arten von Fahrzeugen unterscheiden. So fällt ein Pickup mit Vierradantrieb und großem Camperaufsatz zwischen den normalen Pickup ohne Vierradantrieb und andere vierradangetriebene Fahrzeuge.
Das Gleiche gilt auch für Motorräder. Ein Motorrad, das nur für einen Tagesausflug ausgerüstet ist, wird leichter über schlechte Stellen wegkommen als ein vollbepacktes.
Mancher wird sich nun beim Betrachten der Logbucheinträge zuerst fragen, was all diese Einzelheiten sollen und warum die Entfernung bis auf 100 m genau ausgerechnet ist. Die Antwort darauf ist, daß man, wenn man einmal dort ist, sehr genau wissen will, wo man gerade ist. Die Logbeschreibungen sollen einem das so oft und exakt wie möglich zeigen. Sobald man an eine Weggabelung kommt oder eine Abzweigung passiert hat - und Abzweigungen sind fast nie auf der Karte eingezeichnet - fragt man sich, ob man auch noch auf dem richtigen Weg ist oder ob man eine falsche Abzweigung gewählt hat. Ob man auch wirklich noch genug Benzin übrig hat etc. etc. Dabei helfen einem die Logeinträge als eine Art Kaktusnavigation. Sie beinhalten so viele identifizierbare geographische und künstliche Merkmale wie nur möglich - sogar Autowracks. Wenn man in der Wüste unterwegs ist, erscheinen einem alle Orientierungshilfen als Goldfunde.

Und noch ein letztes Wort zum Befahren dieser Wege. Sie werden in den ersten Stunden schwieriger erscheinen als sie wirklich sind.
Jeder braucht, egal ob mit Geländewagen oder Motorrad, ein paar Tage oder Stunden, um seinen Wegrythmus zu finden und ein Gefühl für das Fahrzeug zu entwickeln.

Eine Warnung - vor allem an Motorradfahrer:
Wenn man das Fahrzeug überladen hat, findet man nie zu seinem Rythmus und die Reise macht keinen Spaß!

* Anmerkung der Übersetzer:

M o t o r h o m e s sind sehr große Wohnmobile.

V a n s sind Kastenwagen (so groß wie Ford Transit und größer).

P i c k u p s sind in den USA und Mexiko sehr beliebte Pritschenwagen. Viele haben zusätzlich noch einen Camperaufsatz.

D u n e - B u g g i e s oder B a j a - B u g s sind auf einem VW Käfer basierende geländegängige Freizeitautos.

BAJA-DIRT-ROAD-KLASSIFIKATION von I bis X

I Für normale Personenwagen empfehlenswert. Zweispurig, ung. 6 m breit, planiert, behandelte Wegoberfläche, wenig Schlaglöcher, Spurrillen oder erodierte Teile.

II Für normale Personenwagen möglich.
Einspurig, ung. 3 m breit, gelegentlich eingeebnet, unbehandelte Wegoberfläche mit Schlaglöchern, holprig und gelegentlich erodierte Teile.
Keine großen Steigungen, keine schwierigen Bachüberquerungen.
Kleine Motorhomes können hier noch fahren, wenn sie sehr vorsichtig sind.

III Für Pickups empfehlenswert.
Einspurig, 2,5 bis 3 m breit, sehr selten planiert; Spurrillen werden tiefer, zahlreiche Löcher, Felsen, ziemlich holprig und immer häufiger Erosion.
Große Steigungen werden zahlreich, stellen aber bis jetzt noch keine größere Probleme dar.
Vans und Pickups mit kleinem Camperaufsatz können ohne größere Risiken oder Schwierigkeiten durchkommen, aber Motorhomes sollten es auf keinen Fall versuchen.

IV Für Pickups möglich.
Eng, einspurig, große Bodenfreiheit ist unbedingt notwendig. Die Oberfläche ist nirgends planiert oder irgendwie behandelt. Löcher und Felsen nehmen an Zahl und Größe zu. Teilweise sehr starke Erosion. Steigungen nehmen zu und können zum Problem werden. Unten und oben an einem Hang haben die durchdrehenden Reifen von zweiradangetriebenen Fahrzeugen tiefe Querrillen hinterlassen.
Vans und Pickups mit Camperaufsatz kommen nur mit Schwierigkeit durch und riskieren eine Beschädigung des Fahrzeugs. Normale PKW sollten es auf keinen Fall versuchen.

V Für Pickups möglich - aber nur mit äußerster Vorsicht.
Enger Weg mit Schlaglöchern, Felsen, ziemlich holprig.
Bachüberquerungen sind unumgänglich.
Steigungen gehen nicht über 20 Grad hinaus.
Sand und hohe Kuppen machen es für zweiradangetriebene Fahrzeuge schwer. Querrillen werden größer.
Vans und Pickups mit Campingaufsatz sollten es auf keinen Fall versuchen.

VI Vierradantrieb empfehlenswert.
Enger Weg mit Schlaglöcher, Felsen am laufenden Band. Mit Bachüberquerungen und Fahren im Bachbett ist zu rechnen. Steigungen haben lose Felsen, Steine und tiefe Spurrillen - gehen aber nicht über 30 Grad hinaus.
Häufig gibt es steile Abhänge und tiefen Sand.
Für Motorradfahrer und Dune-Buggies wird es die ersten Bewährungsproben geben.
Zweiradangetriebene Pickups werden nur mit Schwierigkeit und der Gefahr einer Beschädigung durchkommen.

VII Vierradantrieb notwendig.
Enger Weg, große Felsen mitten im Weg, unbefahrbarer Rand. Kakteen wachsen nahe an beiden Seiten des Weges; lange Abschnitte ohne Möglichkeit auf die Seite zu fahren; mehr als die Hälfte der Zeit ist man mit Fahren im Flußbett beschäftigt. Viele ausgewaschene Stellen. Man braucht oft die Schaufel!
Steigungen gehen nicht über 35 Grad hinaus.
Querrillen sind oben und unten an den Steigungen. Wenn sie zu schnell angefahren werden, wird das Fahrzeug beschädigt. Zweiradangetriebene Pickups können es versuchen, irgendeine Beschädigung am Fahrzeug ist aber dabei unausweichlich.

VIII Vierradantrieb unbedingt erforderlich.
Enger Weg, dauernd ist mit Hindernissen zu rechnen. Der Weg kann gelegentlich in Kakteen und im Flußbett verschwinden. Manchmal besteht er nur aus lockeren felsigen Fläche einer Mesa oder eines Bergkamms.
Es ist oft sehr schwer, dem Weg zu folgen.
In dieser Klasse sind es entweder Wege, die sehr selten benutzt werden oder solche mit großen Steigungen und/ oder sehr schlechter Oberfläche.
Motorradfahrer müssen sehr vorsichtig sein, um Unfälle zu vermeiden, vor allem, wenn es bergab geht.
Die Schwierigkeiten für Dune-Buggies halten sich in Grenzen. Steigungen gehen nicht über 40 Grad hinaus.
Zweiradangetriebene Pickups sollten es auf keinen Fall versuchen!

IX Für vierradangetriebene Fahrzeuge noch möglich.
Abwechselnd Vorhandensein oder Fehlen einer Spur.
Dauernde Gefahr wegen großer Felsen, tiefe Schlaglöcher, Querrillen, Spurrillen, unstabile Oberfläche, Kakteenstacheln.

Reparaturen und längere Verzögerungen sind zu erwarten.
Die Schaufel muß man immer griffbereit haben.
Man trifft oft auf Vieh, Ziegen und Reiter. Deshalb gibt es oft leider keine Fahrzeugspuren, sondern nur Spuren von Vieh und anderen Tieren.
Motorräder kommen nur mit großem Risiko durch.
Dune-Buggies können ohne Schaden davonkommen, wenn die Fahrer sehr geländeerfahren sind.
Zweiradangetriebene Pickups kommen nicht durch.
Steigungen könne über 45 Grad hinausgehen!

X Diese Klasse sollten alle Fahrzeuge tunlichst meiden! Weg ist teilweise abgerutscht. Abschnitte dieser Klasse kommen selten mittendrin auf einem Weg vor. Meist kommt X am Ende eines Weges vor. Solche Abschnitte sind gefährlich, da man sich auch leicht verirren kann. Niemand benützt sie und eine Beschädigung oder gar ein Totalschaden des Fahrzeugs ist leicht möglich!

Arroyodurchquerung (Klasse VI)

I DIE PAZIFIKKÜSTE

DER FERNE PAZIFIK

SANTA CATARINA DESEMBARCADERO

Wer den alten Transportweg nach Catarina Desembarcadero gefahren ist, der weiß, ob ihm das Geländefahren auf den Seitenwegen der Baja gefällt oder nicht - und die Chancen stehen gut für die Baja!

Von dort, wo man die geteerte Straße verläßt, bis nach Catarina an der Pazifikküste dauert die Fahrt 4 bis 6 Stunden, je nachdem, wie oft man eine Pause macht.
Wie bei den meisten Wegen auf der Baja erwartet einen am Ende ein einsamer Strand und natürlich auch ein ewig blauer Himmel! Obwohl man normalerweise vom Pazifik eher Nebel und Wind erwartet, habe ich diese lange, einsame Pazifikküste selbst im Winter immer sonnig und windstill erlebt.

Pazifikstrand in der Nähe von Abreojos

Entlang dem Weg nach Catarina sieht man oft irgendwelche Wüstentiere. Füchse und Kojoten treffe ich dort jedesmal. Auf jeden Fall sollte man auf die freilaufenden halbwilden Esel und Maultiere gefaßt sein und auf das Vieh. Rinder und Pferde werden hier nämlich fast nie eingezäunt und so grasen sie in der Nähe der kleinen mexikanischen Ranchos, die über die ganze Baja verstreut sind.

Die Wüstenlandschaft, die Bucht, das Meer und die Einsamkeit an dem einst regen Hafen machen die Reise nach Catarina mehr als lohnenswert.

Die Abzweigung nach Catarina, 61 km südlich von El Rosario, ist schwer zu finden. Sie ist 6 km südlich des alten Cafés und der Windmühle bei El Progreso und 1,7 km südlich des Cafés mit dem Wegzeichen nach 'Cecilia Station'.
Kommt man von Süden, ist es 18,2 km nördlich des staatlichen Touristenhotels (Parador) und der Pemexstation bei San Agustin.
Kommt man von Norden, geht die Abzweigung nach rechts (nach Westen) ab.
Die Fischer stellen gelegentlich ein Holzschild auf (aber nur nach Norden hin), auf dem steht:

Rancho Station Catarina 35 km
Gasolina, Puerto Catarina 63 km

Bei der Rancho wird aber kein Benzin mehr verkauft! Ebensowenig in El Progreso oder in Cecilia Station.
Bevor man nach Catarina kommt, sind El Rosario und San Agustin die zwei einzigen Möglichkeiten, den Tank aufzufüllen. Und es kann wirklich eine lange Fahrt geben, denn diese unschuldig aussehende Kreuzung, wo ein leichter Wind den Sand auf die geteerte Fahrbahn weht, ist das Tor zu über 300 km auf verlassenen kurvenreichen Küstenwegen, an steil abfallenden Bergeinschnitten, Kliffs und Stränden vorbei, ähnlich der Südküste von Kalifornien.

Zwischen Oktober und März trifft man gelegentlich auf ein paar verstreute Gruppen von Hummerfischern. In der restlichen Zeit des Jahres wird nur selten ein Fischer vom Inneren der Baja dort hinauskommen. Diese Fischer verkaufen einem ab und zu Benzin aus ihren 200 l Fässern - manchmal auch nicht, deshalb sollte man sich mit dem Benzin nicht auf sie verlassen. Außer für ihren eigenen Bedarf haben sie weder Wasser, Benzin, Lebensmittel noch sonst irgendetwas dabei, weder in Catarina Desembarcadero noch entlang den 322 km der verlassenen Küste nach Süden.
Also alles selbst mitbringen, was man braucht!

Logbuchangaben und eine Beschreibung des weiteren Küstenverlaufs kommen im Anschluß an das Catarina Roadlog.

Meile 0 ist an der Rechtsabzweigung von der Mex 1. Von dort aus windet sich der geschotterte Weg über felsige, kakteenbedeckte Hügel, fällt ab in ein kleines Tal, führt an der Rancho Catarina vorbei und kommt dann zu einem atemberaubenden Plateau, von wo aus man herrliche Sicht in alle Richtungen hat. Elefantenbäume, Yucca und Cirio Bäume gibt es hier im Überfluß, ebenso die riesigen Cardón Kakteen. Zwischendrin wachsen die markanten rotblühenden Ocotillos. Fast zu jeder Jahreszeit kann man hier mit Blüten in allen Farben rechnen.
Vom Plateau aus fällt der Weg dann abrupt ab und führt 16 km weiter ans Meer.
Der alte Anlegeplatz ist heute nicht viel mehr als eine Erinnerung. Auf dem von Seetang bedeckten Strand mit den nassen schwarzen Felsen erinnert nur noch eine Ansammlung von grossen orangen und weißen Onyxblöcken an Vergangenes.
Bis in die späten 50er Jahre wurden Tausende von Tonnen solcher Blöcke von El Mármol hierher transportiert und von Catarina nach Norden verschickt, um der weltweiten Nachfrage nach Schreibtischsets aus Onyx nachzukommen.
Bei Catarina ist der Strand lang und breit und i.a. ohne Felsen. Es dauert nicht länger als eine halbe Stunde, dann hat man einen Korb voll Muscheln gesammelt. Ein paar hundert Meter südlich des Fischercamps ist der beste Platz dazu.
Hinter dem Strand geht der graue und weiße Sand in eine angeschwemmte Ebene mit grünen Büschen und Kakteen über. Auf beiden Seiten dieser Ebene sind hohe Mesas.
Man könnte Wochen damit verbringen, nur diese Pazifikbucht zu erforschen.
Auf den hohen Klippen hinter dem Fischercamp ist ein kleiner Friedhof und am nördlichen und südlichen Ende des langen Strandes sind Tidebecken und Klippen.
Das Wasser ist zu kalt zum Schwimmen und zu rauh zum Tauchen, aber wenn es windstill ist, bringt die Brandung sehr lange schöne Wellen.

Die Hummerfischer tauchen immer am frühen Morgen in Taucheranzügen. Während der Saison wehen an den Fischerhütten rote und grüne Flaggen, um den Tauchern zu helfen, wieder zurückzufinden.
Gegen Mittag werden die hölzernen Boote weit herausgezogen, bis auf die rutschigen und schlüpfrigen Felsen hinauf.

Vor ein paar Jahren traf ich hier 3 junge Männer, die ganz allein in Catarina arbeiteten. Sie waren ein halbes Jahr lang dort, arbeiteten immer 6 Wochen und hatten dann wieder 2 Wochen frei. Sie gehörten zu einer Kooperative etwas südlich von Ensenada.
Den Hummer, den sie fingen, hielten sie in Käfigen frisch, die sie im Meer versenkten. Wenn sie genug gefangen hatten, wurde es von einem Zweitonnen-Pritschenwagen abgeholt, dessen Fahrer regelmäßig diese harte 65 km fuhr.

Der Weg ist die ganze Zeit einspurig und am Baja Standard gemessen in gutem Zustand. Vierradantrieb ist nicht notwendig, aber es sollte ein gutes Fahrzeug sein.
Die schlimmste Steigung kommt nach 46 km. Auf der ganzen Strecke sind hin und wieder kleinere Hindernisse zu überwinden. Der letzte Kilometer vor Catarina, kurz vor dem Strand, geht über festgefahrenen Sand und dürfte kein Problem sein. I.a. ist der Weg nach Catarina Klasse III und IV, bei km 46,5 (Meile 28,9) Klasse IV (bergab) und Klasse V (bergauf).
Der Weg nach Catarina ist ein guter Test für die Geschicklichkeit im Geländefahren. Wie bei vielen anderen Wegen auf der Baja hängt es auch hier weniger vom Fahrzeug als vielmehr

Vor einer steilen Bergabstrecke

von den Fahrkünsten ab. Was der eine mit Vierradantrieb schafft, kann der andere mit einem Pickup. Das gleiche gilt auch für Motorräder und Dune-Buggies.

Roadlog 1 SANTA CATARINA DESEMBARCADERO (Abzweigung nach Canoas)

Klasse III, IV, V, VI

km	Meile	
0	0	Abzweigung nach Catarina Desembarcadero: 5,9 km (3,7 Meilen) südlich von El Progreso; 18,2 km (11,3 Meilen) nördlich von San Agustín Parador. Weg verläßt die geteerte Straße in Richtung Westen.
0,8	0,5	Gute Campingmöglichkeiten (auch für größere Fahrzeuge) in grasbewachsener Schlucht. Weiter gehts durch eine Kiesgrube auf ein sanft ansteigendes Plateau hinauf, dann auf engem Weg wieder bergab.
13,7	8,5	Kreuzung: kleiner Weg kommt von links. Dieser Weg ist schlecht und man sollte ihn auch nicht auf dem Rückweg nehmen, obwohl er - wenn man nach Süden weiterwill - kürzer ist.
15,0	9,3	Autowrack, 41er Dodge (Seriennummer 588 - ITDS). Man ist also auf dem richtigen Weg!
20,1	12,5	Quelle, Windmühle, verlassenes Gebäude, schattige Bäume. Genug Platz, um zu parken und sich auszuruhen. Die Hügel ringsum sind mit Felsbrocken und hohen Cardón Kakteen bedeckt.
31,4	19,5	Schwieriger Teil, fortwährend große Felsbrocken. Am besten, man betrachtet sie sich vorher genau und fährt dann langsam drüber. Es dauert nicht lang! Vorsicht wegen der Ölwanne!
32,8	20,4	Gebiet der Rancho Catarina. Links auf der Hochfläche ist eine schmale Landebahn. Weg führt nun bergab in ein schattiges Stück. Rechts auf dem kleinen Hügel stehen ein paar Gebäude, links ist ein Korral. Kein Benzin oder Lebensmittel, nur Hühner, Wegzeichen und Gastfreundschaft!

km	Meile	
33,3	20,7	Ab der Mitte der Rancho steigt der Weg wieder an. Der folgende steile Wegabschnitt ist kurz, dafür aber auch sehr schlecht. Es sind noch 3,5 km (2,2 Meilen) bis zur Abzweigung nach Canoas.
36,4	22,6	Kreuzung: der Weg nach Canoas biegt links ab, geradeaus geht es nach Catarina. Kreuzung wird von einem Steinhaufen und Felsbrocken markiert. Die nächsten 10 km steigt der Weg kurvenreich über kleinere Hügel an bis zu einem hohen, flachen Plateau.
46,5	28,9	Vom Plateau aus hat man eine herrliche Sicht in alle Richtungen - das Meer in der Ferne. Es gibt ebene Stellen zum Ausruhen - und Schatten! Dann geht's steil bergab. Ohne Vierradantrieb wird man sich überlegen, ob man weiter soll oder nicht. Es ist weniger das Hinunterkommen als das Wiederhinaufkommen. Am besten ist es, man vertritt sich kurz die Beine und geht den Weg einen km zu Fuß hinunter, um sich so einen Überblick zu verschaffen. Ein Trost: es ist der schwierigste Teil der ganzen Strecke!
55,2	34,3	Holzbrücke. Man ist geneigt, sie vorher zu Fuß auf ihren Zustand hin zu untersuchen!
62,0	38,5	Nach kurvigen 16 km über kleinere, mit Kakteen bewachsene rote Hügel erreicht der Weg eine Ebene. Es geht ohne Steigung über festgeschichteten Kalkstein und Sand weiter.
62,8	39,0	Labyrinth von Wegen zum Meer, Sanddünen und Arroyos. Man sollte seine Route sorgfältig auswählen - geradeaus halten und eher rechts als links. Der größere Weg links führt zur nahen Landspitze (500 m).
64,0	39,8	Weg endet in grasbewachsener Sanddüne. Catarina Desembarcadero, 3 Hütten. Alte Onyxbrocken liegen am Strand, wo das Meer sie langsam wieder zu Sand werden läßt.

Vom Catarina Desembarcadero Weg aus nach PUNTA CANOAS

Die Landspitze, die man in der Ferne südlich von Catarina aus sieht, ist Punta Canoas, ein zweites Fischercamp.
Das Tal dahinter sieht eher wie eine Mondlandschaft als wie ein Teil der Bajaküste aus. Aber der Strand selbst ist schöner als bei Catarina. Er ist länger und breiter und bietet mehr Schutz vor der Sonne. Und wie im ganzen weiteren Küstenverlauf bietet die Baja hier überall offene, einsame Strände, Muscheln, Treibholz und einen Überfluß an Vögeln und Meerestieren.

Das Fischercamp sieht ähnlich aus wie Catarina - nur etwas größer. In seiner Nähe liegt leider auch Abfall herum. Deshalb sollte man lieber in der Mitte der Bucht oder am südlichen Ende bleiben.
Wenn die Fischer normalerweise auch erst mittags oder abends mal vorbeikommen, freuen sie sich jederzeit über einen Besuch. Sie verstehen es auch, wenn man ungestört bleiben will.
Ab und zu bieten sie einem Hummer und Muscheln an. Ein Hummergericht ist in dieser Gegend nicht ungewöhnlich, deshalb sollte man auch wissen, wie man Hummer am besten zubereitet!

Die Abzweigung nach Canoas ist 36,4 km (22,6 Meilen) westlich von der geteerten Straße auf dem Weg nach Catarina (siehe dazu RL 1).
Die 3 Stunden lange Fahrt von hier aus geht über 40 km. Da dieser Weg noch seltener benutzt wird als der nach Catarina, ist er auch dementsprechend in schlechterem Zustand.
Der Weg ist Klasse III und IV mit zunehmend häufigeren Abschnitten V. Für einen normalen PKW ist es nichts, aber ein Pickup (selbst mit einem leichten Camperaufsatz) kommt gefahrlos und ohne viel Probleme durch.

Roadlog 2 Nach PUNTA CANOAS (vom Catarina Desembarcadero Weg aus)

Klasse III, IV, V

km	Meile	
0	0	Bei km 36,4 (Meile 22,6) des Catarina Desembarcadero Weges geht es links ab.

km	Meile	
1,8	1,1	Weg führt auf eine Hochfläche. Viele Gabelungen, alle Wege führen wieder auf den Hauptweg zurück. Es geht in SSW-Richtung weiter zum Meer, das man aber erst nach 40 km erreicht.
7,7	4,8	Gipfel eines kleineren Hügels.
8,4	5,2	Überquerung eines Arroyos.
8,5	5,3	Aus dem Arroyo heraus: Klasse IV (200 m).
12,1	7,5	Hoch gelegenes Plateau, danach kurze Steigung.
14,5	9,0	Bergauf: Klasse V (200 m).
14,6	9,1	Bergab: Klasse V (200 m).
15,1	9,4	Wichtige Kreuzung: geradeaus führt der Weg zu einer verlassenen Rancho. Scharf rechts zu einem Arroyo, der nach Canoas und Richtung Süden geht. Hier fährt man ins Flußbett hinein, Richtung Westen.
16,6	10,3	Weg führt im Flußbett weiter nach Westen.
21,0	13,1	Weg führt Richtung Süden aus dem Flußbett heraus.
22,4	14,0	Große Cardón Kaktee rechts.
27,0	16,8	Weiter geht's über pudrigen Sand nach Süden über sanfte, hügelige Ebene, das Meer zur rechten.
29,0	18,0	Rechts: verlassener 1935er Studebaker (viertürig).
31,6	19,6	Weißes, topfebenes Schwemmland. Links kleine Landebahn. Viele Weggabelungen. Zum Strand und zum Fischercamp rechts halten.
31,9	19,8	Abzweigung nach rechts. Weg links führt nach Süden. Zum Fischercamp und zum Strand von Punta Canoas geht es rechts ab.
40,4	25,1	Fischercamp liegt im Windschatten eines niedrigen Kliffs am nördlichen Ende des Strandes von Punta Canoas. Ein Strandweg führt nach Süden. Etwas Feuerholz, keine Bäume oder Kakteen. Sanddünen bieten Gelegenheit zum Fahren auf festem Grund. Gewöhnlich sind hier in den kleinen Holzhütten nicht mehr als 10 Personen.

Von PUNTA CANOAS auf die geteerte Straße bei Ejido Juárez

Auf den mehr als 150 km zwischen Punta Canoas und Ejido Juárez liegt das letzte große verlassene Gebiet der Bajaküste, das über einen Weg zugänglich ist: eine endlose Kette von Stränden und Bergplateaus - was kaum ein Tourist je gesehen hat.

Obwohl der Weg 'Küstenweg' genannt wird, führt er, um Landzungen abzukürzen, über hohe Berge von der Küste weg ins Landesinnere hinein.

Von Canoas bis zur geteerten Straße muß man mit mindestens 3 Tagen Fahrt rechnen. Also zweimal übernachten.

Es lohnt sich, auch mal auf ein Lagerfeuer zu verzichten und einfach nur den herrlichen Sternenhimmel anzuschauen. Die klare Sicht und die vielen Satelliten, die man dabei beobachten kann, sind erstaunlich.
Wenn man von einer Anhöhe aus diesen schier endlosen Weg und den klaren Strand vor sich sieht, weiß man, warum man hierher gekommen ist.

Wo man übernachten will, bleibt einem selbst überlassen. Je nachdem, ob man lieber Steine sammelt, Vögel oder Meerestiere beobachten möchte, kann man sich die schönsten Stellen in den Bergen oder am Strand heraussuchen.
Es ist durchaus möglich, daß man überhaupt niemanden zu Gesicht bekommt. Auf zwei Trips dorthin habe ich nie ein anderes Fahrzeug getroffen.

Obwohl viele Abschnitte auf diesem verlassenen Weg Vierradantrieb notwendig machen, fahren die mexikanischen Fischer die ganze Strecke in ihren Pickups und Pritschenwagen. Man kann das natürlich auch machen - wenn man wirklich gut mit einem Pickup umzugehen weiß und es auch nicht scheut, schwitzend und keuchend (und mit der Hilfe eines Partners) das Auto wieder freizuschaufeln. Es darf dann aber auch nicht allzu tragisch sein, wenn das Fahrzeug dabei kaputt geht.

Der Weg ist schwierigkeitsmäßig ungefähr so wie der von Catarina nach Canoas, um Punta Cono und Punta María herum ist er schlechter. Die anderen Wege, die hier auf der Karte eingezeichnet sind und von der geteerten Straße wegführen, sind n i c h t empfehlenswert, sie sind alle schlechter.
Der eine, der von San José aus geht, ist eine 64 km lange Hölle von Felsbrocken und Steigungen mit losem Geröll.
Der 40 km lange Weg von Punta Blanca wird nie benützt und ist deshalb auch in äußerst schlechtem Zustand.

Die beste Wahl ist zweifellos der Weg von San José nach Ejido Juárez, er umgeht die sehr hohen Berge und die schlechtesten Abschnitte.

Ungefähr nach der Hälfte der Fahrt trifft man auf das Fischercamp Arroyo San José. Es liegt herrlich, am Rande einer breiten, weit ins Land hereinreichenden Lagune und auf einer Anhöhe, von wo aus man das Meer überblicken kann. Hier kann man sich auch, falls notwendig, von den Fischern Rat holen und nach dem Weg fragen.

Vom Camp aus führt der Weg vom Meer weg über einen kleinen Hügel und verläuft dann parallel zur nördlichen Seite der Lagune bis zu einer seichten Stelle, wo man die Lagune überqueren kann. Kurz danach kommt eine große Kreuzung. Dies ist der Anfang eines absolut verlassenen Küstenstücks.
Es gibt eine Unmenge Muscheln und das Angeln ist ebenfalls ausgezeichnet.
Der Weg scheint endlos an neuen Stränden vorbeizuführen. Die pazifische Dünung um Punta Cono und Punta María bietet ziemlich lange, 1 m hohe Wellen. Eingefleischte Surfer suchen hier nach den langen Wellen ohne Menschen. Eine solche Brandung wie in Kalifornien bei Huntington oder Malibu Beach gibt es allerdings hier nirgends. Wenn man sich mit einer schwächeren, dafür aber auch einsamen Brandung begnügt, dann ist die Baja der beste Platz dafür.

Roadlog 3 — Von PUNTA CANOAS zur geteerten Straße bei EJIDO JUAREZ

Klasse III, IV; kurze Abschnitte V, VI, VII und einmal VIII

Das Problem auf diesem Weg ist nicht so sehr der Zustand, sondern mehr das Finden vom Weg.

km	Meile	
0	0	Strand bei Punta Canoas.
0,8	0,5	Ungefähr hier kommt die Abzweigung nach rechts (nach Süden). Eine exakte Bestimmung dieser Abzweigung ist nicht möglich, weil dies von Jahr zu Jahr differiert.

km	Meile	
		Es geht über einen Arroyo und führt 800 m ins Landesinnere, bevor es dann durch niedere Einschnitte zwischen den Mesas weitergeht nach Süden.
6,6	4,1	Nach dem Einschnitt führt der Weg nach Süden weiter.
7,4	4,6	Arroyoüberquerung, Richtung Landesinnere, dann geht es weiter dem Meer zu.
8,9	5,5	Unterhalb der Mesa führt der Weg wieder nach Süden.
10,1	6,3	Abzweigung nach links, rechts bleiben. Aufstieg auf Kamm fängt an.
14,2	8,8	Sicht aufs Meer.
14,3	8,9	Bergauf: Klasse VII (500 m).
14,8	9,2	Gipfel. Sicht aufs Meer.
15,0	9,3	Bergab: Klasse VI (500 m), von jetzt ab gehts nach Westen, Richtung Meer.
17,1	10,6	Flußbett verlassen, Blick aufs Meer.
18,8	11,7	Blick auf den Strand, rechts Abzweigung zum Strand (300 m)
19,5	12,1	Weg führt auf felsiger Mesa weiter parallel zum Strand.
19,6	12,2	Bergab: Klasse VI (300 m).
24,8	15,4	Halbrunde Bucht, verlassenes Fischercamp Los Morros. Weg führt ins Landesinnere.
27,2	16,9	Abzweigung links führt zur Rancho, rechts halten.
29,0	18,0	Abzweigung rechts, rechts fahren.
31,1	19,3	Arroyo Delfino und Strand.
31,4	19,5	Abzweigung nach rechts führt zum Strand (300 m).
35,4	22,0	Strand durch schmale Schlucht verlassen. Klasse VI. (1,6 km).
36,0	22,3	Bergauf: Klasse VII (300 m).
37,2	23,1	Kammfahren.

km	Meile	
42,0	26,1	Blick aufs Meer vom Bergrücken aus. Danach bergab nach Arroyo San José.
43,3	26,9	Nach Arroyo San José hinunter. Bergab: Klasse VII (500 m).
43,6	27,1	Abzweigung links, rechts halten.
47,2	29,3	Strand bei Arroyo San José.
53,0	32,9	Fischercamp Arroyo San José, Lagunen, nach Süden hin langer Strand, felsige Landzunge.
53,3	33,1	Über niederen Hügel, dann nach Osten bis zum nördlichen Rand der Lagune.
55,1	34,2	Über seichte Stelle der Lagune.
56,7	35,2	Größere Kreuzung: geradeaus geht es nach Cataviná (65 km). Man braucht dorthin 6 bis 8 Stunden. Loses Geröll, ziemliche Steigungen. Vierradantrieb ist für VIII Abschnitte notwendig. Weg rechts führt weiter nach Süden an der Küste entlang. Rechts steht ein Autowrack (57er Chevy). In den Flaschen an der Kreuzung sind meist Karten und Nachrichten. Bitte wieder zurücklegen! Nimmt man die rechte Abzweigung, geht es wie folgt weiter:
62,8	39,0	Abzweigung rechts führt zum Strand (1,6 km). Links halten.
64,1	39,8	Weg verläuft parallel zum Strand.
65,5	40,7	Weg verläßt Strand Richtung Landesinnere.
67,3	41,8	Strand zur rechten.
68,6	42,6	Halbrunder Strand kommt ins Blickfeld. Weg verläßt Strand.
69,6	43,2	Abzweigung links führt zur Rancho. Rechts bleiben.
72,9	45,3	Gipfel eines hohen Bergkamms. Blick aufs Meer.
73,4	45,6	Bergab: Klasse VIII (800 m).
75,5	46,9	Bucht in Sicht.
76,0	47,2	Anfang eines breiten Tales.

km	Meile	
77,3	48,0	Beginn einer Ebene, die bis zum Meer reicht. Rechts Sanddünen.
82,3	51,1	Trockene, salzige Ebene.
83,9	52,1	Rechts Strand, Sanddünen.
85,0	52,8	Kreuzung: links halten. Rechter Weg hört ein Stückchen weiter auf einer Landzunge auf.
88,5	55,0	Kreuzung: links oder rechts fahren. Linker Weg geht um den Bergkamm herum, eine Mulde hinunter. Rechter Weg führt geradewegs den Bergrücken hinunter und am Rand der nahgelegenen großen Lagune entlang.
90,5	56,2	Es geht parallel zu einer großen Lagune (3 km lang, ca. 300 m breit).
94,5	58,7	Rote Strandklippen, Strand.
97,5	60,2	Abzweigung nach rechts führt zum Strand (300 m), Sanddünen.
97,7	60,7	Abzweigung nach rechts führt zum Strand (300 m).
98,5	61,2	Größere Kreuzung: links geht's nach Las Palomas. Geradeaus geht es durch ein flaches, breites, grünes Tal und dann in die Berge und über die Gipfel nach Punta Cono und Punta María, wo der Weg dann mit der linken Abzweigung zusammenkommt. Die linke Abzweigung ist besser, aber auch länger. Außerdem geht es durch tiefen Sand. Wenn man Vierradantrieb hat, kann man ruhig die rechte Abzweigung nehmen. Wenn nicht, dann die linke. Der rechte Weg verläuft wie folgt:
99,8	62,0	Bergauf: Klasse VII (1,1 km) und weiter auf die hohen Bergkämme.
100,6	62,5	Bergab: Klasse VII (800 m).
100,9	62,7	Blick aufs Meer.
102,2	63,5	Weiter bergab und dann parallel zum Strand und den Sanddünen.
107,5	66,8	Vom Strand weg Richtung Landesinnere.

km	Meile	
112,4	69,8	G r ö ß e r e K r e u z u n g : 4 Wege kommen zusammen. Rechts geht's nach Salinito, geradeaus weiter nach Süden, links zu dem Weg nach Las Palomas.
112,7	70,0	G r ö ß e r e K r e u z u n g : T-Kreuzung. Rechts geht's nach Süden, links zum Las Palomas Weg. Hier steht ein Vermessungszeichen aus Zement.
114,1	70,9	Gipfel.
122,2	75,9	Verlassener Chevy auf Bergkamm.
124,3	77,2	Bergab: Klasse VII (600 m), rechts Abzweigung zum Strand.
125,6	78,0	Abzweigung rechts führt zum Strand (1,1 km).
129,3	80,3	Abzweigung rechts zum Strand (300 m).
130,2	80,9	Abzweigung rechts zum Strand und Punta Cono.
136,0	84,4	Weg verläßt Gebiet von Punta Cono, rechts Strand und Sanddünen.
136,5	84,8	Links am Hang sind weiße Muscheln zu einem politischen Zeichen zusammengelegt. Verlassener Ejido (Kooperative), ein paar Hütten.
141,7	88,0	Abzweigung links zum Fischercamp (300 m).
143,6	89,2	Abzweigung rechts zum Meer.
149,6	92,9	Abzweigung rechts zum Meer.
150,8	93,7	Tal mit üppiger Vegetation.
151,5	94,1	Bergauf: Klasse VI (800 m).
153,3	95,2	Umgestürztes Autowrack (61er Chevy Nova).
154,1	95,7	Abzweigung rechts zum Strand.
154,9	96,2	Abzweigung rechts zum Strand. Ab hier verläßt der Weg das Strandgebiet und führt ins Landesinnere auf die geteerte Straße.
162,1	100,7	Links geht ein Weg zu einer Rancho, geradeaus weiterfahren.
167,4	104,0	Weg rechts führt zum Strand, geradeaus weiterfahren.

km	Meile	
168,4	104,6	Weg rechts führt zum Strand, geradeaus weiterfahren.
174,8	108,6	Weg rechts führt zum Strand, geradeaus weiterfahren.
176,5	109,6	Nach Osten auf den kleinen Hügel, Schlucht zur Linken.
177,6	110,3	Schmaler Canyon, links großes Becken mit alkalischem Wasser.
180,5	112,1	Aus der Schlucht heraus nach rechts auf weite Ebene hinunter.
183,4	113,9	Verlassene Rancho rechts. Weg wird besser: Klasse I und II.
186,3	115,7	Rancho rechts.
189,5	117,7	Abzweigung nach rechts, rechts halten.
192,5	119,6	Rancho von Ejido Juárez, Korral, alte Autos, geteerte Straße auf der anderen Seite der Rancho. Ende des Weges. Nächste Tankstelle: Punta Prieta (11,3 km nördlich) oder Rosarito (29 km südlich).

MALARRIMO

Allein schon der Klang des Namens ruft Visionen wach von alten Galleonen, Flaschenpost, verschollenen Seeleuten, Strand- und Wrackgut des gesamten Pazifiks.
Bei Malarrimo ragt das Land ins Meer hinein wie eine Schaufel, die das gesamte Strandgut der japanischen Strömung auffängt.

Eine neue Strecke zum Strand von Malarrimo verkürzt heute die Fahrt dorthin ganz beträchtlich. Aber bevor man nach Malarrimo eilt, sollte man sich darauf besinnen, daß man nicht der erste dort ist. Die Strandgüter hier sind schon öfters äußerst genau durchsucht worden. Und man sollte auch daran denken, daß die Strömung keinen Unterschied macht, was sie alles an den Strand schwemmt. Alles, was von Schiffen auf See und von den Stränden im Sturm kommt, wird hier angeschwemmt. Und damit auch Sachen, die man nicht so gerne sieht, wie Abfall und Flaschen. Dazu gehört auch ein anscheinend endloser Vorrat von Glühbirnen. Natürlich gibt es auch andere Dinge, die es wert sind, daß man den Strand danach absucht. Man stößt auf Teile von alten Wracks und auf das Strandgut vergangener Jahre. Daß darunter auch Schwimmer von japanischen Fischernetzen sind, halte ich für ein Gerücht.
Allerdings gibt es hier weniger Muscheln als an anderen Stränden der Baja.
Der Strand ist typisch für die Pazifikküste, mit kurzen, hart ankommenden Wellen und dem i.a. festen, braunen und schwarzen Sand. Dahinter sind niedere Dünen und braune Erde. Es bläst zwar dauernd eine leichte bis starke Brise, aber der Arroyo bietet Schutz beim Campen.

Wahrscheinlich sind die herrlichen Blicke und Aussichten entlang des Weges vom Canyon aus wertvoller als das, was man beim Durchsuchen des Strandes finden kann.
Die sternenklaren Nächte auf der Vizcaino Halbinsel sind mehr als ein Ausgleich für das, was man vielleicht am Strand nicht gefunden hat.

Die neue, kürzere Strecke von Guerrero Negro ist 185 km lang. Für eine Strecke (8 Stunden) muß aber ein voller Tag veranschlagt werden - und dabei ist keine Zeit fürs Strandsuchen eingeplant.
Die Fahrt nach Malarrimo ist also, wenn man es richtig machen will, immer noch ein 3-Tages-Unternehmen.
Für die neue Straße braucht man eine Erlaubnis von dem 'Expatadora de Sal', der Salzkompanie, die die Straße über die Dämme gebaut hat, die Malarrimo nur einen Tag von Guerrero Negro trennt.

Solange nicht allzuviel Leute nach einer Erlaubnis fragen, wird diese locker eingestellte und hilfreiche Kompanie weiterhin den gelegentlich auftauchenden Touristen erlauben, ihre Straße zu benützen.

Nachdem man im Büro von Guerrero Negro die Erlaubnis erhalten hat, passiert man ein bewachtes Tor am Anfang der Deichstraße.
Von jetzt ab trifft man häufig auf die roten, überhohen Salzlastwagen.
Die Fahrt kann manchmal etwas eintönig werden, da es fast 50 km über die Deiche geht. Aber die Strecke ist bei weitem nicht so langweilig, wie sie oft beschrieben wird.
Bei der großen Pumpstation 'Bomba Ocho' (Pumpe 8) führt der Weg über die hohen Dünen hinweg auf den alten Weg nach Malarrimo.

Die Strecke von Guerrero Negro bis zur Rancho San José de Castro kann in einem normalen PKW gefahren werden, obwohl ich es nicht in meinem eigenen versuchen möchte.
Die ersten 48 km von Guerrero Negro zur Bomba Ocho sind Klasse I mit kurzen Abschnitten II.
Von der Pumpe bis zur Rancho: Klasse II und III, danach wird der Weg schlecht.
Von San José bis zum Strand bei Malarrimo (43,5 km) führt er i.a. in ausgetrockneten Flußbetten oder auf Bergkämmen entlang: Klasse IV und V und gelegentlich sind Bergauf- und Bergabstrecken mit Schwierigkeitsgrad VI und einmal VII dabei.
Ein Pickup wird durchkommen, ein normaler PKW nicht.
Vierradantrieb würde die Fahrt um einiges erleichtern.
Die letzten 3 km in dem engen Bachbett zum Strand hinunter können einem schon ganz nett Respekt einflößen. Der verwehte Sand bedeckt oft fast die ganze Spur. Aber es ist nicht so schlimm, wie es normalerweise immer geschildert wird. Ende 1976 hat ein Sturm die letzte 1/2 Meile des Weges weggeblasen und die Lagune bis zu dem alten Bachbett getrieben. Aber die Lagune ist seither wieder zurückgegangen und der Weg führt bis zum Strand. Wenn er in schlechtem Zustand ist, sollte man dort anhalten, wo man den Weg verliert und vollends zu Fuß zum Strand weitergehen.

Roadlog 4 Von Guerrero Negro über 'Bomba Ocho' nach MALARRIMO

Klasse I, II, III, IV, V und VI.
Von Guerrero Negro nach 'Bomba Ocho': I, II.
Von 'Bomba Ocho' nach San José de Castro: II, III.
Von San José de Castro nach Malarrimo: IV, V, VI.

km	Meile	
0	0	Büro der Salzkompanie in Guerrero Negro. Weg führt durchs Tor hindurch. Wenn die Straße nicht stark befahren ist, kann man bis zu 60 km/h (Klasse I) fahren. Vorsicht vor den scharfen Kurven am Ende von vielen Deichen. Man muß auch immer darauf vorbereitet sein, eine Menge Küstenvögel wie Silberreiher, Pelikane, Möwen und andere Lagunenbewohner auf der Fahrbahn anzutreffen.
48,3	30,0	'Bomba Ocho', Pumpe 8. Eine Reihe roter Dieselmotoren pumpen für künftige Salzgewinnung Meerwasser in eine Lagune. Man fährt an dieser Pumpstation vorbei, an der Kreuzung biegt man links ab und fährt dann weiter in Richtung Süden - in eine andere Richtung als man eigentlich will - an der Lagune entlang, die durch das Pumpen gewonnen worden ist. Irgendwann biegt dann der Weg nach rechts, ins Landesinnere ab, wo er auf den alten Weg nach Malarrimo stößt.
57,3	35,6	Weg entlang der Lagune führt ins Landesinnere, nach rechts. Man kommt auf eine breite Ebene.
69,7	43,3	Größere Kreuzung: Weg links führt nirgendshin, er endet nach ein paar Meilen in tiefem Sand. Weg rechts führt nach San José de Castro, ihm muß man folgen. Geradeaus geht es auch nach San José de Castro, dies ist eine alternative Route. Sie führt auf die geteerte Straße bei Vizcaino. Die Abbiegung nach Vizcaino kommt nach 6,4 km. Wenn man aber nach Malarrimo will, dann sollte man den Weg nach rechts nehmen, weil er leichter zu finden ist. Der andere Weg ist zwar ein bißchen besser, hat aber viele verwirrende Abzweigungen.

km	Meile	
79,4	49,3	AlternativerWeg kommt von links. Bis jetzt ist man westwärts über eine große Ebene den Bergen zu gefahren. Wenn man bis km 69,7 (Meile 43,3) geradeaus gefahren ist, kommt man hier wieder auf den Weg zurück.
92,3	57,3	Abzweigung links führt nach Bahía Asuncion. Manchmal stehen hier rote Pfeile, die nach 'B.A.' zeigen. Nach Malarrimo muß man hier rechts fahren.
108,8	67,6	Weg führt in ein Bachbett und Richtung Süden zu den Bergen zurück, nachdem es eine Weile an ihrem nördlichen Rand entlanggegangen ist.
115,3	71,6	Eine Reihe von kurzen Bergauf- und Bergabstrecken.
122,4	76,0	Magnesium Depots und alte Mine.
132,0	82,0	Abzweigung links führt nach Bahía Asuncion, rechts halten.
139,1	86,4	Rancho San José de Castro hinter einem kleinen Hügel, daneben ein kleiner Teich mit Quellwasser. Kleine Bäumchen und eingezäunte Weide. Man fährt am besten zur Rancho und fragt nach dem Weg nach Malarrimo, da der Weg auf der anderen Seite des Teiches liegt und schwer zu finden ist.
147,2	91,4	Weg führt weg in kleinen Arroyo. Abzweigung nach rechts. Links halten. Ab und zu steht hier ein Wegzeichen nach Malarrimo.
147,6	91,7	Abzweigung rechts führt nach Malarrimo. Hier steht auch manchmal ein Wegzeichen. Ab hier kommt man zwar ohne Vierradantrieb weiter, aber ich würde es lieber nicht versuchen.
160,2	99,5	Gipfel einer breiten, flachen Mesa, von der aus man in eine tiefe Schlucht hinunter blicken kann. Weg führt über große rotbraune Felsen oben auf der Mesa entlang. Es ist fast 13 km kurvig in einem Arroyo entlang gegangen, dann ist man aus dem Arroyo herausgeklettert, bis man zu diesem Punkt gekommen ist. In 3,2 km führt der Weg in einem breiten Arroyo

km	Meile	
		von der Mesa herunter an den Strand von Malarrimo. Beim Hinunterfahren kommt man durch eine enge, korkenzieherartige Spalte.
163,4	101,5	Spalte.
168,2	104,5	Weg führt in den Arroyo und folgt seinem weiteren Verlauf bis hinunter zum Strand. Langsam werden die Spuren vom Sand aufgefüllt.
147,7	108,5	Sand ist jetzt genug im Arroyo, aber i.a. ist er fest.
181,3	112,6	Lagune ist sichtbar und der Weg scheint zu Ende zu sein. Mit Vierradantrieb kann man vorsichtig versuchen, die letzten 800 m voll zum Strand zu fahren.
182,1	113,1	Strand von Malarrimo. Der Strand führt in beide Richtungen über mehrere km. Es gibt genug Feuerholz, einige geschützte Plätze zum Campen, niedere Kliffs grenzen an den Arroyo an, wo er ins Meer führt. Der Sand ist fest genug, einen 4 x 4 zu halten, aber Vorsicht: es gibt viele, kaum sichtbare weiche Stellen.

Bevor man jetzt beginnt, den Strand nach Schätzen abzusuchen, sollte man sich auch mit den offiziellen Bestimmungen auf der Baja vertraut machen. Sie enthalten nämlich genaue Regelungen, was von mexikanischen Stränden mitgenommen werden darf.
So ist es an manchen Stränden, wie z.B. bei Malarrimo, generell verboten, irgendetwas mitzunehmen, was man dort findet.

GUERRERO NEGRO

Jahrhundertelang sind die Wale zum Kalben in die Scammon Lagune gewandert, die in der Nähe von Guerrero Negro auf der Baja California liegt.
Auch heute noch setzen sie diese Wanderungen dorthin fort, doch nun müssen sie die weiten, klaren salzigen Lagunen mit 'Expatadore de Sal' teilen, einer japanisch-mexikanischen Kompanie, von der Japan fast seine gesamte Salzversorgung bezieht. Der Handel mit dem Salz hat auch das Städtchen Guerrero Negro hervorgebracht.

Guerrero Negro ist aus einem Grunde hier, die Touristen aus einem ganz anderen. Das Geheimnis und die Schönheit der Wale zieht hier jedes Frühjahr einige Leute an. Aber die Wale, die von Januar bis März hier sind, sind nicht leicht zu beobachten.

Die Lagunen sind zum Nationalpark erklärt worden und alles, was die Tiere stören könnte, ist verboten.

Die alten Walbeobachtungsstellen, die am Ende der Kompaniewerften in der Nähe der Stadt liegen, sind von Zeit zu Zeit geschlossen.
Der eigentliche offizielle Beobachtungsstrand liegt 30 km südlich von Guerrero Negro und ist über einen Feldweg zu erreichen. Der südliche Zugang ist mit kleinen Schildern gekennzeichnet, auf denen ein Blauwal gemalt ist.

Am Eingang des Nationalparks steht ein alter Mann in einer kleinen Hütte und verlangt 10 pesos Eintritt. Auf einer Tafel daneben beschreibt die mexikanische Regierung ihre Bemühungen, die Wale zu schützen.

Vorsicht: Auf dem Rückweg passiert es einem leicht, daß man sich verfährt. Deshalb sollte man sich auf dem Hinweg alles genau einprägen! Sonst endet man leicht auf den großen, flachen Salzdeichen und muß seinen Platz zwischen den großen Lastwagen behaupten. Unangenehm ist dabei auch, wie hoch das Wasser auf beiden Seiten der lächerlich kleinen Reifen heraufkommt.

Guerrero Negro ist in zwei Teile geteilt, was zur großen Verwirrung beitragen kann. Der erste Teil (von der Mex 1 aus) besteht aus ein paar Motels, Tankstellen und Restaurants.

Der zweite Teil liegt hinter dem Flughafen, in der Nähe der Salzgewinnungsanlagen und den Unterkünften der Arbeiter. Dieser zweite Teil ist das eigentliche Guerrero Negro. Wenn man irgendetwas braucht oder wenn Reparaturen nötig sind, dann ist Guerrero Negro der geeignete Ort dafür. Es gibt hier viele Geschäfte, Motels, Reparaturwerkstätten, ein Theater und einen Flughafen.
Gleich nördlich von der Stadt steht der große Stahladler, der an die Staatsgründung der Baja California Sur im Jahre 1974 erinnern soll und die Grenze zwischen den zwei Bajas zeigt.

Ein paar Kilometer nördlich dieses Adlers (der einige gemischte Gefühle hervorgerufen hat) liegen die mysteriösen und wunderschönen weißen Sarafandünen. Sie werden vom Wind über grünes Flutland ins Landesinnere geweht.
Von der Straße aus sind sie nicht zu sehen. Sie sind kleiner als die Oregondünen, dafür aber spektakulärer in ihrer Farbe, da hier jegliche Vegetation fehlt. Sie sehen richtig unwirklich und ehrfurchtseinflößend aus. Wenn man sich die Mühe macht, die Spitze einer Düne zu erklettern, hat man einen umwerfenden Blick. Sie sind wie ein unerwartetes Geschenk in einer Landschaft, die überwiegend aus grauer, karger Wüste besteht, wo konstanter Wind und Nebel herrscht.

Roadlog 5 Weg zur WALBEOBACHTUNGSSTELLE

Klasse II, III

km	Meile	
0	0	Pemexstation auf der Mex 1 am nördlichen Teil von Guerrero Negro. Von hier fährt man nach Osten aus der Stadt heraus zu der großen Y-Kreuzung und von dort aus Richtung Süden auf der Mex 1 nach El Arco.
8,5	5,3	Rechts auf den Schotterweg einbiegen, der von der Mex 1 abzweigt und durch ein Schild angezeigt wird, auf dem ein Blauwal gemalt ist.
9,0	5,6	Von dem Schotterweg rechts auf eine behandelte Dirt Road abbiegen. Hier steht wieder ein Walschild. Ab hier sollte man Pfeile und Zeichen genau anschauen. Es sind noch 26 km zum Beobachtungs-

km	Meile	
		strand und der Weg wird oft von Lastwagen und Lastwagenspuren gekreuzt.
35,9	21,6	Felsiger Strand mit Nationalparkschild. Zwischen Februar und März kann man immer Wale sehen. Im Januar und im April sieht man sie oft.

Man sollte einen halben Tag für die Hinfahrt, Walbeobachten und für die Rückfahrt rechnen. Andere Routen sollte man besser nicht wählen, da die Regierung und die Salzkompanie versuchen, nur diese eine Route zugänglich zu machen. D.h., die anderen sind in sehr schlechtem Zustand, da sie fast nie benützt werden.

Roadlog 6 SARAFANDÜNEN

Klasse II, III

km	Meile	
0	0	Pemexstation unterhalb dem 42 m hohen Stahladler. Geradeaus weiter nach Norden fahren.
3,9	2,4	Seitenweg nach links nehmen, der in trockenen Sumpf führt. Der Weg ist nicht für Wohnmobile geeignet, obwohl es für sie möglich ist, es zu schaffen. Mit einem PKW ist es gut möglich, wenn man vorsichtig fährt. Der Weg ist eng, einspurig, aber gut erkennbar, kurz und i.a. trocken.
4,7	2,9	Rechts halten. Weg links geht zur Hütte eines Fischers.
5,8	3,6	Rechts halten. Gelegentlich kommt eine Sanddüne bis hierher und kreuzt den Weg. Ohne Vierradantrieb ist es dann am besten, den Rest voll zu Fuß zu gehen.
6,1	3,8	Rechts halten. Weg links führt zu einem schlammigen Strand.

km	Meile	
6,8	4,2	T-Kreuzung am Rand der Gezeitenebenen. Weg links führt zu Fischerhütten. Zu den Dünen geht's nach rechts.
7,1	4,4	Anfang der hohen Dünen. Vorsichtig parken: Untergrund ist ziemlich unsicher. Zur ersten Düne sind es ungefähr 15 m. Immer Wasser mitnehmen und nie alleine gehen! Es ist sehr leicht möglich, sich zu verirren.

DAS ABGELEGENE

ABREOJOS

Wenn man das staubige, verwehte kleine Dorf und die Abalone-Konservenfabrik erreicht hat, ist der erste Schritt in die größte Wildnis der Baja getan: die braune karge Halbinsel der trockenen Vizcaíno Wüste - Berge, Salzebenen und Sanddünen.

Von Norden von der Mex 1 bei San Ignacio sind es 116 km (5 Stunden) bis zu dem Dorf mit seinen 350 Einwohnern.
Das Dorf liegt auf einer einsamen Landspitze, die in den Pazifik hineinragt. In beiden Richtungen - nördlich und südlich von Abreojos erstrecken sich endlose Sandstrände.

Abreojos ist ein Arbeiterdorf. Die Menschen leben in kleinen pastellfarbenen Unterkünften, die fast in einer Reihe stehen. Sie sind nicht auf Touristen eingestellt und es kommen auch nur sehr selten welche. Es gibt ein Hotel, Pedro Zuniga's Haus und ein kleines Café mit 3 Tischen, das Café Elena. Beides ist nicht mehr als ein normales Wohnhaus. Sie sind nur auf mexikanische Reisende eingestellt. Der einsame Tourist ist, wie auch in den meisten anderen kleinen Dörfern auf der Baja, eine Kuriosität. Er wird bestaunt und angestarrt, auf spanisch befragt. Ebenso wird ihm wohlgemeinte Hilfe angeboten.

Mit seinen stolzen Fischern, einer kleinen Flotte seetüchtiger Boote, der Abalone-Konservenfabrik, einem Laden, dem kleinen Flugplatz und dem unvermeidlichen Billiardsaal ist Abreojos ein lebendiges Dorf.
Wasser und Benzin ist hier erhältlich. Das Benzin wird von Hand aus einem schwarzen 200 l Faß herausgepumpt und dann sorgfältig ausgesiebt und in den Tank des Kunden gefüllt.
Die Preise für Lebensmittel, Benzin und Übernachtung sind so wie in San Ignacio.

Selbst ein normaler PKW kann die Fahrt nach Abreojos wagen. Es ist nur oft schwer, den richtigen Weg zu finden, da es sehr viele Abzweigungen gibt. Mit Ausnahme einer einsamen Rancho (nach 16 km) ist es hier völlig unbesiedelt. Man muß die Halbinsel deshalb entweder gut vorbereitet und ausgerüstet betreten oder überhaupt nicht.
Es ist aber nicht so schlimm, wenn man auf dieser Strecke eine Panne hat, es fahren täglich mehrere Fahrzeuge in jeder Richtung.

Obwohl die Route über die Salzebenen fast 50 km kürzer und viel ebener ist, sollte sie von Unerfahrenen besser gemieden werden. Die Salzebenen sehen zwar fest und solide aus, aber die treibsandähnliche Mischung aus Wasser und Sand kann das Fahrzeug förmlich verschlingen.
Für das Stück Weg, das man dabei einsparen könnte, lohnt es sich nicht, so ein Risiko auf sich zu nehmen.
Ein Baja-Sprichwort paßt gut hierher:
Ein Mexikaner würde eher ein paar Kilometer auf einer Straße fahren, die er kennt, als einen Kilometer auf einer, die er nicht kennt.

Hinter Abreojos führt ein 240 km langer Schotterweg nach Norden, durch Asuncion und Tortugas bis nach Punta Eugenia, wo die Halbinsel endet.
Man kann es an einem Tag nach Abreojos hin und zurück schaffen, aber es ist besser, wenn man ein- oder zweimal übernachtet.
Die ganze Fahrt bis zum Ende auf dem Weg nach Punta Eugenia dauert zwei Tage hin und zwei Tage zurück. Man sollte nicht versuchen, es in einem kürzeren Zeitraum zu schaffen.

Der Weg nach Abreojos geht die ganze Zeit über Schotter.
Immer wieder mal gibt es schlechtere Abschnitte mit ziemlich großen Felsbrocken und Steigungen, aber nicht schlimm.
Es ist auf jeden Fall kein Vierradantrieb notwendig.
In den Staaten würde der Weg nach Abreojos als sehr schlecht bezeichnet werden, auf der Baja gilt er als sehr gut!

Roadlog 7 Von San Ignacio nach ABREOJOS

Klasse II, III, IV
Normalerweise II, etwas III, selten IV.

km	Meile	
0	0	In San Ignacio tanken. Von der Pemexstation beim Parador auf der Mex 1 sind es 16,4 km (10,2 Meilen) nach Norden bis zum Schild 'Fischers Café'. Diese linke Abzweigung in die Wüste ist nicht anders ausgeschildert. Das Zeichen kann auch 'Fischers Camp' heißen, je nachdem, wer es gerade gemacht hat.

km	Meile	
16,4	10,2	Nach links von der Mex 1 in die Wüste abbiegen. Von hier aus sind es fast 100 km durch felsige Wüste. Der Anfang des Weges ist hart, nach 11 km wird er besser.
26,6	16,5	Weg wird langsam besser, führt klar erkennbar weiter nach Westen, dem Pazifik zu. Es geht über niedere karge Hügel, durch eine kakteenbewachsene und öde Landschaft hindurch. Weit entfernt im Norden und Westen sieht man die ersten Ausläufer der Santa Clara Berge.
32,0	19,9	Rancho San Angelo ist ein kleines verwittertes Gebäude mit einem Korral und grasendem Vieh. Ab und zu sieht man Reiter beim Vieh. Es ist eine einsame Ranch, wo man nichts kaufen kann. Sie sieht beinahe aus wie verlassen.
33,0	20,5	Wichtige Kreuzung (1 km hinter der Rancho): Der linke Weg bei der Y-Kreuzung ist die Salzebenenroute, nicht zu empfehlen! Man nimmt den höher gelegenen Weg rechts. Beide sehen so aus, wie wenn sie gleich häufig benützt werden würden. Dies kommt daher, daß die erfahrenen Lastwagenfahrer sich öfters auf die linke Route wagen. Es gibt nirgends Wegzeichen!
42,7	26,5	Von links kommt ein Weg von der Salzebenenroute herein.
44,8	27,8	Selbstgemachte Schilder geben die Nähe einer kleinen Rancho (El Rodeo) an. Auch hier gibts nichts zu kaufen.
50,7	31,5	Von links kommt ein anderer Weg von der Salzebenenroute herein. Weg führt fast schnurgerade nach Norden und die Berge werden immer klarer erkennbar. Einige Seitenwege, die sehr wenig befahren aussehen, einfach ignorieren. Nur der meistbenützten Route nachfahren. Manchmal kommen diese kleinen Seitenwege wieder auf den Hauptweg zurück oder führen über mehrere km parallel zum Hauptweg entlang.

km	Meile	
78,1	48,5	Nach 27 kurvigen km über Hügel kommt man wieder auf einen Bergkamm, Wegausbesserungen.
91,8	57,0	Geradewegs nach Westen, dem Pazifischen Ozean zu. Links biegt ein Weg zur Route über die Salzebenen ab.
102,6	63,7	Oft benützter Weg führt links ab zum Campo Rene (verlassen) 1,4 km. Weg ist eben, Camping ist hinter einer leichten Anhöhe vor dem breiten, klaren Strand möglich. Muscheln gibt es hier im Überfluß, aber keine Bäume, Büsche oder irgendeinen anderen Schutz.
105,8	65,7	Abzweigung nach links führt zum gleichen Strand.
112,7	70,0	Kleine Gruppe von Häusern auf einer Anhöhe, El Coyote. Rechts sieht man einen Leuchtturm. Man fährt durch das kleine Dörfchen durch, zum Flughafen hinunter, dann am Flughafen entlang nach Abreojos.
115,9	72,0	Abreojos. Der Weg führt vom östlichen Ende des Dorfes weiter nach Norden, nach La Bocana.

UNENTDECKTE BAHIA MAGDALENA

BAHIA MAGDALENA

Wenn man die Karte der Baja California aufmerksam betrachtet, wird man unausweichlich an zwei Buchten hängenbleiben: die eine ist beim Cortez Meer, gut bekannt und wunderschön; die andere liegt an der unerschlossenen Westküste.
Ein Funken Hoffnung glimmt auf. Ist letztere genauso schön wie die Concepción?
Leider muß diese Hoffnung etwas enttäuscht werden. Diese zwei großen Buchten sind sich nicht sehr ähnlich. Beide sind zwar die dominanten Landschaftsformen in ihrer Umgebung, beide Küsten sind gut geschützt, aber sonst haben sie nicht viel gemeinsames.
Die Bahía de la Concepción ist Teil des relativ ruhigen Cortez Meeres, die Bahía Magdalena liegt am immer unruhigen pazifischen Ozean.
Die Bahía de la Concepción kann man mit dem bloßen Auge überblicken, während dies bei Magdalena nicht einmal mit einem Fernglas möglich ist.
Für die Bahía de la Concepción ist das klare, grüne und blaue Wasser, der weiße Sand zu Füßen der rauhen, trockenen und steilen Berge kennzeichnend. Sie hat eine klare Küstenlinie, die an den Lake Tahoe in Kalifornien erinnert.
Magdalena ist 10mal größer und kann nicht so einfach beschrieben werden. Sie besitzt pazifische Eigenschaften (Nebel, kalter Wind, große Schlammebenen, starke Strömung) und besteht vor allem aus geschützter, sanfter Küste, die sich gut zum Sportfischen und Wasservögelbeobachten eignet.
Magdalena ist nicht von einem durchgehenden Landvorsprung geschützt wie die Concepción, sondern durch eine fast 250 km lange Kette von kleineren und größeren Inseln, die vor der Küste liegen.Die Bucht hat unzählige versteckte Wasserwege, die weit ins Landesinnere hineinreichen und durch eine Inselkette vor dem Pazifik geschützt werden.
Die Möglichkeiten, daraus einmal ein Erholungs- und Urlaubsgebiet zu machen, sind unbegrenzt. Aber das wird aus verschiedenen Gründen nicht so schnell geschehen. Einer davon ist, daß das Gebiet nicht gut zugänglich ist, da so wenige Wege dorthin führen. Außerdem existieren keinerlei Unterkunfts- und Versorgungsmöglichkeiten.
Magdalena ist einfach kein touristisches Erholungs- und Urlaubsziel. Es wird auch nirgends Druck ausgeübt, die Bucht dem

Tourismus zu erschließen. Magdalena wird bis jetzt nur von Fischern benützt.
Vor dem zweiten Weltkrieg fanden auf einigen der Inseln Schießübungen von der US Navy statt. Noch früher, 1871, versuchten amerikanische Träumer, das unwirtliche Landesinnere in der Nähe der Bucht zu kolonisieren. Sie hinterließen keinerlei Spuren; nichts auf der wasserlosen Ebene erinnert daran, daß sie jemals hier waren. Die Kolonisation war ein Fehlschlag und wurde nach 12 Monaten abgebrochen.
1820 wurde zum erstenmal von der mexikanischen Regierung Land auf der Baja verschenkt, und zwar den Besitzern von Las Mantancitas, das in der Nähe der Magdalena liegt. Diese mexikanische Ranch gibt es heute noch, südlich von Puerto López Mateos.

Gegenüber der großen Insel Magdalena, die über 80 km lang und 16 km breit ist (1600 km Zickzackküstenlinie), liegt der Hafen Puerto Carlos. Hier wird Baumwolle verschifft. Hinter dem Hafengebiet mit den Warenhäusern und Docks ist die kleine Ortschaft, in der 500 Einwohner wohnen.
Es gibt eine Pemexstation, ein Lebensmittelgeschäft, ein Café, ein Billiardsaal und mehrere kleine moderne staatliche Gebäude. Puerto San Carlos ist ein einsamer Ort. Außer wenn man bei Flut an dem flachen Strand zum Angeln geht oder wenn gelegentlich mal ein Frachter hereinkommt, gibt es hier nicht viel zu sehen und zu tun. Es ist ein friedlicher Ort. Ab und zu parken ein paar Wohnmobile in Gruppen von 2 oder 3 nebeneinander.
Die Straße nach Puerto San Carlos ist geteert und die Entfernung gering - 61 km.

Ein mexikanischer Seemann, der auf Wachposten steht, winkt die meisten Besucher direkt auf die großen Docks, wo der Blick auf die Bay beeindruckend ist. Man sieht hier häufig Fischadler. Sie nisten entlang der Straße in der Nähe des Hafens.

Der erste moderne Entdecker, der Magdalena sah, war Francisco de Ulloa im Dienst von Cortés, 1538.
64 Jahre später war Sebastian Vizcaíno der nächste. Über 100 Jahre danach, 1718, lehnten die Jesuitenmissionare diese Gegend als Missionsplatz ab. Dann war eine Weile gar nichts, bis 1936 die mexikanische Regierung bei Puerto Cortez auf der Insel Magdalena, am südlichen Ende der Bay, eine Marinebasis errichtete.

Seither hat sich auf der Bahía Magdalena nichts geändert.
Auf der großen Insel besteht noch das kleine Dorf Magdalena mit seinen 200 Einwohnern. Es kann mit dem Flugzeug oder mit dem Boot von Puerto San Carlos aus erreicht werden.
Puerto Cortez im Süden hat 300 Einwohner und Puerto Alcatraz, ebenfalls auf der Insel Margarita, hat 100 Einwohner.

Nördlich von Puerto San Carlos ist die kleine Konservenfabrik López Mateos.
Von Villa Insurgentes an der Mex 1 führt eine breite behandelte Dirt Road nach Westen, nach López Mateos (Klasse I, II). Dort gibt es eine schmale Landebahn und Zugang zu ruhigen Wasserwegen. Außerdem findet man hier noch eine Tankstelle, ein Motel und einen Krämerladen.
In López Mateos leben über 1000 Einwohner. Sein kleiner Dorfplatz und die staatlichen Gebäude weisen es als aufstrebendes kleines Städtchen aus.

Roadlog 8 PUERTO SAN CARLOS

Geteerte Straße

km	Meile	
0	0	Große Pemexstation in Ciudad Constitución. Man fährt nach Norden, Richtung Villa Insurgentes aus der Stadt heraus. Bei der großen Kreuzung mit dem Wegzeichen nach Puerto San Carlos geht der Weg rechtwinklig links ab.
0,8	0,5	Links auf die geteerte Straße abbiegen. Die Strasse führt nach Westen weiter, über niedere sanfte Hügel, vorbei an Farmland zu den Gezeitenebenen.
10,8	6,7	Dirt Road rechts ist die alte Straße nach Ejido Benito Juárez. Dieser Weg führt weiter nach Norden auf den Weg, der von Villa Insurgentes nach Puerto López Mateos führt.
15,0	9,3	Weg rechts führt weiter nach Norden auf den Weg von Villa Insurgentes nach Puerto López Mateos. Dies ist die kürzere Strecke. Sie führt nicht durch Ejido Benito Juárez sondern geht über Mantancitas, einer alten Rancho.

km	Meile	
56,4	35,0	Weg von rechts führt nach Norden, nach López Mateos und weiter über die Küstenebene. Weiter vorne kommt eine Betonbrücke.
59,6	37,0	Weg führt nach San Carlos hinein, nach langer ausgedehnter Kurve hinter dem Deich. Geradeaus geht es zu den Docks, links zum Dorf.

Roadlog 9 PUERTO LOPEZ MATEOS

Klasse II und III

km	Meile	
0	0	Große Pemexstation von Villa Insurgentés. Man erreicht diese Station, wenn man (von Süden kommend) rechts von der Mex 1 nach Villa Insurgentes abbiegt. Man sieht die große Tankstelle links (westlich) an der Hauptstraße. Man verläßt das Dorf Richtung Norden auf einer Dirt Road.
1,0	0,6	Nördlich vom Dorf auf Dirt Road. Eine behandelte Dirt Road geht links ab durch künstlich bewässerte Landschaft. Diese grünen Felder und die Landstraßen mit gelegentlich grünen Bäumen erinnern an das San Joaquin Tal in Kalifornien.
11,3	7,0	Auf Viehzaun achten, der nach Westen führt. Weg geht nun mehr Richtung Meer und verläßt die fruchtbaren Gebiete.
35,4	22,0	Auf gutem Weg geht es über sanfte, hügelige und einsame Wüste. Rechtskurve, der Weg links führt nach Puerto San Carlos.
37,0	23,0	Dorfplatz von López Mateos.
38,6	24,0	Fabriktor, Flugplatz rechts.

PUERTO CHALE

Puerto Chale ist eine kleine Gruppe von Fischerhütten. Ungefähr 50 Frauen, Männer und Kinder wohnen in dieser kleinen Bucht am südlichen Ende der Bahía Magdalena.

An der Küste entlang wachsen Mangroven. Fischernetze hängen zum Ausbessern herum und in der Ferne sieht man die schwachen Umrisse der Insel Magdalena.

Nicht weit von Puerto Chale ist noch das etwas kleinere Fischerdorf El Dátil, wo der Weg in einer Sackgasse endet. Hier sind die Schalen von vielen Schildkröten und andere Überreste im Strandschlick eingegraben.

Beide Fischerdörfer sind nicht weit weg von Ciudad Constitución und können als Abstecher auf dem Weg nach La Paz besucht werden. Sie bieten den leichtesten ungeteerten Zugang zur Bahía Magdalena südlich von López Mateos.
Es ist hier auch möglich, ein Boot mit Anhänger zu Wasser zu lassen.

In keinem der Dörfer gibt es eine Tankstelle oder einen Laden, aber da sie in der Nähe von Ciudad Constitución liegen, ist das auch nicht notwendig. Außerdem gibt es noch einen Laden und ein Café in Santa Rita.

Roadlog 10 — Von der Mex 1 nach PUERTO CHALE und EL DATIL

Nach Puerto Chale: Klasse II, III, IV
(Mehr II, einmal IV in einer Rinne bei Medano)

Von Puerto Chale nach El Dátil: Klasse II, III
(mehr III)

km	Meile	
0	0	Santa Rita an der Mex 1 (56 km südlich von Ciudad Constitución). Rechts nach Westen abbiegen zur Bahía Magdalena. Normalerweise steht hier ein Wegzeichen.
6,3	3,9	Berggipfel. Vor einem die Rancho Médano und das neue Schulhaus.

km	Meile	
7,2	4,5	Médano. Vorsicht bei dem Graben und dem tiefen lockeren Sand weiter vorne.
7,7	4,8	Links an dem Rancho-Dorf vorbeifahren und in den Graben hinein, wo der Sand einige tiefe Löcher verdeckt. Bergauf: Klasse IV.
8,1	5,0	Weg führt auf eine Ebene hinauf und nach Westen zur Bahía Magdalena. Ein paar Spurrillen und Ausweichstellen. Auf dem Hauptweg nach Westen bleiben. Klasse II.
22,5	14,0	Puerto Chale, ein Ejido (Kooperative), liegt an der Bucht. Weg führt zu einer Ansammlung von Hütten und endet an einem schlammigen Strand mit Mangroven rechts und links, viele verlassene Buchten und Lagunen. Kurz bevor der Weg aufhört, geht es links ab nach El Dátil. Wenn man links fährt:
24,3	15,0	Weg windet sich über Sanddünen auf festem Grund (Klasse II). Einige Spurrillen (Klasse III). Bucht ist rechts.
25,8	16,0	Über enge, sandige, gestrüppbewachsene Ebene. Es geht in eine schmale Bucht hinunter, mehrere Hütten und ein kleiner Strand. Dies ist El Dátil und hier endet der Weg wieder.

EINSAME RUNDFAHRTEN

EL CONEJO - Norden und Süden

Nördlich von La Paz gehen von der Mex 1 vier Wege nach Westen an die Pazifikküste. Alle werden gelegentlich von Campern und Ranchern benützt, aber einige sind in schlechterem Zustand als andere.
Der vierte und nördlichste Weg, ungefähr 80 km nördlich von La Paz, ist der beliebteste, weil er Zugang zu dieser ganzen Gegend bietet und in relativ gutem Zustand ist. Die Entfernung zum Meer beträgt hier nur 15 km.

El Conejo wird öfters von Surfern besucht. Deshalb gibt es hier einige selbstgemachte Wegzeichen, was recht nützlich sein kann. Der Strand ist offen, hat aber viele Felsen. Die großen Brecher kommen hier mit einer guten Welle an.
Das Fischen ist ausgezeichnet!
Der Wind weht beständig, im November und Dezember aber nicht so stark.

Ein weißer, sandiger Weg schlängelt sich von El Conejo dicht bei den Dünen entlang der Küste nach Norden.
Der Weg nach Süden ist zwar felsiger, aber in besserem Zustand, da er öfters benützt wird.
Beides sind einsame Trips und führen wieder auf die geteerte Straße zurück.
Für den südlichen Weg braucht man keinen Vierradantrieb, nur für den nördlichen.
Der nördliche Weg ist 64,4 km lang (4 Stunden), der südliche 48,3 km (3 Stunden).

Der schmale nördliche Weg zwischen niederen Büschen und der windbewegten See bringt ein Gefühl von Einsamkeit und Verlassenheit mit sich, was reizvoll ist.

Die 15 km von der geteerten Straße bis zum Meer sind Klasse II und III.
Bei El Conejo kann man gut parken, es gibt auch genügend Platz zum Wenden.
Die Rancho El Conejo selbst ist 1,6 km südlicher. Normale PKWs können diese ersten 14,5 km fahren, sollten dann aber keine der beiden alternativen Routen weiterfahren.

Die nördliche Route führt zu fünf verlassenen Stränden, die noch nicht viele Menschen gesehen haben. Wo sie auf die geteerte Straße zurückführt, geht es durch grünes, bewässertes

Ranchland. Diese Strecke ist eine ideale Herausforderung für Ausrüstung und Fahrkunst.
Die letzten Meter vor der Mex 1 geht es durch dicken, kreidigen Schlamm, der so fein ist, daß er wie dicker Nebel in der Luft liegt.

Einmal habe ich auf der nördlichen Route eine falsche Abzweigung genommen, die mich einige Meilen über felsige Hügel zu einer Stelle führte, wo der Weg bei einer Steinhütte und einem steinernen Korral endete, in dem eine magere Ziege stand. Durch das Geräusch meiner Honda aufmerksam gemacht, kam ein Mexikaner freundlich lächelnd heraus, hinter ihm seine Frau, die ihre Hände vor den Augen hielt, um sie vor der sengenden Sonne zu schützen.
Ich hatte wenig Benzin und ärgerte mich, daß ich mich verirrt hatte. Auf Spanisch sagte ich ihnen, daß ich mich verirrt hatte und ihre Hilfe brauchte. Er antwortete, daß er mir gerne helfen würde, aber zuerst müßte ich mich hinsetzen und mich ausruhen, etwas essen und mit ihm und seiner Frau einen Kaffee trinken. Er meinte, er könnte sehen, daß ich müde bin und nachdem ich mich erholt hätte, würde er mir eine Karte in den Sand zeichnen.
Ihre Steinhütte war nicht größer als 3 auf 3,5 m. Die natürliche Würde und ihre offensichtliche Besorgtheit machten einen beruhigenden Eindruck auf mich. "Ich bestehe darauf", sagte seine Frau, "daß du Bohnen ißt und mit uns Kaffee trinkst."
Ich setzte meinen Helm ab und ging mit in ihre Hütte, setzte mich hin und wurde bedient. Eine halbe Stunde später erklärte mir der Mann, wo ich war und wie ich auf die 'carretera' zurückfinde.
Und ich fühlte, wie schon so oft auf den Seitenwegen der Baja, daß es eine Beleidigung wäre, wenn ich ihre Gastfreundschaft nicht angenommen hätte.
Es ist so leicht, sich einmal auf den Seitenwegen der Baja zu verirren, daß man immer Zeit haben sollte, einen Kaffee zu trinken und die letzten Neuigkeiten aus La Paz oder Tijuana zu berichten.
Nachdem ich den Kaffee getrunken und die Bohnen gegessen hatte, schüttelten wir uns vor der Hütte die Hände. Der Händedruck im mexikanischen Stil war nicht fest und hart, sondern nur ein leichtes Zusammendrücken der Hände mit einem schwachen, momentanen Druck der Daumen.

Roadlog 11 Von der Mex 1 nördlich von La Paz nach EL CONEJO und weiter nach Norden

Von Mex 1 nach El Conejo: Klasse II, III.
Weiter nach Norden: Klasse II, III, etwas IV und auf den letzten km vor der Teerstraße sogar Klasse VIII und IX.

Wenn man von La Paz auf der Mex 1 73 km nach Norden gefahren ist, sollte man nach dem kleinen Restaurant bei San Agustin links Ausschau halten. Dann fährt man 3,9 km (2,4 Meilen) von San Agustin nach Norden, um dann links nach El Conejo abzubiegen.
Kommt man von Norden, dann ist diese Abzweigung 2 km (1,3 Meilen) südlich von dem El Cojote Kurzwellenturm.
Bei dieser Abzweigung Tageskilometerzähler auf 0 stellen.

km	Meile	
0	0	Abzweigung von der Mex 1.
7,9	4,9	Nach 8 km erreicht man den Gipfel eines kleinen Berges, dann gehts zum Meer hinunter. Der Weg ist felsig, eng, aber leicht befahrbar. Camper und Vans sollten keine Schwierigkeiten haben. Bei größeren Wohnmobilen ist es eine andere Frage. Ein normaler PKW, der vorsichtig gefahren wird und hohe Bodenfreiheit hat, kann die 15 km ohne Schwierigkeiten bewältigen.
14,8	9,2	Meer ist in ca. 500 m sichtbar. Kreuzung: Nach links geht es zum Strand (800 m), wo man gleich beim Meer parken kann. Geradeaus geht es 300 m bis zu einer Stelle, wo man gut parken kann und einen Überblick über die Gegend hat. Wenn man rechts fährt, kommt man weiter nach Norden an der Küste entlang. Die folgende Beschreibung gilt für den Weg nach Norden:
22,4	13,9	Fester, sandiger Weg führt durch Dünen zu mehreren Arroyos und kleinen Fischercamps. Verschiedene Wege führen zum Strand (300 m).
24,8	15,4	Rechte Abzweigung führt zu einer Rancho, die außer Sicht liegt. Geradeaus weiterfahren.

km	Meile	
31,4	19,5	Linke Abzweigung führt zum Strand. Hier verläßt der Hauptweg die Küste und führt 3 km ins Landesinnere.
34,5	21,4	Rechte Abzweigung führt zur Rancho, die vom Weg aus nicht sichtbar ist. Geradeaus weiterfahren.
35,4	22,0	Verlassene Zementgebäude rechts. Durch grünen Arroyo mit hoch gelegenen Weiden. Viel Vieh.
36,4	22,6	Weg schwenkt zum Strand zurück und verläßt ihn dann wieder.
37,7	23,4	Rechte Abzweigung führt wieder zur obigen Rancho. Geradeaus weiterfahren.
41,2	25,6	Links führt ein Weg zum Strand (1,1 km).
46,5	28,9	G r ö ß e r e W e g g a b e l u n g : Auf jeden Fall rechts halten. Alle Wege scheinen gleich häufig befahren zu werden. Geradeausfahren hieße hier, sich einige Meilen in tiefen Sanddünen zu wälzen!
49,3	30,6	Nach der Rechtsabbiegung an der größeren Gabelung führt der Weg 3 km Richtung Landesinnere. Rechts sind grüne Felder und ein Zaun. Bei km 49,3 kommt ein Gatter und weiter hinten eine Ranch. Gatter öffnen und wieder hinter sich schließen. Geradeaus weiterfahren. Rechts ist die Rancho Sacrificio. Wenn Leute da sind und wenn man sich nach dem Weg erkundigen will, sollte man am besten nach Penjamo fragen, das ist die Stelle, wo der Weg auf die Teerstraße zurückführt. Ebenso kann man auch Ciudad Constitución oder La Paz angeben, oder ganz einfach nach der 'carretera' fragen. Darauf bekommt man bestimmt eine richtige Antwort.
51,2	31,8	Zweites Gatter. Links sind ein paar Gebäude. Nachdem man durchs Gatter gefahren ist (und es wieder hinter sich geschlossen hat), geht es nach rechts weiter. Nun kommt man in ein Gebiet mit tiefem trokkenen, pulvrigem Sand. Langsam fahren! Der Sand versteckt die Löcher. Es sieht zwar wie ein ebener Weg aus, ist es aber nicht. Man muß auf

km	Meile	
		ungefähr 10 km mit Sand rechnen. Verschiedene Wege führen rechts und links weg und kommen dann wieder auf den Hauptweg zurück. Sie umgehen häufig die größten Löcher. Obwohl die meisten wieder auf den Hauptweg zurückführen, ist es am besten, wenn man auf dem Hauptweg bleibt.
60,2	37,4	Sand hört auf. Man kommt aus dem Tal heraus. Auf felsigem Gipfel eines Plateaus weiter nach Norden.
61,2	38,0	Größere Weggabelung: Das kaputte Schild auf dem Boden nicht beachten! Es sieht so aus, wie wenn der Hauptweg nach rechts geht, aber da gehts zur Rancho Santa María. Links bleiben oder geradeaus weiterfahren. Der Weg biegt nach Osten zur geteerten Straße ab.
68,7	42,7	Geteerte Straße bei dem kleinen Ort Pénjamo. Benzin gibt es aus Blechfässern. Keine Übernachtungsmöglichkeiten, nur ein kleines Café.

Achtung: Es gibt keine Tankstellen zwischen Ciudad Constitución und La Paz, das sind 225 km! Einige kleine Dörfer verkaufen Benzin aus 200 l Fässern.

Roadlog 12 — Von der Mex 1 nördlich von La Paz nach EL CONEJO und weiter nach Süden

Klasse II, III, etwas IV

km	Meile	
0	0	El Conejo, 15 km von der geteerten Straße weg.
2,9	1,8	Abzweigung nach links, geradeaus halten.
4,0	2,5	Felsiger Korral und eine Gruppe von Bäumen links.

Die Pazifikküste

km	Meile	
4,2	2,6	Abzweigung nach rechts zum Strand (300 m).
4,5	2,8	Abzweigung nach rechts zum Strand (300 m).
9,3	5,8	Links ist eine Rancho, im Tal sind Palmen, rechts Strand.
12,9	8,0	Bergab: Klasse IV (500 m).
14,8	9,2	Strand, Lagune, Fischercamp.
15,5	9,6	Weg links führt auf die geteerte Straße (24 km).
18,0	11,2	Rechts am Strand Steinhaufen mit Pfahl mittendrin.
20,0	12,4	Rancho links, Palmen im Tal, rechts bleiben.
21,7	13,5	Blick auf den mehr als 10 km langen Strand. Links Felsenmonument, rechts am Strand das Wrack eines alten Schiffes.
23,7	14,7	Ansammlung ärmlicher Hütten, Rancho Costa Azul. Weg führt vom Strand weg.
29,6	18,4	Abzweigung nach rechts führt zum Strand (6,4 km).
31,4	19,5	Langes, gerades Stück (Klasse II), dann kommen scharfe Kurven.
33,0	20,5	Langes, gerades Stück (Klasse II).
48,3	30,0	Überqueren eines Arroyos.
50,7	31,5	Verlassene Rancho rechts.
53,9	33,5	Man erreicht die geteerte Straße gerade bei dem Straßenschild 'El Sacrificio', 300 m nördlich der El Metape Kurzwellenstation und 33,8 km südlich vom Café San Agustín.

UNVERDORBENE SUR

Nördlich von CABO SAN LUCAS an der Pazifikküste

Der letzte Abschnitt der pazifischen Bajaküste ist der Schönste. Der Weg nördlich von Cabo San Lucas nach Todos Santos, eine Dirt Road Alternative zur geteerten Straße, führt nach La Paz zurück. Auf dieser Strecke kommt man an vielen einsamen pazifischen Stränden vorbei.

Die Fahrt von La Paz bis hinunter zum Landesende scheint oft ein zwanghafter Akt zu sein. Viele Touristen enden dabei in dem kleinen Dorf Cabo San Lucas und überlegen sich, was sie als nächstes machen sollen, ob sie sich auf den Weg nach Todos Santos wagen sollen oder nicht.
Der Weg, der von der kleinen Gemeinde in Richtung Flughafen und städtischer Müllplatz führt, ist ziemlich eng und staubig. Die meisten Touristen entscheiden sich gegen ihn und kehren auf dem gleichen Weg, auf dem sie gekommen sind, nach La Paz zurück: auf den 224 geteerten Kilometern der Mex 1. Für jemand in einem gewöhnlichen PKW ist dies auch eine weise Entscheidung.
Obwohl auf dem 90 km langen Weg von Cabo San Lucas nach Todos Santos die meiste Zeit keine größere Probleme auftauchen (Klasse II und III), gibt es ein paar schwierige Stellen (Klasse IV), wo PKWs mit geringer Bodenfreiheit nicht so einfach durchkommen.
Zwischen Cabo und den Dörfern südlich von Todos Santos gibt es kein Benzin, keine Lebensmittel und keine Unterkunftsmöglichkeiten. Man ist also auf dieser Strecke auf sich allein gestellt.
Die Strände auf halbem Weg, die noch leicht mit einem PKW erreichbar sind, bieten gute Campingmöglichkeiten und schöne Stellen zum Angeln.

1980 wurden auf der Strecke zwischen Todos Santos und Cabo San Lucas einige Abschnitte geteert und die Regierung hofft, bis 1983 den ganzen Weg von Cabo San Lucas bis Todos Santos geteert zu haben.

Roadlog 13 Auf der TODOS SANTOS Straße in den Norden von CABO SAN LUCAS

Klasse II, III, selten IV.

km	Meile	
0	0	Plaza von Cabo San Lucas. Die Abzweigung nach Todos Santos ist 0,3 km (0,2 Meilen) nördlich des Dorfes, gleich südlich der Pemexstation. Es ist eine Linksabbiegung und meist nicht ausgeschildert. Man fährt westlich aus Cabo heraus durch Ziegelstein- und Holzhütten, bis sich der Weg zu einem Klasse I planierten Abschnitt verbreitert. Es geht beständig bergauf, weg von Cabo San Lucas. Wenn man zurückschaut, hat man eine schöne Aussicht auf das Landesende.
5,6	3,5	Links Rancho Santa Fe, großes selbstgebasteltes Schild.
8,1	5,0	Städtischer Müllplatz links.
8,9	5,5	Größere Kreuzung: Geradeaus geht es zum Flugplatz, rechts nach Todos Santos. Der Weg wird dahinter schmaler und ist mit Sand aufgefüllt. Dies ändert sich, sobald man wieder bergauf fährt. Es sind ung. 11 km feste einspurige Sandstraße. Der Verkehr ist nicht gerade groß, es ist ungewöhnlich, wenn man mehr als ein oder zwei Lastwagen oder Autos trifft.
18,5	11,5	Abzweigung rechts führt nach El Sauzal, beschildert. Geradeaus weiterfahren.
19,3	12,0	Linksabbiegung.führt nach Los Pozos, nicht beschildert. Nach 0,3 km (0,2 Meilen) kommt eine Ansammlung von Hütten. Der Zugang zu weiteren Stränden erfordert Vierradantrieb.
20,1	12,5	Ausgefahrener Weg mit tiefen Spurrillen führt weiter, die Schlucht wird enger, sobald man in die Berge kommt. Es kommen keine richtig steilen Abschnitte, nur ein paar scharfe Kurven.

km	Meile	
20,6	12,8	Linksabzweigung, links fahren. Rechts geht es zur Rancho Candelaria.
23,5	14,6	Gipfel mit Ausweichstelle. Blick auf den Pazifik, rechts und nördlich sieht man die Sierra de la Laguna. Weg führt steil bergab.
35,4	22,0	Erster Blick auf den Strand und auf die großen Brecher in der Nähe von El Migrino. Ab hier wird der Weg besser. Der Schaden, den der Hurrikan 1976 hier angerichtet hat, wird langsam repariert.

Rancho Agua Escondido in der Nähe von San José del Cabo

km	Meile	
38,0	23,6	Rancho mit großer Quelle links.
38,5	23,9	Scharf links geht es zum ersten zugänglichen Strand. Geradeaus fahren, wenn man auf dem Hauptweg bleiben will.
40,7	25,3	Links Strand. Gute Campingmöglichkeiten, viele Ausweichstellen. Eine der schönsten Stellen auf dieser Strecke! Im weiteren Verlauf verläßt der Weg den Strand.
56,4	35,0	Weg führt zum Meer zurück, nachdem es 13 km Richtung Landesinnere geht.
56,8	35,3	Links Strand. Ausgezeichneter Campingplatz. Links Felsenhöhle im Meer.
60,5	37,6	Kleines Dorf Plutarco. Benzin und Verpflegung erhältlich. Auf der Hauptstraße ist ein Café und ein Lebensmittelgeschäft. Langsam fahren.
65,0	40,4	Es geht zurück zum Strand über kleinere Hügel. Die Aussicht ist beeindruckend, aber Camping ist hier nicht so gut wie weiter südlich, weil man hier zu nahe bei den Dörfern ist.
86,0	53,4	Pescadero. Es gibt hier eine Umleitung wegen der geteerten Straße, die hier gebaut werden soll. Ein kurzes Stück ist fertig und hört in Todos Santos auf.
90,2	56,0	Todos Santos. Weiterfahren bis zur T-Kreuzung, dann rechts abbiegen auf die geteerte Straße, die geradewegs bis nach La Paz führt.

VERGESSENE SUR

Von CABO SAN LUCAS über SAN CRISTOBAL nach EL MIGRINO

Westlich vom Weg nach Todos Santos liegt eine Kette von Stränden, die bequem erreichbar sind. Nur wenige Leute kennen sie, da teilweise recht versteckte Wege dorthin führen

Ich erinnere mich noch daran, wie mir der Fotograf Robert Western auf meinem ersten Trip zu der wunderschönen Bucht von San Cristobal die unverwechselbare Spur einer 500 kg schweren Schildkröte gezeigt hat. Ihre Spur führte vom Meer über den Sand zu einer Stelle, wo sie hingekrabbelt ist, um ihre Eier abzulegen.
Neben uns war ein verlassenes, modernes Gebäude, etwa 300 m lang und 2 Stockwerke hoch. Innen war noch alles intakt. Büroräume, Schlafzimmer, ein Esszimmer, Küche und eine kleine Ausstellung von Meerestieren.
Unterhalb am Strand war ein großer Sammeltank aus Zement. Das ganze war ein Institut zur Meeresforschung. Hier arbeiteten Wissenschaftler von der Universität von Mexiko. Es wurde schon lange nicht mehr benutzt.
Es konnte nur vom Meer aus erreicht werden. Es auf dem Landweg zu besuchen ist mehr als ungewöhnlich. Es gibt zwei mögliche Wege, um in die Berge nördlich von Cabo San Lucas zu kommen und diesen fast vergessenen Abschnitt der Pazifikküste zu finden.
Der erste, durch Los Pozos, zweigt von dem Weg nach Todos Santos ab, macht eine Schleife nach San Cristobal und führt wieder zurück auf den Todos Santos Weg, gleich nördlich von El Migrino. Diese Route ist nur für Vierradantrieb, da sie normalerweise nie benutzt wird.Teile der 16 km langen Strecke sind sogenannte 'hair-raisers', wo einem die Haare zu Berge stehen, aber wenn man sie einmal abgefahren ist, ist es weniger furchterregend.
Die zweite Route ist einfacher: man fährt aus Cabo San Lucas heraus in Richtung Leuchtturm, der auf Spanisch El Faro heißt. Es ist ein Weg, der mit Zeichen der Baja 200 (ein von La Paz gesponsortes Rennen für Motorräder, Autos und Dune-Buggies) ausgeschildert ist.
Es sind mehr als 20 km zum Cristobal-Strand und der angrenzenden gleichnamigen Rancho. Der Weg zum Strand hört bei der Rancho auf, aber 300 m von der Rancho entfernt führt eine

schwache Spur hinüber zum ehemaligen Meeresforschungsinstitut. Von diesem Weg führt eine andere Spur weg, die in einem Graben zum Strand führt. Folgt man dieser Spur, dann kommt man zum weißen Sand von San Cristobal, wo man weit weg von der Rancho einen einsamen Platz zum Campen findet.

Man sollte bei der Rancho halten und um Erlaubnis fragen. Dies ist auch eine Gelegenheit, sich vorzustellen.
Ich kann nicht garantieren, daß man hier oder an den folgenden, immer einsamer werdenden Stränden eine Meeresschildkröte findet, aber allein die Strände haben eine ungeheure Eindruckskraft. Wer weiß, was südlich von ihnen liegt, auf den gänzlich unberührten Meilen bis zum Landesende?

Roadlog 14 Von CABO SAN LUCAS über SAN CRISTOBAL nach EL MIGRINO

Route I

Klasse VII, VIII

km	Meile	
0	0	Los Pozos, 19,3 km (12 Meilen) nördlich von Cabo San Lucas auf dem Weg nach Todos Santos. 800 m (0,5 Meilen) nach der Rechtsabbiegung und dem Schild nach El Sauzal geht eine unbeschilderte Linksabbiegung geradewegs in die großen Kakteen rein. Die Ansammlung von Gebäuden um eine große Quelle ist schnell erreicht; der Weg Richtung Strand ist schwer zu finden. Er ist links hinter der großen Umzäunung und führt einen alten Viehpfad und ein Flußbett hinunter. Nach ungefähr 300 m kommt eine Doppelspur. Dieser folgt man nach Westen.
3,2	2,0	Aufstieg zum Gipfel. Zutageliegendes Granitgestein rechts, Blick aufs Meer (vorne), dann gehts in einem Flußbett bergab.
4,8	3,0	Abzweigung nach links zum Meer über einen Bergrücken. Man fährt über diesen Bergrücken zur Rancho hinunter.

km	Meile	
10,0	6,2	Rancho Agua Escondido mit Korral und Ziegelsteinhaus. Der Weg kommt bei dem Korral herein, führt in den Hof und geht dann links ab, in einen Arroyo unterhalb dem Haus. Man fährt hinein und auf dem gegenüberliegenden Bergrücken wieder heraus.
12,0	7,4	Größere Kreuzung: T-Kreuzung, links geht es nach Cabo San Lucas, rechts nach San Cristobal und auf die südliche Route nach El Migrino. Die Rancho Agua Escondido ist hinter einem, auf der anderen Seite des Bergrückens.
12,6	7,8	Nachdem man bei km 12,0 (Meile 7,5) rechts abgebogen ist, kommt man an eine größere Kreuzung, wo vier Wege zusammentreffen: links geht es zur Rancho Las Palmas, die gleich südlich von San Cristobal liegt; der rechte Weg führt kurvig zu dem Todos Santos Weg zurück; geradeaus geht es nach San Cristobal und auf die südliche Route nach El Migrino. Manchmal zeigt ein blau-weißes Schild und ein Kuhschädel den Weg nach San Cristobal an.
13,8	8,6	Abzweigung nach rechts führt zu einer verlassenen Rancho (0,3 km/0,2 Meilen). Geradeaus weiterfahren.
21,3	13,2	Abbiegung nach rechts führt zum Strand und auf die südliche Route, nach San Cristobal geht es bei der Umzäunung links ab.
21,4	13,3	Rancho San Cristobal. Institutsgebäude rechts oberhalb des Strandes; die kaum sichtbare Spur rechts führt zum Institut und zum Strand.
21,9	13,6	Bei Cristobal rechts abbiegen, weiter geht es nach Norden, nach El Migrino, über weite flache Arroyos. Links Strand. Weg wird schlechter, da er zwischen zwei Ranchos verläuft, die andere Wege zum Strand benutzen. Einige Felsblöcke und Klippen dienen als Schutz beim Campen.

km	Meile	
24,3	15,1	Links langer Strand, große Felsblöcke, gute Campingmöglichkeiten. Vor der nächsten Rancho bei km 29 (Meile 18) ist dies die beste Gegend.
24,6	15,3	Langer Strand links, felsige Landspitze. Weg führt in einen engen, kurzen, steilen Arroyo hinein und wieder heraus. Vierradantrieb notwendig. Es ist nicht sehr schwer, aber rutschig. Mit Vierradantrieb ist es ein bequemes und ruhiges Fahren ohne größere Felsen.
25,8	16,0	Weg führt vom Strand weg und windet sich bergauf zum Gipfel. Herrliche Sicht.
27,7	17,2	Weg links führt zum Strand.
29,0	18,0	Rancho Margarita. Kleine Rancho auf breitem Strand.
29,8	18,5	Rancho Pozo del Costa. Diese etwas größere Rancho liegt ebenfalls an einem breiten Strand, umgeben von Palmen.
33,0	20,5	Hier trifft man auf den Todos Santos Weg von Cabo San Lucas. Links geht es nach El Migrino (ung. 3 km).

Roadlog 15 — Von CABO SAN LUCAS über SAN CRISTOBAL nach EL MIGRINO

Route II

Klasse III, IV nach San Cristobal.
Klasse VII, VIII von San Cristobal zum Todos Santos Weg.

km	Meile	
0	0	Plaza in Cabo San Lucas. Innerhalb des Ortes nach links abbiegen. Man kommt links an einer modernen Schule und Wohngegend vorbei.
1,8	1,1	Abzweigung nach links, links weiterfahren. Rechts geht es auf den Todos Santos Weg.

km	Meile	
2,1	1,3	Abbiegung nach links geht zum Leuchtturm (El Faro), rechts halten. Die Baja 200 - Schilder zeigen hier auch nach rechts.
5,6	3,5	Abzweigung nach rechts. Baja 200 - Schilder zeigen nach links, links fahren nach San Cristobal.
9,5	5,9	Abbiegung nach links. Links fahren. Baja 200 - Schilder zeigen auch nach links.
12,4	7,7	Abbiegung nach links. Baja 200-Schilder zeigen nach links. Links fahren.
13,0	8,1	Rechts ist eine Rancho. Großer Hain von Cardón Kakteen.
13,2	8,2	In kleinen Arroyo reinfahren und auf der anderen Seite wieder heraus.
16,1	10,0	Anstieg zum Gipfel.
16,7	10,4	Größere Kreuzung: Abbiegung rechts geht zur Rancho Agua Escondido; Baja 200-Schild zeigt auch in diese Richtung. Geradeaus geht es nach San Cristobal. Hier kommt die Route von Los Pozos herein.
17,2	10,7	Kreuzung: 4 Wege führen zusammen. Links geht es zur Las Palmas Rancho; rechts auf den Todos Santos Weg; geradeaus nach San Cristobal.
18,5	11,5	Rechtsabbiegung führt auf eine verlassene Rancho (0,3 km/0,2 Meilen), geradeaus weiterfahren.
25,9	16,1	Rechtsabbiegung führt nach El Migrino. Links geht es nach San Cristobal. Man ist hier am Strand, links ist eine Umzäunung. Weiterfahrt wie bei Route I (RL 14) bei km 21,9/ Meile 13,6.

Roadlog 16 Von CABO SAN LUCAS zum LEUCHTTURM (El Faro)

Klasse III, auf den letzten 800 m Klasse VII.

km	Meile	
0	0	Plaza in Cabo San Lucas. Man fährt auf dem gleichen Weg aus dem Dorf heraus wie bei Route II (RL 15) nach San Cristobal.
2,1	1,3	Diese zweite Linksabbiegung geht nach El Faro. Baja 200-Schild zeigt nach rechts. Zum Leuchtturm geht es nach links.
2,3	1,4	Gatter. Durchfahren und wieder schließen.
2,6	1,6	Linksabbiegung führt zur Rancho beim Strand. Wenn man links weiterfährt, kommt nach 1,6 km 1,0 Meilen eine Rancho. Bei 2,4 km 1,5 Meilen kommt man zu einer Lagune und hohen Sanddünen, hinter denen ein herrlicher Strand bis zum Landesende führt. Ein langer Spaziergang! Wenn man bei km 2,6 (Meile 1,6) geradeaus weiterfährt:
3,5	2,2	Linksabbiegung führt nach El Faro. Der Weg geht 4,8 km (3 Meilen) geradeaus weiter bis zum Ende des Strandes, wo er in Sanddünen endet.
4,8	3,0	Vierradantrieb notwendig, um bis zum Leuchtturm zu kommen. Steile, felsige und scharfe Kurven. Kaum erkennbare Spur bei der scharfen Kurve ist eine Dune Buggy Spur und führt weiter zum langen Strand im Süden.
5,6	3,5	Leuchtturm und gute Sicht in alle Richtungen. Der alte Leuchtturm ist etwas unterhalb am Strand.

II DAS LANDESINNERE

DER NORDOSTEN DER BAJA

FARMFRONTIER

Das Land, das sich südlich und östlich von Mexicali erstreckt, wird oft übersehen. Dieses 4 000 km² große, gut bewässerte Farmland erinnert an das kultivierte Land des Imperial Valleys im benachbarten Kalifornien.

Die Fahrt von Tijuana nach Mexicali, Bajas zweitgrößter Stadt, geht 200 km auf geteerter Straße.
Schon allein wegen der fast Ehrfurcht einflößenden Aussicht und der atemberaubenden Steigung östlich von La Rumorosa - auf der Hälfte der Strecke - lohnt es sich, diese Route zu nehmen. So plötzlich und eindrucksvoll ist der Abstieg von La Rumorosa - hoch oben noch zwischen Pinien - hinunter in den trockenen heißen Sand der Laguna Salada.
Davon kann niemand unbeeindruckt bleiben!
Von hier aus ist die Fahrt nach Mexicali voll kurz und schnell, aber auch heiß, zwischen Mai und August sogar sehr heiß!

Es lohnt sich, einmal einen Tagesausflug von Mexicali aus ins Landesinnere zu den kleinen Farmgebieten zu unternehmen, wo es viel Getreide und Viehherden gibt.

Südlich von Nuevo León überquert die Straße das, was vom Colorado übriggeblieben ist, nachdem er Mexiko erreicht hat. Er kann leicht für einen Bewässerungsgraben gehalten werden! Es gibt hier viele Tankstellen, kleine Restaurants und Motels. Trotzdem ist es keine ausgesprochene Touristengegend und eben deshalb ist sie es wert, daß man sie besucht.

Das Dorf Coahuila ist halb im mexikanischen Staat Sonora und halb in Baja California; es wird durch die Sonora-Baja-Eisenbahnlinie in zwei Teile geteilt.
Jeder Teil hat seinen eigenen Polizeichef und seine eigene städtische Verwaltung. Obwohl es eigentlich unmöglich ist, genau zu sagen, wo der eine Teil beginnt und der andere aufhört, besteht ein großer Wettbewerb zwischen den beiden.
Einmal bin ich mit zwei Mexikanern in Coahuila angekommen. Einer davon war Flaschner, ein kleiner Mann, der einen gelben Pickup fuhr, der mit schönen Quasten geschmückt war. Der

andere, ein Freund von ihm, war ein groß gewachsener Mann, der ab und zu gerne was trank.
Mein Motorrad war damals von irgendeiner inneren Krankheit befallen (was sich später als Lagerschaden herausgestellt hat).
Sie luden es großzügig hinten auf ihren Truck, nachdem sie mich um 4 Uhr morgens in der Wüste in der Nähe von Valle de Trinidad in der Sierra Juárez aufgelesen hatten.
Sie kamen gerade von einer Fiesta mit Freunden, Verwandten und Tanten.
Da sie aus den verschiedenen Teilen des Ortes stammten, wollte jeder vor den Chefs und dem Bürgermeister seiner Seite mit dem verirrten 'Yanqui' und seinem 'moto' angeben.
Das Verhalten des kleinen Mannes und seines großgewachsenen Freundes sagen einiges aus über die Leute von Mexicali und den Dörfern wie Coahuila, die am anderen Ende des Tales gelegen sind.
Ramon, der kleine Mann; sagte: "Komm, wir besuchen unsere Freunde", nahm einen Schluck Bier und schlug mir freundschaftlich auf die Schulter. Luis, der größere, nickte voller Einverständnis mit dem Kopf. Daß der Lastwagen vor uns gerade bremste, wurde von Ramon, der gerade am Steuer saß, aber nicht bemerkt. Er war so in unser Gespräch vertieft, daß er erst im letzten Augenblick aufsah. Ohne zu zögern fuhr er von der Straße rechts in ein Feld hinein. Dabei nahm er einige Zaunpfähle mit, riß den Pickup herum und krachte hart in einen Graben hinein. Alles, was er sagte war: "Gib mir noch ein Bier, Jim." Und Luis sagte: "Kein Problem, Jim, keine Sorge, kein Problem." und nahm selbst einen kräftigen Schluck.
Wir aßen zusammen Mittag und sie versuchten, einen Hahn aus der Scheuer des Restaurants zu klauen, aber die Senora verjagte sie.
Auf der Weiterfahrt erzählten sie ein bißchen von sich und dem Dorf. Sie sind in Coahuila aufgewachsen und es gefällt ihnen dort. Aber jeder geht irgendwann nach Mexicali oder nach Tijuana. Warum? Wegen den besseren Aussichten. Einige hatten Äcker, das war in Ordnung. Aber Ramon und Luís waren Flaschner, Handwerker.
Obwohl die Lebensunterhaltungskosten hoch seien und die Kosten für Elektrizität ihrer Meinung nach sogar unverschämt hoch, waren sie zufrieden.

Eine Reise in den Nordosten der Baja erfordert keine Roadlogs, um verschiedene interessante Ecken zu sehen und in Kontakt mit seiner hart arbeitenden und bescheidenen Bevölkerung zu kommen.

PALMENOASEN

CANTU PALMS

Die Namen, die Vorstellung und der Klang von so etwas wie heißen Quellen und schattigen Palmen lassen einen kaum widerstehen.
Die Oasen Cantú und Guadalupe liegen am östlichen Fuße der Sierra Juárez, den steilen, felsigen und hohen roten Bergen, die in der Hitze der Wüste glitzern und schimmern.
Es ist eine karge und unentwickelte Gegend. Die Wege führen oft nirgendwohin. Wegzeichen, wenn überhaupt vorhanden, sind oft falsch. Die Wegoberfläche ist manchmal sehr schlecht, aber teilweise auch ausgezeichnet.
Wenn man noch bereit und fähig ist, sich über Dinge zu wundern, dann sind einem hier, wo sich Wüste und Berge treffen, keine Grenzen gesetzt.

Selbst ein Camper kann hier hereinfahren, allerdings gibt es keinerlei Service.

Die erste Quelle, die auf der Karte eingezeichnet ist, gibt es nicht. Sie verläuft unterirdisch, deshalb wachsen die Palmen noch hier. Auf jeden Fall muß man sein eigenes Wasser mitbringen!

Cantú Palms ist es wert, daß man einige Zeit dort verbringt. Es steht hier noch die Hütte eines Quarzminenarbeiters. Ein alter Weg, der nur zu Fuß begehbar ist, führt zu einer Quarzmine, die immer noch in Betrieb ist. Dort liegen Berge von diesem weißen Zeugs herum.

Von Mexicali aus sind es 56 km und von La Rumorosa 81 km.

Roadlog 17 CANTU PALMS

Klasse I, II
Nur die letzten 300 m sind etwas schwieriger:
Klasse III, IV.

Ungefähr 107 km östlich von Tecate auf der Mex 2 oder 40 km westlich von Mexicali ist an der nördlichen Spitze der Laguna Salada eine kleine Pemexstation und ein Café im Freien, das

mit 'Servicio' beschildert ist. Hier geht der Weg nach Süden ab in die Wüste.
Eine Alternative ist, wenn man genau 4,2 km (2,6 Meilen) von dieser Servicio nach Westen nach La Rumorosa fährt, wo eine Abzweigung, die nicht beschildert ist, geradewegs nach Süden in die Wüste nach Cantú Palms und Canon de Guadalupe führt.

km	Meile	
0	0	Bei der 'Servicio' Tageskmzähler auf 0 stellen und auf den Weg nach Süden abbiegen. Es ist ein breiter, planierter ebener Weg, der in der trockenen Saison ausgezeichnet zu fahren ist (dies ist also meistens der Fall). Zur Rechten ist die felsige Bergkette der Sierra Juárez, von der die Quellen kommen.
10,0	6,2	Ein altes Schild zeigt nach Ejido el Tigre. Nicht rechts fahren. Weiter geradeaus den verschiedenen Reifenspuren nach. Die Spuren ganz links meiden, da hier die trockene Lagune liegt, die manchmal nicht so trocken ist.
25,9	16,1	Ein Labyrinth von Wegen beginnt. I.a. rechts halten. Man kommt zu einer kleinen Rancho. Hier kommt ein anderer Weg entlang den Gebirgsausläufern rein.
44,3	7,5	An der Rancho vorbei. Weg rechts führt nach Cantú Palms. Es kommen jetzt 2,4 km Klasse III Weg, die letzten 800 m sind Klasse IV. Zu den Palmen und zur Bergarbeiterhütte geht man besser zu Fuß hinauf. Die richtige Mine ist etwas weiter bergauf, an den Palmen vorbei (800 m), wo der Weg dann abrupt endet.

1980 wurde der Weg nach Cantú Palms instandgesetzt, aber er kann wie auch all die anderen Dirt Roads nach heftigen Stürmen oder Regenfällen sehr schnell wieder schlechter werden.

CANON DE GUADALUPE

Hinter Cantú Palms kommt die richtige Oase Canon de Guadalupe. Von der geteerten Straße sind es ungefähr 65 km auf gutem Weg, der sich in der Nähe der Quellen etwas verschlechtert. Die Fahrt dorthin dauert nicht länger als zwei wachsame Stunden, vielleicht auch weniger.

Ein Mitglied der Arce Familie, eine der ältesten Familien der Baja, verlangt 4 $ Eintritt pro Fahrzeug. Es gibt hier keinerlei Service. Alles, was man braucht, muß man selbst mitbringen - auch das Feuerholz!
Für das Eintrittsgeld darf man dort übernachten und in der heißen Quelle baden.
Direkt hinter dem Tor ist links ein großer, natürlicher Swimmingpool, der mit dampfendem Wasser gefüllt ist, das von den Bergen kommt. I.a. sind hier ein paar Camper anzutreffen.
Wenn man weiterfährt, kommt man zu mehreren natürlichen (nicht extra angelegten) Campingplätzen, am Fuße der felsigen Berge. Hier kann man auch sein Fahrzeug parken.
In der Nähe davon ist ein natürlicher Pool mit heißem Wasser, in das man hineinsinken kann und fühlt, wie sich der Körper durch die Hitze erholt und das Wasser den Wüstensand wegwäscht.
Danach kann man zum Flußbett hinübergehen und hinauf zu dem ehemals herrlichen Ort, dem 'Bano de la Virgen'.
Obwohl jetzt nach einem Hurrikan alles mit Sand aufgefüllt ist, ist es immer noch ein beachtenswerter Ort. Ein dünner Strom kalten Wassers fließt hier aus den Bergen heraus, sanft über die hohen Felsen in ein Becken hinein, das jetzt leider voll mit Sand ist.

Roadlog 18 CANON DE GUADALUPE

Klasse I, II und das letzte Stück III.

Der Weg nach Canon de Guadalupe ist der gleiche wie nach Cantú Palms. Diese Logbeschreibung beginnt bei km 25,9 (Meile 16,1) des Cantú Palm Roadlogs.

km	Meile	
25,9	16,1	Labyrinth von Wegen endet bei der Rancho. Nach Guadalupe gehts links.

km	Meile	
28,2	17,5	Weg rechts geht nach Cantú Palms (vgl. Roadlog 17). Dort gibts kein Wasser. Die Mine ist noch in Betrieb, aber normalerweise ist niemand dort. Weg geht hier am Rande der Berge entlang weiter. Laguna Salada ist links, verlassen und ohne Wasser. Rechts sind hohe, sehr steile Bergzüge.
46,2	28,7	Größere Weggabelung: kleines Zeichen gibt den Weg nach Guadalupe an, scharf rechts halten. Frühere Rechtsabbiegungen enden im Canon Tajo. Dort klettert ein Pfad steil auf das 1800 m hohe Plateau hinauf. Er wurde früher von Indianern benutzt, wenn sie Pinón Nüsse sammeln gingen.
49,4	30,7	Nach der Rechtsabbiegung geht es jetzt Richtung Westen, den Bergen zu. Der herausragende Gipfel links ist der Picacho Rasco, der gleich oberhalb dem 'Bano de la Virgen' ist. An diesem Punkt scheint der Weg rechts abzugehen. Trotzdem links bleiben, die Abzweigung führt wieder auf den Hauptweg zurück.
52,6	32,7	Ähnliche Gabelung: links bleiben.
53,6	33,3	Zaun und Felsenzeichnung. Weg beginnt, entlang den Bergen nach Süden zu gehen.
54,7	34,0	Erster Blick auf Palmen. Weg fängt an, etwas schwieriger zu werden. Windet sich in scharfen Kurven über Felsen. Vierradantrieb ist nicht notwendig, aber Fahrzeuge mit geringer Bodenfreiheit müssen sehr vorsichtig sein.
57,3	35,6	Weiße Pfähle markieren die Grenze des Canón de Guadalupe Privatbesitzes.
58,0	36,0	Tor und Pool. Hier bezahlt man den Eintritt - es lohnt sich!

NATIONALPARK LAGUNA HANSON

LAGUNA HANSON

Im letzten Jahrhundert wurde ein amerikanischer Viehrancher, der auf der Baja lebte und arbeitete, in der Nähe dieses kleinen Bergsees erschossen. Der Ort wurde nach ihm benannt. Heute ist es ein mexikanischer Nationalpark und es war eine weise Entscheidung, dieses Gebiet zu schützen.

Erstaunlicherweise wird dieser Park im Durchschnitt von nicht mehr als einem Touristenwagen pro Tag besucht, obwohl er wunderschön ist, mit herrlichen Bergen und Pinienwäldern und ausgezeichneten Campingmöglichkeiten. Selbst der Weg, der dorthin führt, ist gut.
Ich bin öfters dort gewesen und habe nie einen anderen Touristen gesehen.

Von La Rumorosa bis zum See sind es 65 km.
Will man nicht denselben Hin- und Rückweg nehmen, kann man auf einer bergigen Dirt Road 32 km weiter fahren, bis man auf die Mex 16 trifft. Von dort aus sind es dann noch 48 km bis nach Ensenada (Westen) oder 64 km bis nach Valle de Trinidad (Süden).

Der festgefahrene, sandige Weg windet sich wie in einem Westernfilm durch die Berge, um Bäume und große Granitblöcke herum. Und tatsächlich sieht man auch manchmal einen mexikanischen Cowboy auf einem Pferd oder Maultier daherreiten.

In der Nähe vom See ist eine Waldarbeiterstation, wo das ganze Jahr über mehrere Männer an der Arbeit sind, Waldbrände zu bekämpfen und zu kontrollieren und den Weg in gutem Zustand zu halten.
Unterhalb dieses Lagers, bei einem kleineren See, der an die Laguna Hanson anschließt, ist ein ehemaliges Jugendlager, das nun von den Familien der Leute bewohnt wird, die auf der experimentellen Baumfarm arbeiten, die nicht weit davon entfernt ist.

Bei Laguna Hanson gibt es weder Benzin noch Lebensmittel oder Unterkunftsmöglichkeiten.
Der See selbst ist klein und seicht. In der Sierra würde er wohl eher 'Teich' genannt werden, aber hier, inmitten der Pinien, Felsen und hohen Bergkämmen, verdient er die Bezeichnung 'See'.

ASERRADERO

Ein paar Kilometer hinter Laguna Hanson kommt ein kleines Holzfällerdörfchen, Aserradero. In dem einzigen Café mit seinem einzigen Tisch gibt es einfache Mahlzeiten für Touristen.
Wenn man dringend Benzin braucht, kann man hier auch irgendwo was auftreiben - falls man lange genug sucht.
Aber Aserradero verdient nicht nur deshalb Beachtung. Es ist wie kein anderes Dörfchen auf der waldarmen Baja aus Baumstämmen und Holz gebaut.
Genauso wie der Weg, der dorthin führt, sieht es hier wie in einem Teil des alten Westens aus, ein unerwarteter Anblick!

Roadlog 19 Von La Rumorosa nach LAGUNA HANSON und ASERRADERO

Klasse II, III, IV
An zwei Stellen Klasse IV.

Die Abzweigung nach Laguna Hanson sollte eigentlich leicht zu finden sein, ist es aber natürlich nicht, was typisch ist für die Baja. Sie ist nicht in La Rumorosa, wo sie eigentlich sein sollte, sondern westlich davon, gleich neben einem gelben Gebäude und einem gelben Café.
Fährt man nach Osten, ist dies alles auf der rechten Seite, kurz bevor man nach La Rumorosa hineinkommt. Ein großes, gelbrotes Schild gibt die Richtungen und Entfernungen an.
Das Café heißt 'Caléra' und auf dem Schild steht unter anderem: 'Al Parque 50 km'. Dieser Ort ist 1,6 km westlich von La Rumorosa und 800 m östlich der großen Plantage El Pinon.

La Rumorosa hat ein Lebensmittelgeschäft und eine Tankstelle. Hier sollte man alles, was man noch braucht, besorgen.

km	Meile	
0	0	Café Caléra. Weg biegt nach Süden ab - wenn man von Westen kommt rechts, wenn man von La Rumorosa kommt links.
4,0	2,5	Rancho San Francisco. Weg steigt allmählich sanft an und fällt hier wieder ab. Es hat ein paar Felsen, aber die Ober-

km	Meile	
		fläche ist gut, teilweise Kalksteinbelag. Die Schilder, die mit dicken Pfeilen auf die große Kooperative hinunterzeigen, braucht man nicht beachten.
5,6	3,5	Rechts halten, auch wenn ein Pfeil oder ein Zeichen nach links zeigt. Dies ist der Weg zur Kooperative. Die weite grüne Bergwiese, auf der man jetzt ist, ist das ganze Jahr hindurch ein herrlicher Anblick.
10,3	6,4	Steiler Abhang: Klasse III.
11,9	7,4	Links bleiben, wo der Weg nach rechts abzubiegen scheint.
19,8	12,3	Rancho La Ponderosa. Ein Schild kündigt sie an. Auf dem Weg ist tiefer Sand, aber nicht so, daß es gefährlich wird. Vorsicht vor den schnellen Lastwagen der mexikanischen Holzsammler. Sie können einen sonst in die Kakteen abdrängen, wo die Fahrt dann zu Ende wäre. Dies ist keine Bosheit der Lastwagenfahrer, sondern einfach eine Manie, den Weg so schnell wie möglich bewältigen zu wollen. Und wenn dann noch die natürliche Wildheit der Mexikaner auf Bergstrecken dazukommt, muß man sich in Acht nehmen.
21,1	13,1	Nach links führt eine 3,2 km lange andere Route zur Rancho Carmelo. Nur für Vierradantrieb: 1,6 1,0 Kreuzung: links fahren. 3,1 1,9 Rancho, Umzäunung, Pferde, kleines Haus, Quelle; Weg führt bei km 22,4 (Meile 13,9) wieder auf den Hauptweg zurück:
22,4	13,9	Von links kommt der Weg von der Rancho Carmelo herein.
25,6	15,9	Weg führt weiter bergab und bergauf, über niedere Hügel, zwischen hohen Pinien und großen Felsbrocken hindurch. Von rechts biegt ein Weg herein.
27,4	17,0	Abzweigung nach rechts. Links bleiben, geradeaus weiterfahren.

km	Meile	
35,9	22,3	Große, hochgelegene Bergwiese, Land der Rancho El Topo. Rechts ist ein Zaun. Weg scheint in das Ranchogebäude zu führen. Es geht aber links am Zaun entlang weiter, aus dem Tal heraus, über einen größeren Hügel. I.a. rechts halten.
39,4	24,5	Bergauf: Klasse III, IV (800 m).
40,2	25,0	Gipfel.
42,7	26,5	Bergauf: Klasse III, IV (1 km).
43,7	27,1	Gipfel.
47,0	29,2	Abzweigung rechts, geradeaus weiterfahren.
48,1	29,9	Abzweigung rechts, links weiterfahren.
56,4	35,0	Ranger Station, Feuerwächter, große Gebäude rechts; hohe Pinien, See ist weiter vorne links.
61,3	38,1	Weg verzweigt sich zum See hin. Schmaler Streifen zum Campen zwischen Bäumen, einige Tische. Das Wasser im See ist nicht trinkbar. Das Ufer kann matschig sein. Wenn es ein extrem trockenes Jahr ist, hat der See überhaupt kein Wasser. Seit 1973 ist das jedoch nicht mehr vorgekommen.
62,1	38,6	Parkeingang und verlassenes Büro und Gebäude. Gebäude des Jugendlagers und zweiter See rechts zwischen Bäumen.
63,0	39,1	Experimentelle Baumschule. Kleine Gebäude, vier Äcker.
64,7	40,2	Zweiter Eingang zu den Jugendlagergebäuden und dem Camp. See.
71,5	44,4	Aserradero (150 Einwohner). Links ist das Café, rechts das Spielfeld.

Wenn man nicht denselben Weg zurückfahren will, den man gekommen ist, kann man folgende Route nehmen, die bei Aserradero beginnt:

Roadlog 20 Von LAGUNA HANSON zur Mex 16

Klasse II, III

km	Meile	
0	0	Tageskmzähler beim Campingplatz von Laguna Hanson auf 0 stellen.
6,8	4,2	Aserradero. Über den Fluß hinüber, rechts den Berg hinauf. Weg windet sich südlich und westlich aus dem Dorf heraus.
8,1	5,0	Langes Stück bergab, guter Weg. Vorsicht Lastwagen!
10,0	6,2	Abzweigung rechts. Links fahren. Abzweigung führt später wieder auf Hauptweg zurück.
11,9	7,4	Größere Weggabelung: Linke Abzweigung ist eine alternative Route zur Mex 16, über Rancho Catarina - jedoch nicht empfehlenswert, da sie viele irritierende Abzweigungen hat und der Weg über kurze Strecken oft viel schlechter wird. Er wird von Baja-Motorradrennfahrern und rasenden Dune-Buggies benützt - also Vorsicht bei dieser Kreuzung! Rechts halten.
14,2	8,8	Steiler Abstieg, aber der Weg ist gut planiert. Schöne, kurvige Bergstrecke, die Spaß macht. Man verläßt die hohe Sierra in Richtung eines großen Tales.
26,7	16,6	Große, schattige Bäume. Schöner Platz, um Halt zu machen und sich auszuruhen. Alte Grundmauern und gefährliche Quelle: nicht hineinfallen!
27,2	16,9	Abzweigung nach links. Links geht es über eine kurvige Route bergauf und bergab auf die Mex 16. Rechts führt eine Dirt Road 1 km in Richtung Westen, nach Ojos Negros.
34,1	21,2	Nachdem man sich über Berge hinweggeschlängelt hat und in das Tal hinuntergekommen ist, erreicht man die geteerte 'carretera'. Dort steht ein Schild 'Galeria Pelayo 35 km' und ein Viehzaun.

Hier hat man die Wahl: links geht es nach Valle de Trinidad, einem kleinen Farmzentrum, wo es Benzin, Lebensmittel und Unterkunftsmöglichkeiten gibt. Rechts geht es nach Ensenada.

FORELLEN UND PINIEN

Río San Rafael und MIKE'S SKY RANCHO

Auf der High Sierra der Baja California fließt ein kleines Flüßchen von 2400 m Höhe herunter. Es sieht genauso einladend aus wie die Flüsse nördlich der Grenze.
Dank einem engagierten Forellenfischer, der vor Jahrzehnten in diesem Flüßchen Forellen einsetzte, gibt es hier nun eine spezielle Sorte, die 'Baja-Regenbogen-Forelle'.
Diese spezielle Sorte kann hier überleben, wo es für jede andere Art fast unmöglich wäre.

Dieses nette Flüßchen, die Mexikaner nennen es 'Fluß', kann auf zwei verschiedenen Wegen erreicht werden:
Entweder fährt man von San Telmo (südlich von Ensenada, 5 km von der Mex 1 entfernt) 80 km (4 Stunden) auf Klasse II und III Weg (kurze Abschnitte IV) in die Berge hinein, oder man nimmt den etwas schwierigeren Weg (Klasse III, etwas IV) von Valle de Trinidad aus, der 48 km (3 Stunden) lang ist.
Beide Wege führen zum gleichen Ort, zu Mike's Sky Rancho und zum Río San Rafael.
Bei Mike ist man in der High Sierra, an der Grenze des Nationalparks San Pedro Mártir.
Obwohl der Name vermuten läßt, daß es hier nur'fly-in' Gäste gibt, kommen die meisten Besucher auf dem Landweg:
Die Unterkünfte sind gut. Man kann hier auch auf einer Wiese, die an dem Flüßchen liegt zelten. Das ist etwas billiger und man kann die Dusche mitbenützen.
Man ißt mit der Familie, ganz unkompliziert, und man muß das Essen früh am Tag bestellen, sonst bekommt man nichts.
Das Swimmingpool ist groß und die Gastfreundschaft herzlich.
Selbst wenn sie beschäftigt sind, haben die Gastgeber, Mr. und Mrs. Luis Donaldson immer ein freundliches Wort übrig und sind mit Ratschlägen aus ihrer langjährigen Mexikoerfahrung behilflich.
Es ist eine einsame Ranch in einer ganz fantastischen Umgebung.
Außer dem Motel, dem Swimmingpool, der Bar und der Küche gibt es hier nichts. Benzin kann man nicht bekommen, da alles auf einem Pickup hereingeschafft werden muß. Man sollte also nur im äußersten Notfall danach fragen.
Genausowenig kann man hier Angelzeug kaufen!
Die Forellen ködert man am besten mit Würmer und Fliegen.

Sie dürfen das ganze Jahr über geangelt werden, allerdings ist eine Lizenz notwendig. (Näheres zu Angellizenzen siehe Kap. UNTER FREUNDEN - Angeln.)
Da es in dem kleinen Fluß natürlich nur eine begrenzte Anzahl Forellen gibt, beschränkt sich der vernünftige Angler auf wenige dieser herrlichen mexikanischen Forellen!
Es ist erstaunlich, daß die Fische in dem seichten, schnellfliessenden Bergfluß überleben können. Sie müssen auf die Koyoten aufpassen und haben nicht nur mit Trockenheit zu kämpfen, sondern bei Schneeschmelze auch noch mit starker Strömung und dann noch mit den Anglern.
Im Gegensatz zu ihren Vettern in den Staaten verhalten sich diese Forellen komischerweise eher wie die kalifornischen 'Browns' und 'Loch Levens'. Bei dem geringsten Anflug eines Geräusches oder eines Schattens, Schrittes oder Erschütterung schießen sie von ihrem Freßplatz weg und verstecken sich unter einem Felsen oder einem Baumstamm und kommen nicht so schnell wieder darunter hervor.
Nur ein vorsichtiger Angler kann diese kleinen lebhaften Forellen angeln, die zwischen 15 und 20 cm lang werden , selten werden sie länger als 25 cm. Man kann sie stromauf und stromab vom Motel angeln.
Das Flüßchen verschwindet einige Meilen unterhalb des Motels einfach im Erdboden. Die Fische sind ganz in ihrer Umgebung eingeschlossen. Die Fortsetzung ihres Lebens ist nur durch die Quellen im Sommer und durch den Schnee im Winter gewährleistet.
Der Weg verläuft stromab am südlichen Ufer entlang, dann überquert er den Fluß (er ist überall so schmal, daß man drüberspringen kann) und führt am nördlichen Ufer weiter.
Oberhalb dieser Überquerung ist das Angeln besser.
In der Nähe ist ein oft fotografierter Wasserfall, der mehrere Meter über große Granitfelsen in ein relativ großes Becken stürzt, wo natürlich keine Fische drin sind.
Flußabwärts führt ein Pfad durch hohes Gebüsch. Obwohl auf dieser Höhe die Schlangengefahr nicht so groß ist, sollte man immer vor den Klapperschlangen auf der Hut sein, vor allem am Bach entlang!

Roadlog 21 Von Valle de Trinidad zu MIKE'S SKY RANCHO und von Mike's Sky Rancho nach San Telmo

Von Valle de Trinidad zur Mike's Sky Rancho: Klasse II, III, IV (nur sehr kurze Abschnitte IV).

Von Mike's Sky Rancho nach San Telmo: Klasse I, II, III, IV (i.a. III, kurze Abschnitte IV, um San Telmo herum I und II).

Die Fahrt zu dem Pinienwald und dem funkelnden kleinen Flüßchen kann von beiden Richtungen aus unternommen werden. Diese Beschreibung beginnt in Valle de Trinidad (von Ensenada auf der Mex 3 erreichbar). Wer von San Telmo aus fährt, liest einfach die Beschreibung rückwärts.

Bevor man in die Berge fährt, ist Valle de Trinidad die letzte Möglichkeit zum Tanken und zum Lebensmittel einkaufen.

km	Meile	
0	0	Pemexstation bei Valle de Trinidad. Nach Südosten weiterfahren.
16,9	10,5	Scharfe Rechtsabbiegung von der Straße, die nach San Felipe weiterführt. Es kann sein, daß ein Schild nach rechts in die Wüste zeigt, auf dem 'Mike's Sky Rancho 20 Meilen' steht.
0	0	Hier Tageskmzähler auf 0 stellen.
3,5	2,2	Man ist ein langes, langsam ansteigendes Stück bergauf gefahren und kommt zu einem Gatter. Darauf achten, daß es wieder richtig geschlossen wird. Der Weg ist gut, kaum Vegetation, nur niedere Pflanzen.
8,1	5,0	Rechtsabbiegung, links bleiben.
9,8	6,1	Links geht ein Weg ab zu einer Rancho. Rechts bleiben.
12,7	7,9	Altes Gatter, teilweise tiefer Sand, vorsichtig fahren!
13,5	8,4	Bei der alten Rancho vorbei und bergauf: Klasse III (1,3 km/0,8 Meilen).

km	Meile	
14,8	9,2	Gipfel.
17,2	10,7	Anfang einer Bergaufstrecke: Klasse III (1,6 km/ 1 Meile).
18,8	11,7	Gipfel.
23,7	14,7	Größere Kreuzung: Links fahren. Kreuzung ist mit einem Schild markiert.
26,2	16,3	Arroyo mit Wasser, man muß ab und zu durchs Wasser durch.
27,2	16,9	Ranchoweg rechts, geradeaus bergauf weiterfahren.
28,3	17,6	Gipfel. Aussichtspunkt. Anfang eines steilen Stücks bergab: Klasse III.

Wenn man Mike's Sky Ranch verläßt, führt der Weg Richtung Süden weiter. Tageskmzähler beim Motel auf 0 stellen.

0	0	Motel.
5,3	3,3	Abzweigung rechts geht zur Simpson Ranch (Kurs des Baja -Motorradrennens). Weg führt hier steil bergauf mit scharfen Abhängen und gelegentlichen Blicken auf den Río San Rafael.
6,4	3,9	Abzweigung links führt zum Flugplatz von Mike's Sky Rancho.
8,4	5,2	Beim Hinunterfahren kommt man in eine baumbewachsene Gegend mit einer Umzäunung rechts. Etwas Sand auf dem Weg.
22,2	13,8	Weg führt von hinten links herein. Geradeaus weiterfahren.
23,2	14,4	Größere Kreuzung: Einige Schilder. Jeder Weg führt nach San Telmo. Der linke ist der etwas interessantere. Scharf links halten und 8 km auf dem Plateau über sandigen und staubigen Weg nach Süden fahren.
30,9	19,2	Größere Kreuzung: Keine Beschilderung. Der Hauptweg, auf dem man ist, macht eine leichte Kurve nach links.

km	Meile	
		Eine Abzweigung geht nach rechts hinten weg. Links gehts zum Observatorium (siehe dazu RL22). Rechts gehts nach San Telmo. Kurz danach kommt eine zweite Weggabelung.
31,2	19,4	Kreuzung mit Weg von links. Links halten in Richtung des hohen Sattels. Rechter Weg hört auf.
32,7	20,3	Sanft ansteigende Berge von fremdartiger Schönheit. Abzweigung nach links, rechts bleiben.
41,2	25,6	Hoch über einem spektakulären Abstieg. Berge fallen jäh dem Meer zu ab. Der Weg hier kann einem schon mal die Haare zu Berge stehen lassen und Gegenverkehr, den es zum Glück nicht oft gibt, kann zu einem Problem werden. Jäh abfallende Hänge rechts und steile Bergwände links. Wegoberfläche ist einigermaßen bis gut mit wenigen schwierigen Stellen, allerdings sehr eng.
47,5	29,5	Hier ist das steile Bergstück zu Ende. Nachdem man durch ein altes Flußbett gekommen ist, das dem Weg folgt, ist man in einem weiten Tal mit Getreidefeldern und Ranchen.
47,7	29,6	Schild 'Parque Nacional' zeigt in die Richtung, aus der man kommt.
48,3	30,0	Auf ebener Fläche rechts steht eine Rancho. Zäune beginnen.
51,2	31,8	Gatter und Schild 'Observatorio', das in die Richtung zeigt, aus der man kommt.
51,7	32,1	Weggabelung: Alternativer Weg zu Mike's Sky Rancho von km 23,2 und Weg von Buena Vista treffen hier zusammen.
53,9	33,5	Abzweigung nach links. Schild 'Observatorio'. Rechts halten. Große Weizenfelder und Rancho.
59,4	36,9	Sinaloa. Geschäft links: Soda, Bier, etwas Lebensmittel, kein Benzin.
70,8	44,0	San Telmo. Verbesserte, breite Straße. Benzin, Lebensmittel, keine Unterkunftsmöglichkeiten.

EIN AUSSERGEWÖHNLICHER NATIONALPARK

Nationalpark SIERRA SAN PEDRO MARTIR

Vielleicht war es das Erlebnis, Schnee auf der Baja zu sehen, oder das Gefühl, in wenigen Stunden von Meereshöhe auf 2700 m hinaufgefahren zu sein, wo die Luft kalt und schneidend ist.
Es kann auch der Anblick des schier endlosen Bestandes von Pinienwälder gewesen sein. Was immer es von dem 75 000 Hektar großen Nationalpark auch war – es warf uns um!
Am letzten Tag einer Dezemberexpedition waren der Fotograf Robert Western und ich hier, 140 km südlich von Ensenada in der Nähe der 3000 m hohen Granitwand vom Picacho del Diablo, dem höchsten Gipfel auf der Baja – und wir sagten zueinander "Dies ist die schönste Weise, einen Abschlußtag auf der Baja zu verbringen."

Die meisten Leute fahren dort hinauf, um das Observatorium anzuschauen und gelegentlich wegen dem Blick von dem höchsten Gipfel der Baja. Und in diesen hochgelegenen versteckten Wäldern und großen Bergtälern stolpern sie in eine Gegend, die man nie auf der Baja vermutet hätte.
Der Blick vom Observatorium, wo die Felsen in die östliche Wüste hin abfallen, läßt den Blick vom Glacier Point im Yosemite Park in Kalifornien fast schwach erscheinen: gegenüber erheben sich die hellen strahlend-grauen Wände des Picacho del Diablo (Nordseite), die in der späten Mittagsonne golden leuchten und sich 3000 m über dem Canyon erheben, von dem der Boden unsichtbar bleibt.
Aber die Überraschungen des Parks enden nicht mit dem packenden Zauber des Picacho del Diablo, der einen ganz gefangen hält, oder mit dem großen waldbewachsenen Kliff, das auf allen Seiten des Observatoriums abfällt. Die Wälder und Wiesen des Parks sind ideal zum Wandern und Reiten.
Pferde sind nur durch vorherige Reservierung zu bekommen. (Dazu siehe Kap. 'Adressen, Preise und andere nützliche Info'.)

Es hat jeden Winter Schnee im Park und die hochgelegenen Flüsse frieren zu wie in der High Sierra in Alta California.
Man darf im Park angeln, aber Jagen ist verboten. Dieses Verbot wird durch Ranger-Patrouillien und durch eine Durchsuchung nach Waffen beim Parkeingang streng überwacht.
Es gibt Rehe, Berglöwen, Luchse, Wildkatzen und Koyoten im Park wie in der Sierra Nevada, aber keine Bären und wilde Schafe.

Das Observatorium am Ende des Weges ist zum drittenmal vergrößert worden; diesmal überragt eine neue 5 Stockwerk hohe Konstruktion die zwei älteren um einiges.

Bei La Corona, ungefähr 16 km vom Gipfel entfernt, ist die Parkgrenze mit einem geschlossenen Tor und einem Wächter. Hier bezahlt man den Eintritt (für 2 Personen und ein Fahrzeug bezahlten wir '81 70 Pesos).
Wenn man von dem Park und dem Gipfel so verzaubert wird und bis in die Dämmerung hinein dort bleibt, wie wir es gemacht haben, kann man am Parkeingang eine kleine Hütte mieten. Es sind sehr kleine, A-förmige Schutzhütten, wo Schlafstellen und Matratzen drin sind, auf denen man seinen Schlafsack ausrollen kann.
Aber immer daran denken, daß La Corona 2100 m hoch liegt und diese Hütten ungeheizt sind!

Auf dem Gipfel des Berges, wo das Observatorium steht, gibt es keinerlei Einkaufs- oder Übernachtungsmöglichkeiten. Hier lebt nur eine kleine Gruppe von Wissenschaftlern. Links von dem letzten Tor vor dem Observatorium ist ein kleines Forstverwaltungscamp. In keinem von beiden gibt es Unterkunftsmöglichkeiten für Touristen.
Camping ist in der Nähe des Observatoriums nicht erlaubt, da dies die Atmosphäre hier stören könnte, z.B. durch ein rauchendes Lagerfeuer. Große Schilder weisen auf die Verbote hin. Genauso ist es verboten, ohne eine schriftliche Erlaubnis von der mexikanischen Regierung in die Nähe des Observatoriums zu gehen. Diese Erlaubnis kann man erhalten, wenn man an die Universität in Mexico City schreibt (Institute of Astronomy, Aparto 70 - 264, Mexico City). Die Leute beim Observatorium sind sehr nett und lassen einen wahrscheinlich auch ohne Erlaubnis rein - aber sicher ist sicher!

Unterhalb des Gipfels, am Fuße des Picacho del Diablo sind viele Wanderwege, Bergwiesen und Flüsse, die darauf warten, entdeckt zu werden.
Der Ranger am Parkeingang erzählte uns, daß es ein besucherfreudiges Jahr ist, wenn hier 300 Leute im Jahr herkommen.

Besondere Anweisungen für M o t o r r a d f a h r e r:
Hinter dem Eingangstor bei La Corona sind keine Motorräder mehr erlaubt (16 km vom Observatorium entfernt).
Dieses Verbot wird streng überwacht. Es gibt viele Gerüchte, warum dies so ist, aber der offizielle Grund ist der gleiche wie in vielen US-Nationalparks, nämlich daß Motorräder nicht nur im Gelände Schaden anrichten können, sondern auch die Feld-

wege selbst beschädigen können.
Jedoch sind Motorradfahrer herzlich dazu eingeladen, ihr Motorrad am Eingang abzustellen und zu Fuß hinein zu wandern.

Die Meling Ranch ist ungefähr eine Stunde von dem Tor bei La Corona entfernt. Wenn man sich vorher anmeldet, kann man hier übernachten. (Anschrift siehe Adressenkapitel.)

Von La Corona aus sind es 6 Stunden bis nach Ensenada und 4 Stunden bis nach San Quintin, dem nächsten Ort mit Motel und Tankstelle. Benzin gibt es auch in San Telmo und in den kleinen Dörfern Camalú und Colonet.

Roadlog 22 Über San Telmo zum Nationalpark SIERRA SAN PEDRO MARTIR

Klasse I, II

Verläßt man die Mex 1 ung. 130 km südlich von Ensenada, dann führt eine gut planierte Straße 100 km zum Observatorium.
Die Abzweigung ist durch ein Schild markiert, auf dem 'San Telmo' und 'Observatorio' steht.
Die Fahrt dauert ab da, wo man die geteerte Straße verläßt, nur 3 Stunden.
Man kann den Park aber auch von Mike's Sky Rancho aus besuchen. Dazu muß man bei km 30,9 / Meile 19,2 vom Weg von Mike's Sky Rancho nach San Telmo links abbiegen (siehe RL 21).

km	Meile	
0	0	Abzweigung nach San Telmo und Observatorium. Volltanken - hin und zurück sind es 200 km.
9,2	5,7	Dorf San Telmo.
25,4	15,8	Weg rechts führt zu einer Rancho und einer alten Mission (40, 3 km / 25 Meilen auf Weg, dann 15 Meilen auf einem Pfad), zum Observatorium geht es links.
30,9	19,2	Abzweigung links zur Rancho Cortez. Früher führte der Weg in einem felsigen, engen Arroyo entlang. Der neue Weg geht auf planierter Oberfläche - keinerlei Probleme!

km	Meile	
47,8	29,7	Abzweigung links führt nach Mike's Sky Rancho. Geradeaus weiterfahren.
48,5	30,1	Rechte Abzweigung führt zur Meling Ranch. Man sieht sie unten im Tal. Geradeaus weiterfahren. Zur Meling Ranch geht es 3,2 km hinunter. Man kann hier auf Vorbestellung übernachten und essen (Anschrift siehe Adressenkapitel). Nachdem man durchs Tal der Meling Ranch gekommen ist, steigt der Weg beständig an, von 660 m bis zu 2700 m, wo das Observatorium steht. Der Granitwall vor einem verbirgt die vielen Berge und Wälder dahinter.
75,2	46,7	Eingang zum Nationalpark bei La Corona. Übernachtungsmöglichkeiten.
93,2	57,9	Große Wiese, Observatorium in Sicht auf dem Bergkamm links.
98,5	61,2	Verschlossenes Gatter. Den letzten Kilometer muß man vollends zu Fuß gehen. Kleine Wendeplatte, Parkmöglichkeit.

Río San Rafael im Nationalpark San Pedro Mártir

EINE UNZUGÄNGLICHE MISSION

Mission SANTA MARIA DE LOS ANGELES

Catavinà war früher ein einsamer Ort, der sich durch seine Quellen mit den blauen Schatten der Palmen von der braunen, mit Steinblöcken bedeckten Wüste um die Tres Virgenes abhob. Heute wird der kleine Bach, der von der Oase Catavinà kommt, durch ein modernes El Presidente Motel und die nebenanliegende Pemexstation überragt.

Genau 1,6 km südlich von diesem modernen El Presidente Komplex ist eine gut markierte Kreuzung mit einem rot-weißen Missions-Hinweisschild.
Von der Hauptstraße führt eine geteerte Straße das kurze Stück auf die Rancho Santa Inés.
Wenn man beabsichtigt, die Route zur Mission Santa María zu nehmen, - auf ihr liegen einige der schwersten Arroyoüberquerungen auf der ganzen Baja - hat man einen besseren Start, wenn man bei der Rancho Santa Inés erst einmal eine Tasse Kaffee trinkt.

Die Rancho ist ein berühmter Halt sowohl für das alte als auch das neue Baja-Geländerennen.
Aber niemand behauptet, er sei mehr als eine kleine Rancho mit einer unscheinbaren Theke, wo ab und zu mal ein Tourist bewirtet wird. Der El Presidente Komplex macht das ganze Geschäft und Santa Inés ist immer noch schön ruhig.
Wer hier übernachten will, muß selbst danach fragen. Für ein paar Pesos pro Nacht vermieten sie Schlafstellen (eigener Schlafsack notwendig). Das Essen ist gut und die Preise sind, verglichen mit denen von El Presidente, sehr billig.

Wenn man sagt, daß man nach Santa María fahren möchte und gerne Information über den Weg dorthin hätte, bedeuten einem die Blicke, mit denen man dann gemustert wird, daß man als ein neuer 'loco gringo' angeschaut wird. Nach der dortigen Meinung ist jemand, der in dieses Wüstenloch in die Berge fahren will, nicht mehr ganz bei Trost.
Der Weg führt nirgendwohin, dort wo er endet, gibt es nichts.
Ein mitleidiger Farmarbeiter wird einem dann öfters sagen: 'Es camino muy malo, senor. Muy malo!'
Das kann einen natürlich schon von seinem Vorhaben abbringen. Falls dies nicht der Fall ist, dann sollte man sich einige Dinge über den Weg nach Santa María merken:

Der Weg ist kurz, aber seine wenigen schwierigen Abschnitte haben es in sich. Vierradantrieb ist unbedingt notwendig!!! Aber auch sehr harte Wege haben ihre guten Seiten und da macht der Weg nach Santa María keine Ausnahme.
Die schlechtesten und die schwierigsten Stellen sind jeweils zu Beginn und am Ende des 24 km langen Weges.
Die 14 km dazwischen sind nicht nur zum Fahren ein Vergnügen. Das mit Felsbrocken bedeckte Land, die Arroyos mit weißem Sand, die Kakteen und die Palmen sehen einfach herrlich aus! Aber man darf nicht zu früh glauben, man hätte es geschafft. Wenn man auf dieser Strecke eine Panne hat, dann muß man damit rechnen, daß das Fahrzeug ein weiteres rostiges Wegzeichen auf der Baja wird.
Wer hier hereinfährt, muß unbedingt auch mit eigener Kraft wieder herauskommen!
Der Weg ist eine Mischung des Schlechtesten und Besten auf der Baja. Die Geschichte der Mission ist ebenso paradox. Schon ein Jahr, nachdem sie gegründet worden ist, wurde sie 1767 im Zuge der weltweiten Vertreibung der Jesuiten durch die spanische Regierung wieder aufgegeben.
Nach einem viel erfolgversprechenden Anfang wurde die Mission nach harter Arbeit dem Verfall preisgegeben. Sie wurde nämlich nicht von den Dominikanern übernommen, die die vertriebenen Jesuiten ersetzten.

Die starke Quelle macht die Mission in der versteckten Schlucht zu einer wunderschönen Oase. Frösche quaken in den Teichen und über die Granitfelsen kommen Wasserfälle herunter und fließen von einem Becken ins nächste.
Das klare Wasser fließt über die sandigen Böden im starken Kontrast zu den heißen, felsbrockenbedeckten Bergen, die das kleine Tal so eng umschließen.
Wenn die Schönheit der Natur einem das Herz stehlen kann, dann muß man auf diesem Weg gut darauf aufpassen!
Es ist ein wilder Ort, aber manchmal erinnert er an einen gepflegten japanischen Garten.
Ein kleiner, kaum bekannter Pfad führt hinter der Mission weiter; von den Ruinen aus sieht man ihn weiter im Osten, wie er in die verlassenen braunen Hügel Richtung Bahía San Luís Gonzaga abbiegt. Der Weg ist nur ganz kurz noch mit einem Auto befahrbar, wo die Berge in Richtung Bahía Gonzaga abfallen, ist er nurmehr ein Pfad. Dies ist der Originalpfad, von dem aus die Mission gegründet und versorgt worden ist.
Der Weg von Santa Inés aus zur Mission wurde in einem Zeitraum von 30 Jahren von dem Besitzer der Ranch aus der Wildnis gehackt. Er hatte gehofft, daß die Mission eines Tages

wieder restauriert wird.

Der Weg zur Mission fängt hinter der Ranch an, ist aber nicht leicht zu finden. Man sollte jemanden auf der Ranch danach fragen, sonst passiert es einem leicht, daß man dem ebenen Weg um die lange Landebahn herum folgt. Der richtige Weg beginnt 30 m hinter dem Café. Kurz vor der Landebahn biegt er aber nach links in einen unvergleichlichen Irrgarten von Kakteen und Felsen ab, führt steil zu einer Umzäunung hinter dem Café hinunter, von der Ranch weg, über den weißen Sand eines trokkenen Flußbettes.
Nachdem man in das Gebiet hinter der Ranch gekommen ist, geht es einen langen, harten Berg hinauf, voll mit vulkanischem Gestein. Man kommt durch einen schrecklichen Arroyo und überquert die Ebene bis zu einem versteckten, außergewöhnlichen Ausblick auf das Cortez Meer. Die Sicht ist im wahrsten Sinne des Wortes überwältigend und raubt einem den Atem.
Dann geht's bergab, immer weiter und immer weiter, und man fragt sich, wie man da jemals wieder herauskommt. Dann geht's durch einen Palmenwald, über den tiefen Sand der Oase und wieder über Granitfelsen, bis man an Ort und Stelle ist.

Wenn man keine Panne hat und nirgends stecken bleibt, dauert die Fahrt hinein 3 oder 4 Stunden. Hinaus braucht man nicht so lang, da man die Strecke dann bereits kennt.

Am Missionsort sind die vorderen und hinteren Wände des Hauptgebäudes immer noch intakt. Der Umriß der Gebäude ist klar erkennbar. Die Fundamente sind noch vorhanden und man findet immer noch Felsenmauern und Umzäunungen.
Da hier kaum jemand hereinkommt, ist es sauber und ohne Abfall.
Außer der tiefen Ruhe, die nur durch das Geräusch des Wassers und der Frösche unterbrochen wird, gibt es hier nichts! Es ist ein magischer Ort!
Wenn dieser Weg und die 'unzugängliche Mission' am Ende des versteckten Tales nicht das Beste ist, was die Baja zu bieten hat - und einige behaupten, daß es das Beste ist -, so ist er doch ohne Zweifel ganz hoch anzusetzen.

Roadlog 23 Von Catavinà zur MISSION SANTA MARIA

Klasse III bis X – eine außergewöhnlich herausfordernde und schwierige Route!

km	Meile	
0	0	Eingezäunte Weide der Santa Inés Ranch.
0,4	0,3	Über weißen Sand des ausgetrockneten Flußes. Bergauf und links.
0,8	0,5	Steiler, felsiger Weg, scharfes, vulkanisches Gestein. Manchmal muß man vom Weg runter in die Kakteen hinein, um abgerutschte und ausgewaschene Stellen zu umgehen.
2,6	1,6	Bergab. Überquerung eines Flußbettes. Achtung: den Arroyo nicht überqueren, bevor man nicht zu Fuß durchgegangen ist. Man sollte ganz durchgehen und 50 oder 100 m auf der anderen Seite weiter gehen. Dies ist der schlechteste Teil der Überquerung: Klasse VII. Von März bis Juli ist hier alles schön grün mit bunten Blumen und Blüten.
4,2	2,6	Ebene. Berge sind im Osten scharf und klar zu erkennen. Dramatische Felsbrocken rechts. Ab hier bis zu km 14,5/Meile 9,0 ist es problemlos.
7,7	4,8	Weg windet sich auf weichem Kalkstein in einen weiten Canyon mit Zwillingsgipfeln rechts.
9,3	5,8	Gipfel links und verschiedene Campingmöglichkeiten. Man überquert mehrere Flußbette, voll mit weißem Sand.
12,0	7,5	Man verläßt die Felsen und kommt über eine Hochfläche zu den letzten Bergen. Wenn es am Morgen ist, fährt man direkt der Sonne entgegen.
14,5	9,0	Schwieriger Arroyo: Klasse V.
15,8	9,8	Gipfel. Weg führt steil bergab und wird schnell schlechter (von Klasse V bis Klasse VI und VII). In enge Canyons, die voll sind mit Felsbrocken.
18,0	11,2	Weg wird schlechter: bis Klasse VIII, IX und kurz sogar X. Flußbett.
20,9	13,0	Weg wird etwas besser: Klasse VII, VIII. Erster Blick auf Palmen, klare Teiche. Steil bergab.

km	Meile	
21,7	13,5	Weg führt in tiefen Sand eines Flußbettes, windet sich durch hohe schattige Palmen. Klasse VII, tiefer Sand. Nach 500 m führt er aus dem Flußbett rechts heraus. Über felsigen, engen Granitpfad: Klasse VIII.
23,3	14,5	Mission. Quelle und Wasser 30 m nordwestlich. Weg führt noch 6 km weiter, bevor er dann bei einem steilen Abhang bei dem alten Pfad zur Bahía de Luís Gonzaga aufhört.

Oase Santa María

FELSIGES LAND

Mission SAN FERNANDO VELICATA

Die kürzeste Dirt Road zu einer Missionsruine ist 61 km südlich von El Rosario auf der Mex 1.
Ein verwittertes rot-weißes Missionshinweisschild gibt die Abzweigung nach rechts an.
Es sind 5 km bis hinein zur Mission. Der Weg ist Klasse II, aber die letzten 0,3 km sind Klasse III.
Ist man mit einem Fahrzeug mit wenig Bodenfreiheit unterwegs, dann geht man die letzten paar Meter besser voll zu Fuß.

In der Nachbarschaft der Ruinen steht eine Rancho. Meist ist hier irgendetwas auf der Weide im Gange. Bei meinem letzten Besuch dort wurde gerade ein verwaistes Kalb von zwei großen 'Vaqueros' mit der Flasche gefüttert, da sie befürchteten, daß es sonst auch sterben würde.

Obwohl die Mission sehr klein war, blieben dennoch genügend Ruinen übrig, daß man sich vorstellen kann, wie es wohl im späten 18. Jahrhundert ausgesehen haben mag, als in diesem Tal noch 1000 oder mehr Indianer wohnten.
Die einzige Baja Mission, die von Padre Junípero Serra, dem bekannten Franziskaner, gegründet wurde, wurde bis 1818 unterhalten und dann ihrem Schicksal überlassen.

Roadlog 24 Von der Mex 1 zu den Ruinen der Mission SAN FERNANDO VELICATA

Klasse II, kurz III

Man fährt genau 61,2 km (38 Meilen) von El Rosario nach Süden oder 51,5 km (32 Meilen) von Cataviná nach Norden, um diese beschilderte Abzweigung zu treffen.
Sie ist allerdings nur für den Verkehr nach Süden beschildert.
Die Abzweigung ist 2,4 km (1,5 Meilen) nördlich des kleinen Cafés und der Windmühle bei El Progreso.
Bei der Abzweigung den Tageskmzähler auf 0 stellen.

km	Meile	
0	0	Abzweigung.
1,6	1,0	Abzweigung links führt nach El Progreso. Rechts halten, auf dem oberen Weg. Einige Felsbrocken.
2,9	1,8	Weg macht Kurve nach rechts und führt nach Norden zurück. Hat man keinen 4x4, sollte man keine der Linksabbiegungen über das Flußbett nach El Progreso in Angriff nehmen.
4,7	2,9	Weg verschlechtert sich; man stellt das Fahrzeug an dem Platz ab, wo man auch umdrehen kann und geht die letzten 300 m zu Fuß zu den Ruinen auf der kleinen Anhöhe rechts.
5,0	3,1	Ruinen rechts, wo das weiße Missionsschild steht.

Ruinen der Mission Santa María

Die Ruinen von PENJAMO, AGUILA und AGUSTIN

In der Gegend um San Fernando Velicatá blieb ein Stück der original Baja 1000 Route übrig. Ein guter Tagestrip kann einem zeigen, wie es vor dem Bau der Teerstraße hier war.

Nachdem man Velicatá verlassen hat, führt die geteerte Straße weiter nach Süden, bei El Progreso vorbei (ein Café an der Teerstraße und ein staubiges kleines Dorf eine Meile westlich davon), das 63 km von El Rosario entfernt ist. Nach 66 km kommt man zu Cecilia Station und nach 68,7 km kommt die Abzweigung nach Catarina. Von dieser Abzweigung sind es dann noch 2,1 km bis zur Linksabbiegung auf die alte Baja Strecke. Eine zweite Linksabbiegung auf die gleiche Route kommt nach weiteren 1,6 km nach Süden auf der Mex 1; eine dritte, gut beschilderte Abzweigung auf dieselbe Route, die über Guayaquil führt, kommt 1,6 km weiter südlich.

Der alte Abschnitt der Strecke verläuft parallel zur 'carretera'. Ungefähr 1,6 km östlich der neuen Straße führt die ehemalige Hauptstraße durch alte Baja 1000 Stops.

Bei der Rancho P é n j a m o , wo früher die Fahrer anhielten, um sich im Schatten auszuruhen und Coca Cola zu kaufen, sprach ich mit der Senora. "Wer kommt heutzutage noch auf diesem Weg?" fragte ich. "Niemand", antwortete sie und schüttelte den Kopf. "Niemand. Gar niemand." "Motorräder?" Sie schüttelte wieder den Kopf. "Verkaufen Sie immer noch kalte Getränke?" fragte ich in der Hoffnung, daß dies noch der Fall ist. "Lo siento pero no mas." Sie lehnte sich gegen den Zaunpfahl, der aus trockenen Kakteen bestand. Als ich sie fragte, warum sie nichts mehr verkaufen, deutete sie nach Westen zu der Mex 1 und sagte, daß nun alle Touristen dort wären, wo die Regierung sie haben wollte.
Bei den anderen alten Stops war es dasselbe.
Die Abzweigung führt 19 km weiter nach San Agustin Parador, durch Pénjamo, Aguila und Guayaquil hindurch.
Nach den ersten 19 km ist es das Beste, wieder auf die geteerte Straße zurückzufahren; die alte Straße wird sonst auf ihrem Weg zur Mex 1 zurück, nördlich von Cataviná, sehr schlecht.

Roadlog 25 Abstecher durch Rancho PENJAMO, AGUILA, GUAYAQUIL nach SAN AGUSTIN PARADOR

Klasse II, III
Kurze Abschnitte III.

2,1 km (1,3 Meilen) südlich von der Santa Catarina Abzweigung führt ein Weg nach links in die Wüste. Manchmal steht hier ein Schild 'Pénjamo'. Bei dieser Abzweigung den Wegstreckenzähler auf 0 stellen.

km	Meile	
0	0	Abzweigung nach Pénjamo.
1,3	0,8	Ebener Weg windet sich zwischen hohen Kakteen und führt weiter zu einem felsigen Hügel, wo hohe Cardón Kakteen wachsen. Dann fällt der Weg in einen Klasse III Arroyo ab. Langsam fahren.
1,6	1,0	Rancho Pénjamo. Windmühle und Wasser, Schatten. Keinerlei Service.
4,0	2,5	Guayaquil. Kleine Siedlung mit einem Schulgebäude, eine verlassene Stadt. Gebäude einer kleinen Rancho, in der früher die staubigen Reisenden bewirtet worden sind. Heute bekommt man dort noch was von der Gastfreundschaft zu spüren, auch etwas Traurigkeit. Keine Unterkunfts- und Versorgungsmöglichkeiten. Weg führt hinter der Rancho vorbei zur Dorfmitte, genauso wie damals, als dies die einzige Hauptstraße auf der ganzen Baja war.
6,4	4,0	Rancho und Laden von El Aguila. Es gibt eine Windmühle, die Wasser pumpt, auf der Weide grast Vieh. Der Laden ist nicht mehr in Betrieb. Alte trokkene Bäume winden sich auf dem Wüstenboden. Weg ist Klasse II, ab und zu Klasse III. Er führt an der Veranda des Ranchhauses vorbei. Danach kann es sein, daß tiefer Sand kommt.
8,9	5,5	100 m langer, tiefer Sand in den Spurrillen.
10,5	6,5	Links halten. Weg gabelt sich oft, aber die meisten Abzweigungen führen wieder zurück.

km Meile

Es geht kurvig durch einen Hain von Bäumen, i.a. hält man nach Süden. Es geht weiter 8 km kurvig, bis man links, über den Bäumen, die Windmühle der Rancho San Agustín sieht und die schmale kiesbedeckte Oberfläche einer Landebahn. Geteerte Mex 1 ist 1,6 km scharf rechts bei San Agustin Parador. Die Fahrt nach El Mármol kann hier an diesem Punkt angefangen werden, aber erst sollte man Benzin und Lebensmittelvorräte überprüfen!

Von San Agustín Parador nach EL MARMOL und CATAVINA

Dieser aufregende Offbeat-Trip sollte nicht mit anderen Unternehmungen vermischt werden, sondern ganz allein unternommen werden.
Wenn man in El Mármol ankommt, will man vielleicht in aller Ruhe einmal in der alten Geisterstadt herumspazieren. Und da die Wege schlecht sind, kann es sein, daß man den ganzen Tag dazu braucht, über diese felsigen Hügel und Flußbette zu kommen.
Es ist ein Rundweg. Die Fahrt hinein ist nicht dieselbe wie heraus.
Wenn man in der Nähe von Cataviná gecampt hat, fährt man 32 km nach Norden, nach San Agustín Parador. Von hier aus braucht man für den 51,5 km langen Rundweg nach El Mármol und wieder nach Cataviná zurück auf jeden Fall Vierradantrieb. Wenn es um Leben oder Tod ginge, könnte es ein Pickup auch schaffen, aber bestimmt nicht ohne irgendeine Panne dabei zu haben.

In El Mármol gibt es mehrere verlassene Gebäude, darunter ein Schulhaus aus reinem Onyx. Außerdem gibts noch einen Friedhof und eine Onyx-Mine. Riesige Brocken von gebrochenem Onyx sind hier in großen Haufen aufgestapelt, vor langer Zeit einmal zum Verschiffen fertig gemacht.
Bis 1950 wurde fast die ganze Nachfrage in der Welt nach Kulihaltern und Brieföffnern aus Onyx von dieser Mine aus versorgt. Von hier aus wurden die großen Brocken Marmor nach Catarina Desembarcadero gefahren und von dort aus nach Ensenada verschifft.

Mit der Erfindung von Plastik sind beide gestorben, die Mine und das Dorf.

Hat man das richtige Fahrzeug, dann lohnt es sich wirklich, El Mármol zu besuchen. Wenn man nicht unbedingt die Rundfahrt machen will, kann man auch mit einem zweiradgetriebenen Fahrzeug oder einem Truck mit hoher Bodenfreiheit hineinfahren und denselben Weg, den man gekommen ist, wieder herausfahren. Der schwierigste Teil der Strecke kommt erst nach El Mármol.
Die zwei Teile des Trips sind auch in der Landschaft verschieden. Der erste Teil, die Fahrt hinein, geht über relativ ebene, felsige Wüste, während der zweite Teil, der Weg hinaus, durch die Wüste Tres Virgenes führt, durch große Felsblöcke und über steile Bergkämme.
Gegen Ende zu wird es - vor allem nach dem Frühjahrsregen - ein parkähnlicher Felsengarten: gelbe Blüten, hohe Cardón Kakteen und ein dichter Bestand von Boojum oder Cirio Bäumen.

Es gibt hier nirgends Wasser, man muß also den ganzen Vorrat selbst mitbringen.

Roadlog 26		Von San Agustín nach EL MARMOL und wieder zurück nach Cataviná (Rundweg)
		Hinfahrt: Klasse III, IV, ab und zu VI. Rückfahrt: Klasse V,VI aus El Mármol heraus; am Anfang Klasse VII, VIII und am Ende der Strecke Klasse II, III.
km	Meile	
0	0	Pemexstation und Lebensmittelgeschäft bei San Agustín Parador. Abzweigung kommt nach dem Gebäude des Straßenbauamts, Richtung Wasserturm, nach Osten in die Wüste hinein.
1,1	0,7	Man ist vom Parador weg über einen Hügel in Richtung Rancho San Agustín gefahren und kreuzt eine Landebahn und kommt durch ein niederes, trockenes Flußbett.

km	Meile	
1,9	1,2	Rancho San Agustín, ein alter Baja Stop. Keinerlei Service. Umzäunung aus trockenen Cardón Kakteen. Altes, dreieckiges Schild der kalifornischen Automobilgesellschaft von 1945.
7,4	4,6	Größere Kreuzung: Bei San Agustín fährt man geradeaus in die öde Wüste über Ebenen mit verschiedenen Weggabelungen, die alle nach Südosten führen. Bei dieser Kreuzung, ungefähr 5,6 km (3,5 Meilen) südlich von San Agustín, kommt man auf den Weg, der von der Rancho Sonora von der Mex 1 hereinführt. Dies ist die alternative Route nach El Mármol. Die Strecke zwischen San Agustín und hier geht über vulkanisches Gestein und oft in einem Flußbett entlang. Vierradantrieb ist notwendig. Klasse III und IV, manchmal macht der Weg eine Schleife in die Wüste, um größeren Erosionen auszuweichen. Nachdem man Rancho Sonora Route erreicht hat, wird der Weg besser und führt weiter nach El Mármol.
12,9	8,0	Nachdem man 5,5 km (3,4 Meilen) auf dem besseren Teil des Weges gefahren ist, erreicht man eine verlassene Windmühle rechts. Sie steht an einem alten trockenen Arroyo. Weg wird langsam schlechter: Klasse III und IV, etwas V. Weg fängt an, nach El Mármol in die Hügel anzusteigen.
15,6	9,7	Hügel mit kleiner Landebahn links. Weg führt kurvig nach El Mármol hinauf.
18,4	11,4	Mine und Dorf. Hier muß man sich entscheiden, ob man auf dem Weg, auf dem man gekommen ist, zurückfährt oder über die Hügel nach Cataviná weiterfährt, ung. 34 km über eine schwierige Küstenstrecke. Entscheidet man sich für letzteres, so ist es nicht leicht, den Weg zu finden. Der einzige Hinweis darauf ist rechts, unterhalb der Onyx Brocken. Hier sieht man, wie sich der Weg in die Berge einschneidet. Er führt westlich über einen großen Hügel aus El Mármol heraus, im Zickzack über große Felsen.

km	Meile	
		(Nicht dem Weg folgen, der südlich aus El Mármol herausführt, er endet 100 m weiter in den Bergen.) Dieser Hügel und die harte Berg- und Talfahrt danach sind die größten Hürden. Auf der anderen Seite ist eine genauso steile Bergabstrecke über große Felsenplatten, von der man kaum sagen kann, daß ein Weg darüber führt. Wenn man dies geschafft hat, ist der Rest voll gut zu schaffen. Klasse VII, VIII.
35,4	22,0	Nun ist man fast 36 einsame lange, kurvige Kilometer bergauf und bergab gefahren über eine kaum befahrene Vierradstrecke. Man hat sich öfters gefragt, wo man wohl gerade ist, da man auf der ganzen Strecke, die kurvenreich west-südwestlich führt, durch große Steinblöcke, hinunter in kleine Flußbette, über steile Bergkämme und wieder bergab, kein Zeichen von einem anderen Fahrzeug, Mensch oder Tier gesehen hat. Es ist keine sehr schlechte Strecke, aber man ist sehr allein. Diese 17 km sind Klasse IV und V.
37,0	23,0	Größere Kreuzung: Hier kommt man auf die alte Baja 1000 Strecke. Sie kommt an einer Kurve von rechts herein. Ab jetzt sieht man viele alte Zeichen von den Rennen, meist auf den Felsen.
38,8	24,1	Altar rechts. Wegoberfläche wird besser: Klasse II und III.
40,1	24,9	Altar links und alte Unterkunft eines Mannes, der über Jahre hinweg diesen Altar versorgt hatte und Cola verkaufte, als dies noch die Hauptstraße war. Jetzt ist es verlassen. Ein Marienbild ist noch auf den Felsen.
50,9	31,6	Abzweigung nach rechts. Links bleiben.
51,7	32,1	Geteerte Mex 1. Nach diesem Irrgarten von Wegen und den vielen, mit Felsbrocken bedeckten Hügeln ist sie wieder ein beruhigender Anblick. Man ist hier 3,9 km nördlich vom Parador bei Cataviná.

DREI ALTE MINENDÖRFER

EL ARCO

El Arco ist um 1920, mitten im Goldrausch, auf dem felsigen Land emporgewachsen, ähnlich wie Virginia City in Nevada.
Von Guerrero Negro sind es insgesamt 64,4 km auf der geteerten Mex 1 bis zu der Abzweigung nach El Arco. Dann sind es noch 42 km auf einer nicht numerierten mexikanischen Straße bis zu der kleinen Ansammlung von Gebäuden, wo ungefähr 200 Personen leben.
In El Arco ist ein kleines Militärcamp, ein Lebensmittelgeschäft, zwei Cafés und eine Reihe alter Gebäude, die es wegen ihrer geschichtlichen Kuriosität und ihrem photographischen Reiz wert sind, genauer betrachtet zu werden.
Benzin und Lebensmittel können in dem kleinen, von schattigen Bäumen umgebenen Geschäft mit der gelben Fassade gekauft werden, das an der geteerten Straße liegt.
Bei El Arco hört der Teerbelag auf.
Das Dorf, das sich auf beiden Seiten eines breiten, tiefen Arroyos erstreckt, ist nicht fest zusammengefügt. Es ist weit verstreut, man hat gar nicht den Eindruck einer Ortschaft.
Aber es ist der Versorgungspunkt für mehrere im Landesinneren liegenden Gegenden und mehrere Straßen führen von hier aus in die Berge.
Es gibt keine Unterkunftsmöglichkeiten und die meisten Leute füllen ihren Lebensmittelvorrat in Guerrero Negro auf, bevor sie hier hereinkommen.

Roadlog 27 Von Guerrero Negro nach EL ARCO

Geteerte Straße

km	Meile	
0	0	Nördlich der Pemexstation an der Kurve in der Stadt (nicht beim großen Adler). Geradeaus nach Osten aus der Stadt hinausfahren bis zu der großen Y-Kreuzung, dann rechts, 32 km auf der Mex 1 nach Süden.

km	Meile	
32,0	20,0	Bei der Kreuzung, die beschildert ist, links abbiegen. Geteerte Straße führt nach Osten über die Ebene der Vizcaíno Wüste und in die Berge hinein.
38,6	24,0	Bergausläufer, kurvig Richtung El Arco.
42,7	26,5	El Arco. Öde, verlassen aussehende Ansammlung von kleinen Gebäuden und Häusern. Alleinstehendes Café links, blau und weiß. Ab und zu ist es geöffnet. Tiefen Arroyo überqueren. Alte Kirche rechts, andere alte Gebäude. Links ist ein Lebensmittelgeschäft, wo man auch Benzin erhalten kann. Weg macht scharfe Kurve nach rechts, wo der Teerbelag aufhört.

POZO ALEMAN

Das 'Deutsche Dorf' hinter El Arco ist noch interessanter, obwohl es kleiner, kompakter und fast unbewohnt ist (nur ein Mann und seine Tochter wohnen dort).
In Pozo Alemán ist die Erinnerung an die Goldgräberzeit noch durch die alten rostigen Geräte wachgehalten. Der Schraubstock, der aus einem verdrehten alten Baumstamm kommt, an der Werkbank, die Ziegelsteinhäuser am Horizont, die alte Windmühle und die kurvige Straße. Einige der alten verlassenen Gebäude sind immer noch in gutem Zustand.
Der Wirrwarr von Wegen, die aus El Arco herausführen, machen es etwas schwierig, den genauen Weg, die 3,5 km lange Route nach Pozo Alemán zu finden.
Der Weg dorthin ist Klasse II mit Abschnitten von Klasse III.

Roadlog 28 Von El Arco nach POZO ALEMAN

Klasse II, III

km	Meile	
0	0	Scharfe Kurve in El Arco, wo der Teerbelag endet. Geradeaus durch das Dorf fahren, nicht rechts abbiegen. Dann kommt man zu einem steilen Abhang, der in einen Arroyo hinunterführt. Überqueren und rechts halten.
1,6	1,0	Weg führt in felsige Gegend hinunter, ähnlich einem Flußbett; wird langsam schmäler und folgt diesem alten Flußbett bis hinein nach Pozo Alemán.
3,2	2,0	Pozo Alemán. Gebäude links, großes Gebäude am Horizont. Rechts ist ein Warenhaus, weiter vorne kann man rechts parken.

Wenn man weiter als 4 km gefahren ist, sollte man besser umdrehen und nochmal versuchen, den richtigen Weg nach Pozo Alemán zu finden.
Eine Hilfe dabei ist es, wenn man nach dem Weg nach El Barril oder San Francisquito sucht, da dies auch der Weg ist, der durch Pozo Alemán durchführt.

LAS FLORES

Von diesem alten Silberminenort ist zwar nicht mehr viel übrig geblieben, trotzdem bleibt er attraktiv.
Las Flores ist 16 km südlich von der leicht erreichbaren Bahía de los Angeles (von Tijuana 676 km auf der geteerten Straße nach Süden) und kann von dort auf einem Klasse II Weg erreicht werden.
Rechts sind die hohen Berge, die von Bergziegen bewohnt werden; links ist die wunderschöne Bay. An der Stelle, wo die alte Mine war, ist noch eine alte Antriebsmaschine, ein paar Wände aus Ziegelstein und ein paar gefährliche Schächte. Weiter oben in den Bergen sind noch andere Teile der alten Förderanlage, aber dorthin sollte man nicht ohne einen Führer gehen. Dazu wendet man sich am besten an Antero Díaz, der dank seiner

jahrelangen Pionierversuche entlang dieser rauhen Küste alles über die Bahía de los Angeles weiß.
Auf dem Friedhof gleich hinter der alten Mine ist Dick Daggett begraben, ein englischer Segler und Baja Pionier.

Roadlog 29 Von Bahía de los Angeles nach LAS FLORES

Klasse II (Fahrzeit ung. 40 Min.)

km	Meile	
0	0	Pemexstation bei Bahía de los Angeles. Gegenüber ist das Motel von Antero Díaz. Man fährt am Motel vorbei in Richtung Müllplatz, nach Süden entlang der Küste. Weg führt Richtung Inland kurvig in die niederen Bergausläufer, vorbei am Müllplatz und seinen Geiern, zu den Salzflächen der Bay hinunter.
8,2	5,1	Abzweigung links führt zur südlichen Lagune der Bucht, rechts bleiben nach Las Flores. Weg wird hier etwas schlechter, Sand ist tief, aber wenn man vorsichtig ist, kommt man auch mit einem Fahrzeug ohne Vierradantrieb durch. Achtung vor den großen Löchern!
15,9	9,9	Las Flores Ruinen.

VIZCAINO

VIZCAINO

Die Nebenstraße gleich hinter der großen Pemexstation führt zu einem der interessantesten Farmexperimente von Mexiko. Hier, wo es niemand für möglich hält, daß auch nur eine Art von Getreide wachsen könnte, ist von der Regierung eine Versuchsfarm gebaut worden.
Man versucht, mit dem Wasser, das aus tiefen Quellen in der Sandwüste hervorgepumpt wird, verschiedene Pflanzen, Getreidesorten und Bäume zu kultivieren. Wissenschaftler und Gartenbauer aus vielen Teilen der Welt sind daran interessiert, was aus dem Versuch in Vizcaíno wird.

Das kleine Dorf mit seinen ungefähr 500 Einwohnern liegt hübsch in der Wüste, mit richtigen Blockeinteilungen wie in amerikanischen Städten. Es gibt ein Warenhaus, ein öffentliches Gebäude und eine Kirche. Ringsherum sind saubere, gut gepflegte Felder und Obstgärten.

Es sind 8 km auf geteerter Straße hinein und 8 km wieder hinaus.
Benzin gibt es auf der Mex 1 gleich vor der Kreuzung.
Lebensmittel kann man in einem Geschäft in Vizcaíno kaufen.
Unterkunftsmöglichkeiten gibt es keine - es ist kein Touristenort.
Die Vielzahl der Blumen, die dort blühen und die Art und Weise, wie das Dorf und die Felder in Schuß gehalten werden, machen es wert, einmal dorthin zu fahren. Dazu ist kein Roadlog notwendig.

NAH GELEGENES HINTERLAND

SANTA AGUEDA

Fünf Kilometer südlich des lebendigen Minenzentrums von Santa Rosalia ist die Abzweigung nach Santa Agueda, einem kleinen Dorf, von dem Santa Rosalia sein Wasser bekommt.
Es gibt in Santa Agueda ein Lebensmittelgeschäft, aber kein Café oder ein Motel.
Die Hauptstraße ist im Schatten von riesigen India Bäumen, dieselben, die auch um den Platz in San Ignacio wachsen.
Vor kurzem hat hier ein Regierungsprojekt ein neues Wassersystem herausgebracht. Die meiste Zeit sieht man auf diesem Weg die alte Wasserleitung.

Der Weg nach Santa Agueda führt weiter nach Candelaria, einem Ausgangspunkt für die Erforschung von einigen der bedeutensten Felsenmalereien auf der Baja. (Dazu siehe RL 33.)

Roadlog 30 Von Santa Rosalia nach SANTA AGUEDA

Klasse II, III und etwas IV an den Steigungen.

km	Meile	
0	0	Pemexstation in Santa Rosalia, an der geteerten Straße gleich gegenüber den Fährendocks.
4,7	2,9	Rechts abbiegen. Manchmal steht hier ein Schild. Weiter im Inland ist eine Kiesgrube und ein alter Turm sichtbar. Man folgt dem Weg bis zum Turm.
0	0	Bei dieser Abzweigung den Kilometerzähler auf 0 stellen.
0,8	0,5	Abzweigung nach rechts. Rechts fahren. Klasse II, etwas III.
7,1	4,4	Rancho links.
9,7	6,0	In den trockenen Arroyo hinein, alte Wasserleitung wird sichtbar. Vieh kann einem hier öfters die Vorfahrt nehmen.

km	Meile	
11,3	7,0	Man kommt hier aus dem Arroyo heraus und fährt weiter steil bergauf: Klasse II, kurz Klasse IV.
13,2	8,2	Dorf und Quelle, Monument.

SAN JOSE DE MAGDALENA

34 km südlich von Santa Rosalía auf der Mex 1 geht es rechts ab in ein bezauberndes Flußtal.
Man fährt 16 km in die Berge bis zu dem sauberen, kleinen Dorf San José de Magdalena.
Das Dorf liegt auf einem hohen Plateau, von dem aus man einen schönen Blick auf den Fluß hat, der manchmal Wasser führt. Seine kleinen Felder und Gärten sind sauber gepflegt unterhalb gut gebauter Felsmauern.
Es gibt hier ein Café im Freien und ein Lebensmittelgeschäft, aber keine Tankstelle oder Unterkunftsmöglichkeiten.
Die Fahrt geht über einen Klasse II und III Weg.
Gleich westlich aus der Stadt heraus ist der interessanteste Friedhof auf der ganzen Baja.

Roadlog 31 Von Santa Rosalía nach SAN JOSE DE MAGDALENA

Klasse II, III, etwas IV

km	Meile	
0	0	Pemexstation in Santa Rosalía gegenüber den Fährendocks. 33,8 km (21 Meilen) auf der Mex 1 nach Süden weiterfahren.
33,8	21,0	Weg rechts führt in die Berge. Keine Schilder.
0	0	Kilometerzähler hier auf 0 stellen.
7,1	4,4	Verlassene Rancho rechts. Geradeaus fahren. Linksabbiegung führt über große runde Felsen zu einer Rancho, die in Betrieb ist und zu Missionsruinen. Ohne Vierradantrieb nicht versuchen!

km	Meile	
15,1	9,4	San José de Magdalena. Weg führt weiter in die Berge hinein und trifft auf andere Pfade. Er endet bei der Rancho Sebastian.

SAN BRUNO

Die Abzweigung in dieses Gebiet, 19 km südlich von Santa Rosalía, führt nach links, Richtung Meer, um ein kleines Militärlager herum.
Der feste, sandige Weg führt 26 km später wieder auf die Mex 1 zurück.
Dieser Weg bietet guten Zugang zu selten besuchten Stränden des Cortez Meeres.
Entlang dieser Strecke gibt es weder eine Tankstelle noch Lebensmittelgeschäfte oder Unterkunftsmöglichkeiten.
(Nicht die Abzweigung nach Punta Chivato nehmen, da das einstmals moderne Resort eingezäunt ist und bewacht wird.)

Roadlog 32 Abstecher von der Mex 1 nach SAN BRUNO

Klasse II, III

km	Meile	
0	0	Pemexstation in Santa Rosalía gegenüber den Fährendocks.
19,3	12,0	Von der Mex 1 links nach San Bruno auf die Dirt Road abbiegen. Sie führt am Strand entlang.
0	0	An der Abbiegung Kilometerzähler auf 0 stellen.
7,2	4,5	Nach links zum Strand abbiegen. Altes Fischercamp. Felsig, etwas Sand, gute Parkmöglichkeiten. Man kann hier auch campen. Das Wasser ist klar und ruhig. Alte Fischgräten liegen rum.

km	Meile	
13,2	8,2	Ziegelsteingebäude der Rancho San Marco.
15,0	9,3	Über den Arroyo hinüber nach Ejido San Bruno. Hier gibts eine Schule und eine Ranch. Manchmal arbeiten hier Cowboys auf der Weide.
16,7	10,4	Rancho El Mezical. Nach Westen und rechts halten, um zurück auf die geteerte Straße zu kommen. Weg windet sich durch Kakteen. Gute Oberfläche, Klasse II und III den ganzen Weg lang.
26,6	16,5	Geteerte Mex 1. Großes Schild, das die Abzweigung nach Punta Chivato angibt.

FELSENMALEREIEN

LA CANDELARIA

In den hohen Bergcanyons nördlich und südlich von San Ignacio sind einige der letzten Geheimnisse der Baja verborgen, vielleicht ihre größten Geheimnisse: die vielen wunderschönen roten und gelben Felsenmalereien von Rehen, Schafen, Fischen, Hasen und menschlichen Figuren.
In seinem Buch THE CAVE PAINTINGS OF BAJA CALIFORNIA hat der Forscher Harry Crosby einen aufregenden und umfassenden Bericht mit Fotos über die Felsenmalereien gemacht, die er finden und fotografieren konnte.
Der Ort, der sein Interesse an den Arbeiten der Maler erweckte, kann auf einem Weg erreicht werden. Die Malereien sind auf einem riesigen weißen Felsblock, von dem aus man das weite Tal der Sierra Guadalupe Berge, südlich von San Ignacio und westlich von Santa Rosalía überschauen kann.
Die Felsblöcke, die von den Berggipfeln heruntergefallen sind, liegen nun auf halbem Weg talwärts an den Hängen. Gute Möglichkeiten für die vorgeschichtlichen Jäger, sich auszuruhen und Schutz vor den Elementen zu suchen. Ebenso waren es ideale geschützte Oberflächen, auf denen man malen konnte. Auf diesen Felsen sind die erstaunlichsten Umrisse von roten geweihtragenden Rehen gemalt, von Schafen mit gewundenen Hörnern und andere kleineren Figuren, die mit der Zeit ziemlich stark verwittert sind.
In seinem Buch zeigt Crosby kein Bild von dieser Gruppe, vielleicht weil sie nicht so repräsentativ ist. Wenn diese Annahme stimmt, dann müssen die anderen Gemälde einfach überwältigend sein.
Wer diese Malereien einmal gesehen hat, wird sich immer wundern und fragen, so wie es Crosby getan hat: Wer hat diese beeindruckenden Bilder gemalt? Wann? Warum?
Bis auf den heutigen Tag hat man darauf keine Antwort erhalten. Im 16. Jahrhundert konnten es die Einheimischen auch Cortez nicht sagen, woher diese Gemälde kommen und wer ihre Maler sind.

Es dauert fast einen Tag, die 48 km über einen der felsigeren Wege der Baja über Santa Agueda zur Rancho Candelaria zu fahren. Deshalb sollte man sich darauf einrichten, irgendwo vor der Rancho zu übernachten.

Es dauert auch einige Stunden, dort hineinzuwandern, die Malereien zu betrachten und zu fotografieren.
Von der Rancho aus ist es ein 45 Minuten langer Weg, entlang Viehpfaden über einen staubigen, kakteengesäumten Pfad.
Es geht links über einen kleinen Bergrücken, entlang dem Hang eines benachbarten Bergkamms, wo die Felsblöcke nach Osten und Süden gewandt liegen.
Am besten läßt man sich von jemand von der Rancho führen.
Wir bezahlten unserem Führer damals 50 Pesos.

Wie die anderen Ranchos in diesem Tal westlich von Santa Agueda wird auch diese von einem Villavicencio betrieben.
Der Ältere in Candelaria, der unverheiratet ist, sorgt für seine Schwester und für seine zwei taubstummen Brüder.
Die Baja Villavicencios stammen von einem großgewachsenen spanischen Soldat ab, der mit den Jesuiten hier gelandet ist.
Die meisten von ihnen sind größer als 1,80 m.

Es sind 48 km (5 Stunden) bis zur Rancho Candelaria hinein und mindestens zwei weitere Stunden, um zu den Malereien und wieder zurück zu gelangen.
Der Weg ab Santa Agueda ist Klasse III und IV, mit einigen kurzen Abschnitten V. Aber die Rancher fahren täglich in ihren Pickups herein und wieder hinaus.
Das konstante Klappern auf diesem Weg ist es, was einem zu schaffen macht. Nicht die Steigungen oder der Zustand des Weges. Die endlose Folge von runden Felsbrocken, die auf diesem Weg liegen, können einem den Nerv töten.

Es gibt mehrere Möglichkeiten, wo man zwischen den Ranchos campen kann. Aber nirgends kann man einkaufen oder tanken.
Man muß alles, was man braucht, selbst mitbringen.
Nicht vergessen, daß man 48 km in die Berge hinauffährt! Wenn man in die Nähe von Candelaria kommt, werden die Nächte kühl und im Winter sogar richtig kalt.

Bei Candelaria ist eine Quelle und ein Orangenhain. Die Villavicencios sind freundliche und geduldige Rancher. Während sie dem Reisenden Kaffee, Wasser, Orangen oder einen Führer zu den Malereien anbieten können, sind sie sonst in keiner Weise auf Touristen eingestellt.

Diese Malereien sind jedes Klappern und Scheppern bis zur Ranch und den heißen Weg über den Hügel wert - sogar noch wenn es doppelt so weit weg wäre!

Roadlog 33 Von Santa Agueda zu den LA CANDELARIA FELSENMALEREIEN

Von Santa Agueda nach Candelaria: Klasse III, IV.

km	Meile	
0	0	Santa Agueda. Man fährt unter den großen schattigen Bäumen durch das Dorf durch, am Ende der Hauptstraße biegt man links ab, bergauf zur Quelle, dann rechts aus dem Dorf hinaus in einen Arroyo hinunter. Richtung Westen in die Berge.
2,9	1,8	Flußüberquerung. Weg rechts führt zu einer Rancho. Geradeaus weiterfahren.
3,2	2,0	Bergauf: Klasse IV.
5,2	3,2	Überquerung eines Arroyos, großes Wasserbecken, etwas versteckt rechts. An der Haarnadelkurve links abbiegen.
7,1	4,4	Felsenwände rechts und links.
7,2	4,5	Rancho El Bule. Alte Grundmauern, Hütten rechts und links.
13,7	8,5	Rancho San Javier rechts.
19,0	11,8	Rancho Tajo rechts.
21,1	13,1	Größere Kreuzung: Rechts fahren. Wenn man campen will, ist hier eine gute Möglichkeit, zwischen den Ranchos zu übernachten.
25,9	16,1	Größere Kreuzung: Rancho Santa Rosa. Der Weg, auf dem man bis jetzt gefahren ist, führt geradeaus weiter zur Rancho Rincón. Von der Windmühle rechts ist eine Plastikleine zu der Rancho links gespannt. Ein Stückchen weiter, an der Weide vorbei, ist eine schwache Spur, die rechts von dem Weg, auf dem man ist, wegführt. Dies ist der Weg zur Rancho Candelaria. Falls man völlig den Überblick verloren hat, kann man bei den Ranchern nach der Richtung fragen. Will man campen, kann man das auf dem Gebiet

km	Meile	
		zwischen Santa Rosa und Candelaria. Besser ist es, wenn man etwas von den Ranchos entfernt zeltet, damit die Hunde nicht bellen und die Hühner nicht aufgescheucht werden.
31,9	19,8	Nachdem man die rechte Abzweigung nach Santa Rosa genommen hat, erreicht man die Rancho Candelaria, die direkt unterhalb des Gipfels eines großen Berges liegt. Der Weg hört bei der Steinumzäunung vor dem Ranchhaus auf. Hier kann man nach den Felsenmalereien, nach den 'pinturas' fragen.

ABGELEGENE BERGDÖRFER

LA PURISIMA und SAN ISIDRO

Es werden oft Geschichten erzählt von den Bergoasen und den Canyons, hinter denen sie verborgen sind, aber nur wenige Touristen kommen tatsächlich hin.
Auf zwei Reisen nach Comondus, Purísima und Javier habe ich auf den hunderten von Kilometern Bergstraße, die in diese versteckte Zufluchtsorte hinein- und herausführen, nie einen anderen Touristen gesehen, nicht einmal ein Auto.

Die Jesuitenmissionare sind als erste im frühen 18. Jahrhundert in die Sierra de la Giganta hereingekommen.
Der heutige Weg folgt ihren Spuren, genauso wie sie damals den Indianern gefolgt sind.

Die Wege zu allen drei Bergregionen sind schwer und sollten möglichst mit einem Vierradantrieb gefahren werden.*
Für einen zweiradangetriebenen Pickup sind sie ganz nette Herausforderungen. Ein Truck mit einem Campingaufsatz wird es nicht leicht haben, mit oder ohne Vierradantrieb.
Wie immer sind es nur sehr wenig schlechte Stellen, zwei oder drei rutschige Felshänge, die den Weg so schwer machen.
Von dem leichten Anfang darf man sich nicht beirren lassen.
Es ist möglich, mit einem Camper hereinzufahren, es kann aber auch ein großer Fehler sein.

Es stimmt, daß man mexikanische PKWs in diesen Dörfern antrifft, aber die Touristen, die dies in ihrem eigenen Wagen nachmachen wollen, müssen sich darauf gefaßt machen, daß sie den irgendwo entlang der Strecke zurücklassen müssen. Wenn nicht bei der ersten felsigen Flußüberquerung, dann bei der nächsten.

Es gibt einen Weg, auf dem man diese Orte mit Zweiradantrieb erreichen kann. Dazu muß man nach Villa Insurgentes fahren und nach Norden entlang der Westküste nach San Juanico und San Ignacio. Dann nimmt man eine Abzweigung in die Berge. Wenn man die steilen und schwierigen Stücke vermeiden will, die das Hineinfahren im Osten erschweren, muß man auch auf dem gleichen Weg wieder hinausfahren.

* ACHTUNG: Seit 1980 gibt es eine viel leichtere Strecke nach San José de Comondú und nach La Purisima. Dazu siehe RL 36 und 37.

Ich beschreibe die Fahrt hier vom Osten her über die schwierigen Wege. Will man nur den westlichen Eingang benützen, muß man die Roadlogs einfach umdrehen.

La Purísima und San Isidro sind die nördlichsten der drei Oasentäler. Der Weg nach Purísima bietet eine der besten Aussichten auf der ganzen Baja.
Nachdem man sich geduldig über den 56 km langen Weg durch Wüste und über Berge gekämpft hat, erreicht man den letzten Kamm und entdeckt das ferne grüne Tal.
Das Tal liegt zwischen steilen Hängen, in die sich der Rio Purisima eingegraben hat, und ist von Wüste und trockenen Mesas umgeben. In der Mitte, nicht weit von dem See entfernt, der von dem eingedämmten Fluß gebildet worden ist, sieht man die imposante Silhouette vom El Pilon. Er sieht wie ein junger Vulkan oder eine Pyramide aus, in Wirklichkeit aber ist er das Überbleibsel einer alten Mesa.

Wenn es bis hierher noch nicht klar geworden ist, warum ein Rückweg auf derselben Strecke eine Tortur ist, dann erklärt dieser steile Abhang hier sehr gut, warum nur wenige La Purisima in Richtung Osten hin verlassen wollen. Auf der rechten Seite ist der felsige Fluß, weit unten auf dem Boden eines schroffen Abhanges. Es gibt nur zwei schmale Ausweichstellen, wo man anhalten und hinunterschauen kann.
Wenn man diesen steilen Abhang mit seinen losen Felsen und Haarnadelkurven hinunterfährt, dann sollte man immer auf die Trucks vorbereitet sein, die diese teuflische Steigung in mexikanischer Manier heraufdonnern: schnell und ohne Platz für irgendjemanden zu lassen!
Wie es diese 1 und 2 Tonnen Pritschenwagen und Versorgungslastwagen Monat für Monat schaffen, hier hinein und wieder heraus zu fahren, weiß niemand. Eine Kombination aus Glauben, Geschick, Mut und die Fähigkeit, alles, was überhaupt irgendwann einmal kaputt gehen kann, entlang der Strecke reparieren zu können, gehört aber dazu!

Einige hohe gelbliche Felsen verschmälern den Eingang und bilden eine Art Torweg zum Tal; obendrauf ist das kleine heiße Dorf El Arriba. Hier beginnt der Kanal, der parallel zum Weg in das größere Dorf führt. Da Wasser herausläuft, ist der Weg matschig. Nach dem Torweg mit den gelben Felsbrocken tauchen plötzlich grüne Felder auf beiden Seiten des Weges auf, hohe Bäume spenden Schatten und alte Holzzäune lehnen sich gegen die Drähte, die die Grenzen von verschiedenen Besitztümern angeben.

Das Tal ist 6 km lang und 1 km breit. San Isidro, das erste Dorf in dem Tal, liegt auf einem staubigen Plateau oberhalb den Feldern und dem Fluß, ungeschützt vor der Sonne und der glühenden Hitze. Abgebröckelte Mesastücke liegen hinter ihm. Es gibt hier ein Motel, ein Lebensmittelgeschäft, ein Café und einen kleinen Marktplatz. Ung. 1000 Menschen wohnen und arbeiten hier. Die meisten fahren von der Westküstenstraße hier herein. San Isidro ist etwas größer als La Purísima. Es ist eine gute Ausgangsbasis, von der aus man die Missionsruinen in der Nähe von La Purísima, die Felder und den Fluß besuchen kann.

Fährt man von San Isidro wieder heraus, fällt der Weg ins Tal ab, in den Schatten der großen Bäume. Parallel zu dem engen Weg plätschern Bewässerungsgräben mit klarem, kalten Wasser für die großen Orangenbäume und die gut versorgten Weingärten.

Eine moderne, weiß und blau angestrichene Schule, die für beide Siedlungen gebaut ist, liegt im Schatten in der Mitte des Tales. Man wird von den bunt angezogenen Kindern, die auf dem Schulhof spielen, mit großen Augen angestarrt, weil es eine Seltenheit ist, wenn sich mal jemand von der weit entfernten Straße hierher verirrt. Sie werden wahrscheinlich schreien und lachen, um die Aufmerksamkeit auf sich zu lenken. Wenn man anhält, dann möchten sie einen mit ausländischem Akzent Spanisch sprechen hören oder irgend eine andere komische Sprache, von der sie annehmen, daß es Englisch ist.
In den meisten Dörfern wird man immer wieder gefragt:
"Donde va, senor?" Und man antwortet: "La Purísima."
Dann werden sie weiterfragen: "Porque?" und man antwortet:
"Tourista."
Diese Fragen werden so lange gestellt, wie dein Spanisch oder deine Geduld anhält.
Im Gegensatz zu ihren Eltern halten die Kinder ihre Neugier über Fremde nicht zurück. Sie werden einen erbarmungslos verfolgen - was nicht schlecht ist: es ermöglicht einem, mit der Bevölkerung in Kontakt zu kommen. Wenn man lange genug anhält, werden vielleicht ihre Eltern kommen und wenn einmal Kontakt da ist, dann haben diese ihre eigenen Fragen; über das Fahrzeug, wo man herkommt, was man arbeitet etc.
Wenn man in irgendein Bergdorf kommt, muß man darauf vorbereitet sein, daß man sofort zur Attraktion wird. Dies geht vorbei, aber in den ersten Augenblicken muß man die Kinder davon abbringen, über die ganze Ausrüstung und über einen selbst zu klettern.

Hinter dem Tal liegt La Purísima, ein langgestrecktes, enges Dorf, das wohl leider bald aussterben wird.

Der Weg klettert aus dem Tal heraus nach La Purísima und auf die Mesa, wo ein kleines Lebensmittelgeschäft steht und einige andere Häuser, der 'Palacio Municipal' links und die Plaza rechts. Die Tankstelle von La Purísima liegt an dem entferntesten Ende des Dorfes. Da viele der alten Gebäude leer stehen, hat man ein etwas verlassenes Gefühl. Trotzdem leben hier noch über 2000 Menschen in dem Tal und es ist es wohl wert, hereinzufahren und zu entdecken, was für ein Leben hier um die Wüstenoasen herum herrscht.

San Isidro hat ein Motel, ein Lebensmittelgeschäft und zwei Cafés. Camping ist hier möglich.
In La Purísima gibt es sogar noch einen Werkzeugladen und eine Metzgerei.

Von der Mex 1 in dieses Tal herein sind es 64 km (5 bis 6 Stunden) und genausoviel wieder heraus.
Wenn man in La Purísima ist, hat man die Wahl zwischen 5 verschiedenen Wegen, auf denen man herausfahren kann.
Man kann so zurückfahren, wie man hineingefahren ist, oder man kann 200 km auf einer alternativen Lastwagenroute Richtung Norden nach San Ignacio fahren, dies ist allerdings eine schwierige und mühsame Strecke.
Eine der drei nächsten Möglichkeiten ist wahrscheinlich die beste:

1) Man fährt 50 km südlich von La Purísima zu der Comondus Kreuzung, dann 100 km zurück in die Berge und auf die Mex 1.

2) Man fährt 98 km südlich von La Purísima zu der Javier Kreuzung, dann 106 km zurück über die Berge auf die Mex 1.

3) Man fährt 126 km von La Purísima nach Süden nach Villa Insurgentes und auf die geteerte Straße: bei dieser Route muß man nicht über die Berge fahren!

Nimmt man - und das machen wohl die meisten - die letzte und leichteste Strecke, dann sind es anschließend noch 26 km von Villa Insurgentes nach Ciudad Constitución, wo die Auswahl an Lebensmitteln und Unterkünften viel größer ist.

Die Abzweigung nach La Purísima (die auch die Abzweigung nach Comondus ist; siehe RL 34) ist 84 km südlich von Mulegé

und 56 km nördlich von Loreto auf der Mex 1 bei einem kleinen weißen Café und Wohnhaus, das 'Ascencion' genannt wird.
Die Abzweigung ist beschildert.
In dem Café werden einem dann Feliciano Real und Senora Real ein Essen zubereiten, bevor man in die Sierra de la Giganta abbiegt.
Und falls bei Feliciano der launische Kühlschrank nicht gerade streikt, dann bekommt man auch einen kalten Drink.
Vielleicht erzählt er auch eine Geschichte über die Berge.
Die Reals pflanzen herrlichen rosa Oleander an und sorgen sich um ihr Stück Wüstenland genauso wie irgendein Hausbesitzer in Alta California. Jeden Abend kehrt Senora Real ihren Hof, der mit Wüstensand bedeckt ist, und Feliciano gießt sorgsam die Wein- und Obstbäume und beschneidet sie.
Ihre Kinder sind in die größeren Städte von Mexiko gezogen.
Man kann zuschauen, wie die heißen Tortillas aus dem Ziegelsteinofen kommen, der mit Wüstenholz beheizt wird.

Roadlog 34 — Von Mulegé oder Loreto nach LA PURISIMA und wieder zurück

Hinweg: Klasse II bis VI, etwas VII.

Rückweg: Klasse II, III.

Man fährt 84 km von Mulegé nach Süden oder 56 km von Loreto nach Norden zum Café Ascencion.
Hier ist die Abzweigung nach Westen in die Berge zu den beiden Dörfern La Purísima und Comondus.

km	Meile	
0	0	Café Ascencion.
6,0	3,7	Kreuzung: Scharf links abbiegen. Geradeaus geht es zur Rancho und zur Windmühle. Rechts geht es 5,8 km zurück auf die geteerte Straße und zur Rancho Rosarito. Weg ist bis jetzt Klasse II und III.
12,7	7,9	Rancho rechts, es fängt an, steil hinaufzugehen, ziemlich enge Steigung. Bergauf: Klasse IV, V (1,6 km/1 Meile).

km	Meile	
14,3	8,9	Rancho rechts. Steigung ist zu Ende. Weiter vorne muß ein felsiger Arroyo überquert werden. Vorsichtig sein, große Felsen!
18,2	11,3	Größere Kreuzung: Rechts bleiben und geradeaus nach La Purísima weiterfahren. Weg links biegt nach Comondus ab. Keine Schilder.
21,4	13,3	Weg von Comondus führt herein, geradeaus weiterfahren.
24,2	15,0	Weg rechts führt zu dem neuen Flut-Kontrolldamm. Der Weg zum Damm ist 1,6 km lang und Klasse II und III. Flußüberquerung, hohe felsige Kliffs rechts.
25,8	16,0	Rancho Corral de Dos Puertos ist an dem Weg nach rechts. Auf dem Geländer liegen ein paar Sättel und dem müden Reisenden wird ein Stuhl und etwas Schatten angeboten.
38,8	24,1	Felsenmonument auf dem Gipfel der Steigung. Weiter gehts bergab. In dieser verlassenen Gegend trifft man häufig auf Füchse und Koyoten. Auf dem Hauptweg bleiben. Verschiedene Wege verlassen den Hauptweg und führen wieder darauf zurück. Einige davon allerdings auch nicht. Von Zeit zu Zeit wird der Weg enger und schlechter. Man bekommt Zweifel, ob man einen Fehler gemacht hat und eine falsche Abzweigung genommen. Keine Sorge, nur weiterfahren. Weg ist Klasse III und IV auf den ebenen Abschnitten und V und VI an den Steigungen. Wenige Stellen sind VII.
55,7	34,6	Nach 17 km wirklich harter Fahrt, bei der man manchmal nicht weiß, wo man ist, hat man eine herrliche Aussicht auf den See und das grüne Tal und auf den über allem thronenden El Pilon. Vorsichtig bergab fahren. Flußüberquerungen sind kein Problem.
64,4	40,0	Dorf und Eingang zum Tal. Wasserleitung kommt von links herein.
67,6	42,0	Schattiger, von Bäumen gesäumter enger Weg öffnet sich zu dem Dorf Isidro.

km	Meile	
69,2	43,0	Schule, von schattenspendenden Bäumen und grünen Feldern umgeben.
71,6	44,5	La Purísima. Tankstelle am anderen Ende des Dorfes beim 'Canada'-Schild.
72,5	45,0	Tankstelle ist gleich rechts vor dem km 72,5. Man verläßt das fruchtbare Tal und den kühlen Schatten und fährt links in Kurven zum Pazifik.

Weiterfahrt von La Purísima nach Villa Insurgentes:

0	0	Purísima Tankstelle. Hier kann man auch Fleisch und Lebensmittel einkaufen.
7,9	4,9	Kreuzung mit Küstenstrecke. Rechts geht es nach San Ignacio. Will man nach Süden, geht links ein Weg über die Hügel.
10,8	6,7	Landebahn auf dem Gipfel des Hügels, von weiß angemalten großen Felsen begrenzt.
14,0	8,7	Steil bergab. Gute Sicht auf die umgebende Küstenlandschaft. Ozean ist mehrere km rechts davon.
19,8	12,3	Einschnitt in die Mesa. Torweg durch die Berge.
28,0	17,4	Ejido San Isidro. Man kommt vom Plateau herunter auf eine große öde Fläche, über die ein gerader Weg führt.
33,8	21,0	Rancho Tres Marías, 1 km weiter links mit Windmühle.
35,1	21,8	Hauptweg biegt nach links ab in die Berge hinein. Geradeaus gehts zum Meer.
50,2	31,2	Nachdem man über eine Reihe von Hügeln gefahren ist, geht es jetzt wieder bergab, Richtung Süden. Bei dieser wichtigen und schwer zu findenden Kreuzung geht der Weg wie eine Zugweiche nach links, gerade zurück, von wo man gekommen ist. Für den, der nach Norden fährt, gibt ein Schild den schwer zu findenden Weg nach Comondus an: 'Camino a Cargo de la Huta Local de Caminos'. Wenn man nach 4,8 km (3 Meilen) zu einem selbst-

km Meile

gemachten Schild kommt, auf dem steht: 'Guatamote 2,5 km' (siehe RL 35), dann ist man richtig.

53,1 33,0 Nachdem man die Comondus Abzweigung passiert hat, geht es weiter über einen engen, kurvigen Weg zu einer Kreuzung mit einer neuen Straße, die im Bau ist.
Man fährt darauf geradewegs nach Süden, nach Ejido Pancho Villa bei km 56,4.
Von Pancho Villa gehts Richtung Süden nach Pozo Grande.

66,3 41,2 Pozo Grande.
Weg rechts geht nach San Jorge an dem pazifischen Strand.
Geradeaus den Berg hinunter geht es nach Pozo Grande hinein. Hier kann man Benzin aus den 200 l Fässern kaufen.
(In Pancho Villa gibts kein Benzin.)
Weg verläßt Pozo Grande östlich durch den Müllplatz und führt 3,6 km auf der neuen Straße entlang, die nach Süden nach Villa Insurgentes führt.
Die breite, planierte Straße macht eine scharfe Rechtskurve. Über mehrere km ist sie leicht zu befahren. Aber ungefähr 16 km weiter südlich, wo zur Straßenausbesserung Sand und Kies aufgefüllt worden ist, beginnt plötzlich das Waschbrett. So schlimm, daß man diesen Abschnitt fast den schlechtesten auf der ganzen Baja nennen kann.
Die Straße führt rechts von Villa Insurgentes über mehr als 50 km weiter, ohne besser zu werden.

127,0 78,9 Man erreicht die geteerte Straße und Villa Insurgentes, nachdem man fast 65 km an bewässerten Feldern vorbeigefahren ist, wo Baumwolle, Salat, Zwiebeln und anderes Getreide angepflanzt wird.
Dieses Tal könnte das San Joaquin Tal oder das Salinas Tal in Kalifornien sein.

DER COMONDUS

Wie La Purísima und San Isidro im Norden liegen diese Zwillingsdörfer in der Mitte der Sierra de la Giganta, in der Nähe einer Oase.
Im Gegensatz zu den größeren Dörfern im Norden liegen diese beiden in ihrem kleinen Tal etwas näher zusammen, in Baumgruppen eingebettet neben einem Fluß.

Benützt man den leichteren Eingang vom Westen her, ist das erste Dorf, das man erreicht, San Miguel de Comondú, dessen 500 Einwohner sich einer Plaza, eines Lebensmittelgeschäftes und Telefondienstes erfreuen.
Unterkunftsmöglichkeiten sind vorhanden. Eine Tankstelle gibt es etwas weiter weg in San José de Comondú.

Das kleine Tal, es ist nur 6,5 km lang und kaum einen Kilometer breit, wird auf beiden Seiten von hohen Bergwänden eingeschlossen.
Wenn man von Osten kommt und die trockene Wüstenüberquerung hinter sich hat, ist die Saftigkeit dieses reichen Tales dort unten ein eindrucksvolles Schauspiel.

Fünf Kilometer hinter San Miguel am anderen Ende des Tales, an einem engen Weg, der sich zwischen hohen, schattigen Bäumen durch Wein- und Obstgärten hindurchschlängelt, liegt das Dorf San José de Comondú.
Obwohl beide Dörfer gleich viel Einwohner haben, unterscheidet sich San José insofern von San Miguel, daß es eine lange Hauptstraße hat, an der auf beiden Seiten Läden liegen.
Die Hauptstraße macht kurz bevor sie ins Dorf führt einen Linksbogen. Hinter dem Dorf windet sie sich in die Wüste Richtung Ostküste.

Als ich vor ein paar Jahren mit dem Motorrad in eines der Dörfer gefahren bin, habe ich aus Versehen ein paar Kühe erschreckt, die ein Reiter hütete. Das Vieh rannte in Gruppen von 4 und 5 Stück davon, die Hauptstraße hinunter. Die Hufe klapperten auf den Kieselsteinen, als alle 15 die Hauptstraße hinuntergaloppierten. In der gleichen Geschwindigkeit und mit erstaunlicher Präzision ritt der Reiter, sein Lasso in der Luft schwingend, hinter ihnen her. Innerhalb von 15 Minuten hatte er wieder alle beieinander, ohne daß man auch nur einen Anflug von Anstrengung oder Zorn bemerken konnte. Mit seiner Kunstfertigkeit im Umgang mit dem Pferd in dieser Situation war er das Bild eines mexikanischen 'Machos'.

San Miguel wurde ungefähr 1715 gegründet, als der berühmte Pater Ugarte, ein Jesuitenmissionar, hier eine Besucherstation angefangen hatte. Er schaffte Tausende Maultierladungen Erde hier herein, um den Boden zu verbessern und die Gebiete zu vergrößern, die fruchtbar genug sind, daß etwas angebaut werden kann und Bäume wachsen können. Später hatte die Besucherstation den vollen Status einer Mission. Ein Teil davon wurde gerettet und restauriert.

Von dem schwierigen östlichen Eingang herein sind es von der Mex 1 bei Ascencion 64,5 km bis nach Comondus;
von dem viel leichteren westlichen Eingang sind es von Villa Insurgentes aus 113 km nach Comondus.
Lebensmittel, Unterkunft und Benzin ist hier erhältlich.

Im Gegensatz zum La Purísima-San Isidro Roadlog ist das folgende von der westlichen Seite her und auch für zweiradangetriebene Fahrzeuge möglich.
Das Roadlog geht noch weiter, damit eine Rundfahrt möglich ist. Wenn man seinen Vierradantrieb ausprobieren will, kann man dies dann auf der Weiterfahrt auf die Mex 1 machen.
Hat man aber ein zweiradangetriebenes Fahrzeug, dann sollte man auf jeden Fall auf dem Weg, auf dem man hineingefahren ist, auch wieder hinausfahren. Auf keinen Fall von einem der beiden Dörfer aus die 65 km über die Sierra de la Giganta probieren, sonst macht man das Fahrzeug kaputt! Wenn man die Täler gesehen hat, hat man sowieso schon das Schönste dieser Route gesehen.

Roadlog 35 Von Villa Insurgentes nach COMONDUS und zum östlichen Ausgang nach Ascencion

Hinweg: Klasse I, II, etwas III.

Rückweg: Klasse V, VI, etwas VII.

km	Meile	
0	0	Villa Insurgentes, Pemexstation auf der westlichen

km	Meile	
		Seite der Hauptstraße. Man fährt nach Norden auf der geteerten Straße heraus. Der Belag endet am Stadtrand. Dann auf dem planierten breiten Klasse I Weg nach Norden, Richtung Santo Domingo und Pozo Grande.
29,6	18,4	Rechtsabbiegung zur Mission San Javier über die Berge zum Cortez Meer und nach Loreto (106 km). Auf dem Schild steht nur 'Camino a Cargo de la Huta Local de Caminos'. Die Felder sind eingezäunt. Weg nach Comondus geht nach dieser Abzweigung weiter nach Norden.
57,8	35,9	Größere Kreuzung: Nach Pozo Grande biegt man hier links ab. Geradeaus geht es nach El Crucero, einer Rancho 3,2 km links vom Dorf. Die Einfahrt nach Pozo Grande ist enttäuschend, durch den Müllplatz. Man kann hier aus 200 l Fässer Benzin bekommen, falls man vergessen hat, in Villa Insurgentes aufzutanken. Keine Unterkunftsmöglichkeiten oder Lebensmittelgeschäfte.
61,0	37,9	Man verläßt Pozo Grande Richtung Ejido Pancho Villa nach Norden.
65,8	40,9	Ejido Pancho Villa. Eine verlassene, flache Ansammlung von Hütten. Kein Benzin, keine Lebensmittel.
71,5	44,4	Hier beginnen die Bauarbeiten. Man fährt auf der breiten Erdstraße nach Norden. Aber vorsichtig sein: man muß links die Ausfahrt auf die alte Straße nehmen. Die neue Straße endet weiter nördlich in der Wüste. Aber kurz davor geht sie in tiefen Sand über, bereit, ein Zweiradfahrzeug dort stecken zu lassen oder sogar ganz zu verschlingen!
77,0	47,8	Hier teilt sich die im Bau befindliche Straße. Die alte führt Richtung Norden, nachdem sie noch für eine Weile parallel zur neuen entlanggeführt hat, die allmählich nach Nordosten hin verschwindet.

km	Meile	
		Die alte Straße ist Klasse II und III. Bevor sie die Küste erreicht, biegt man rechts ab in den Comondus. Niedere, sandige Hügel mit Kakteen und Büschen, typische Pazifikküstenvegetation.
82,8	51,4	Größere Kreuzung: Hier ist man an dem kaum erkennbaren westlichen Eingang zum Comondus. Das einzige Schild ist das verwitterte und verrostete Regierungsschild, auf dem steht 'Camino a Cargo de la Huta Local de Caminos'. Kommt man von Süden, ist diese Kreuzung wie ein Y. Man nimmt die rechte Abzweigung, diejenige, die fast gerade aus geht. Die linke Abzweigung geht auch fast geradeaus, dann links und nach ein paar km schärfer links in Richtung Küste und nach Norden. Wegen der Genauigkeit setzen wir an dieser Kreuzung den Kilometerzähler wieder auf 0.
0	0	An dieser Kreuzung rechts fahren.
4,3	2,7	Grünes Schild rechts: 'Guatamote 7 km'. Geradeaus fahren.
12,7	7,9	Rechtsabbiegung. Weiter geradeaus fahren. Der allmählich ansteigende felsige Klasse II und III Weg biegt Richtung Nordosten in die Berge ab. Links ist eine Mesa und etwas weiter weg rechts sind andere. Einige alte Steingebäude entlang des Weges. Spärliche Vegetation.
15,8	9,8	Kleine Lehmruine neben dem Weg.
16,3	10,1	Die ersten Bergpalmen rechts.
17,9	11,1	Steinmauer rechts führt parallel zum Weg entlang und kreuzt ihn über mehrere km.
19,8	12,3	Bewässerte Felder rechts. Flußbett mit Rinnsal.
20,1	12,5	Enger Canyon, Kurve ins Bergtal hinein. Dem schmalen Flüßchen folgen.
23,8	14,8	Alte Ruinen.
25,3	15,7	Mehr Wasser, Felder.

km	Meile	
25,9	16,1	Leichte Flußüberquerung.
28,0	17,4	Alte Schule von San Miguel, altes Gebäude rechts.
28,3	17,6	Weg geht nach San Miguel, überquert den Dattelpalmenhain. 500 m zum Dorf. Wenn man San Miguel wieder verläßt, auf derselben Straße herausfahren und talaufwärts nach San José, an mehreren Gebäuden und Farmen vorbei. Benzin gibts in San José.
32,2	20,0	Abzweigung links führt aus dem Tal und dem Comondus heraus. Ab hier braucht man Vierradantrieb. Man kann aber geradeaus weiter nach San José fahren (300 m).
33,3	20,7	Man kommt bei San José Cantina vorbei und beginnt, aus dem Tal herauszufahren, 1,6 km bergauf.
34,9	21,7	Plateau über dem grünen Tal. Klasse IV, etwas V.
54,7	34,0	Enger Weg hat große flache Ebene erreicht. Sanfte Hügel und niedere Kakteen und Büsche auf allen Seiten. Bis jetzt war der Weg i.a. gut mit ein paar schlechten Abschnitten und felsiger Oberfläche, die Kurven sind scharf und einige Steigungen sind steil und rutschig.
66,0	41,0	Bergab: Klasse V, VI. Steiler Abhang, scharfe Kurven, große Felsen.
67,8	42,1	Größere Kreuzung: Man ist gerade vom hohen Plateau in ein kleines Tal hinuntergekommen. Weg ist links an einer Ranch vorbeigekommen. Geradeaus weiter führt der Weg in eine Wand des Plateaus und an eine T-Kreuzung. Sandiger, festgefahrener Weg rechts scheint der Hauptweg zu sein, ist es aber nicht. Er führt 3,2 km weiter zur Rancho Viejo und zum Reservoir und zu einer alten Besuchsmissionsstation. Die Rancho ist abgelegen und der Weg dorthin ist schlecht. An dieser Kreuzung fährt man nach links, um auf die geteerte Mex 1 zu kommen.

km	Meile	
73,4	45,6	G r ö ß e r e K r e u z u n g: Hier führen 5 Wege zusammen - ein irritierendes Problem für den ermüdeten Fahrer. Egal wo man hinwill, der richtige Weg ist nicht leicht zu finden. Am besten fährt man geradeaus weiter, gleich kurz darauf kommt man an eine andere Gabelung.
76,3	47,4	G r ö ß e r e K r e u z u n g: Rechts bleiben. Abzweigung nach links führt auf die La Purísima Route.
78,2	48,6	G r ö ß e r e K r e u z u n g: An diesem Y geht es rechts ab auf die geteerte Straße. Der Weg links führt nach La Purísima. Ab jetzt wird der Weg schlecht, die Felsen sind groß. Diesen Abschnitt fährt man auch auf der Strecke von Ascencion nach La Purisima (s. RL 34): Klasse IV, etwas V.
93,1	57,8	G r ö ß e r e K r e u z u n g: Scharf rechts gehts nach Ascencion auf die geteerte Straße (6 km). Geradeaus gehts zur Rancho Rosarito auf der geteerten Straße (6,4 km). Links zur Rancho Canipole. Man sieht die Windmühle und ein Gebäude.
99,0	61,5	Café Ascencion und Mex 1.

Neue Route nach San José de Comondú und nach La Purísima

Seit kurzem gibt es noch eine Möglichkeit, nach San José und nach La Purísima zu kommen. Die Strecke von San Javier nach San José und weiter nach La Purísima wurde nämlich instandgesetzt. Da sie leichter und kürzer ist, geben wir sie hier als eine Alternative zu den beiden vorhergehenden Roadlogs 34 und 35. Sie führt vom Südosten her in den Comondus und folgt bis km 29,3 (Meile 18,2) dem Roadlog 38 nach San Javier.
Von Loreto aus über San Javier nach San José braucht man mit kleineren Pausen zwischendrin ca. drei Stunden.
Nach einem Unwetter kann der Weg sehr schlecht sein. Wenn dies der Fall ist, ist der Weg von Villa Insurgentes nach San José zu empfehlen (Roadlog 35).

Roadlog 36 Von Loreto nach SAN JOSE DE COMONDU

Die ersten 29,3 km (18,2 m) entsprechen dem Roadlog 38 zur Mission San Javier.
Von Loreto nach San Javier und weiter nach San José de Comondú: Klasse II und III.

km	Meile	
0	0	Bei der Abzweigung von Loreto auf die Mex 1. Nach Süden (links) abbiegen.
1,9	1,2	Schild nach San Javier. Nach rechts abbiegen.
29,3	18,2	(Bis hierher siehe RL 37.) Abzweigung nach rechts. Wenn man hier geradeaus fährt, kommt man nach San Javier. Rechts abbiegen. Der Weg geht zu einer kleinen Rancho. Man fährt an ihr vorbei und folgt dem Weg.
30,4	18,9	Furt.
30,9	19,2	Crucero mit Zementzeichen. Pfeil nach rechts weist in Richtung San José de Comondú. Weg links führt nach San Javier.
34,6	21,5	Ziegenrancho links.
36,9	22,9	Winzige Ziegenrancho links.
39,9	24,8	Ziegenrancho links.
45,2	28,1	Rancho links.

km	Meile	
45,9	28,5	Rancho links.
48,5	30,1	Ein paar Ranchitos.
55,4	34,4	Kreisförmige Steinruinen. Hier war der Brennofen für die Ziegel für die Comondus Mission.
66,7	41,4	Erster Blick auf Canyon rechts, Wasser, Palmen. Abstieg fängt an.
73,7	45,8	San José. Hier ist der zweite Platz der Mission San José de Comondú.

Roadlog 37 Von San José de Comondú nach LA PURISIMA

Klasse II – V

km	Meile	
0	0	Bei der Kreuzung in San José, 4 Block südlich der Kirche. Geradeaus geht es zu dem kleinen Dorf San Miguel und weiter nach Villa Insurgentes. Nach rechts geht es aus dem Dorf, bergauf und über die Berge nach La Purísima und weiter nach Loreto.
1,3	0,8	Man ist bei der Kreuzung rechts abgebogen, die felsige, steile Straße hoch und ist oben auf der Kuppe an einer Kreuzung. Rechts geht es nach La Purísima. Man kann sich an der Hochspannungsleitung orientieren und ihr bis nach La Purísima folgen.
10,8	6,7	Rancho rechts.
11,8	7,3	Abzweigung rechts, geradeaus fahren.
15,3	9,5	Ziegenrancho rechts.
16,3	10,1	Gefälle 150 m, Klasse III.
17,9	11,1	Steigung 500 m, Klasse IV.
18,7	11,6	Steigung 800 m, Klasse V.
20,6	12,8	Steigung 300 m, Klasse III.

km	Meile	
22,1	13,7	Ranchweg links.
23,8	14,8	Abzweigung rechts, geradeaus fahren.
25,0	15,5	Erster Blick auf das tiefe, breite Tal mit grünen Bäumen, einem großen See und dem Tafelberg.
25,9	16,1	El Pilon, ein Tafelberg, kommt links ins Blickfeld.
30,8	19,1	Weg rechts geht zur Teerstraße bei Rosarito bzw. Café Ascencion (vgl. RL 34), nördlich von Loreto bei km 60 (Entfernung 53 km/33 Meilen). Nach La Purísima geradeaus fahren.
32,4	20,1	Kleine Ortschaft El Arriba. Das ist noch nicht La Purísima! Bewässerungsanlage links.
35,4	22,0	San Isidro, der Nachbarort von La Purísima. Es gibt ein Motel hier. Links geht es nach La Purísima.
39,4	24,5	La Purísima. Kirchenruinen mit alten Grabsteinen, eine Wand kann man noch sehen, eine Säule ist im Ziegengehege.

Um nach Loreto zurückzukehren, muß man zu km 30,8 (Meile 19,1) zurückfahren.
Bei der T-Kreuzung links abbiegen.
Weg (Klasse II - IV) führt zur Teerstraße bei km 60, zur Rancho Rosarito (vgl. RL 34).
Auf der Mex 1 sind es dann noch ca. 72 km nach Mulegé im Norden und ca. 63 km nach Loreto im Süden.

Man braucht den ganzen Tag, um von Loreto nach San José zu fahren, vielleicht noch San Miguel anzusehen und nach La Purísima zu kommen. Kurz nach der Ankunft dort wird es dann dunkel. Man sollte in San José, Miguel oder La Purísima übernachten und erst am nächsten Tag rausfahren.

CANYON MISSION

SAN JAVIER

Im dritten, am südlichsten gelegenen Bergtal mit den schwierig zu erreichenden Dörfern liegt eine sehr gut erhaltene Jesuitenmission. Es ist die zweitälteste auf der Baja, sie wurde 1699 gegründet. Mit dem Bau des Steingebäudes wurde unter Miguel del Barco 1744 begonnen, 14 Jahre später war es fertiggestellt.

Bei der Mission ist ein kleines Dorf. Obwohl es weder ein Café noch eine Tankstelle gibt, kann man Lebensmittel und Benzin auftreiben. Einer der Dorfbewohner hat den Schlüssel zur Mission, normalerweise kommt er von selbst, wenn mal ein Fremder da ist. Das Innere der Kirche - das Deckengewölbe, Gemälde und ein einfacher Altar - kann man ungestört betrachten und fotografieren. Vorsicht: ganz oben im Turm hat's ein Wespennest!
Eine Spende (50 Pesos oder so) dient dem Schutz und der Erhaltung der Mission.
Es gibt jetzt eine neue Straße nach San Javier. Die alte Straße, die man öfters von der neuen Strecke aus sieht, war ziemlich schwierig. Die Entfernung ist die gleiche, aber jetzt kann man auch mit einem normalen PKW hinfahren, wenn er genügend Bodenfreiheit hat.
Eine andere neue Straße (vgl. RL 36, 37) führt von der Strecke nach San Javier zu den Missionen im Comondus und in La Purísima. Jede dieser Bergoasen ist unterschiedlich, jeder Ort hat einen eigenen Charakter und seine besondere Attraktion.
Es lohnt sich, alle drei zu besuchen!

Roadlog 38 Von Loreto zur Mission SAN JAVIER und weiter zur Straße an der Westküste

Klasse II, III

km	Meile	
0	0	An der Abzweigung von Loreto auf die Mex 1. Man biegt links ab nach Süden. In 0,5 km (0,3 Meilen) kommt Abzweigung mit Schild 'San Javier' nach rechts, es ist ein planierter Schotterweg Klasse II.

km	Meile	
1,9	1,2	Abzweigung in die Sierra de la Giganta. Der alte Weg verlief in dem Arroyo rechts. Diesem Arroyo folgten auch die Missionare damals, als sie das hochgelegene Bergtal entdeckten. Der neue Weg läuft südlich von diesem Arroyo und führt nach Westen in die Berge.
10,3	6,4	Man ist beständig gestiegen, über einige kleinere Berge gefahren. Hier mündet der alte Weg von rechts.
14,0	8,7	Canyon mit Palmen rechts, es geht über den Bach.

Erster Blick auf die Mission San Javier

km	Meile	
15,0	9,3	Canyon mit Palmen links.
18,4	11,4	Steiler Abhang links, man kann dort die alte Strasse sehen. Auf ihr gingen die Padres von Loreto nach San Javier. Im Canyon hört man Wasser rauschen. Der alte Pfad war auf der anderen, westlichen Seite des kleinen Flusses.
19,5	12,1	Rancho mit Obstbäumen links. Kleiner Damm mit Teich links. Die Kapelle rechts gehört zur Rancho.
24,3	15,1	Kleine Rancho mit schönen Blumen links. Auf Hühner und Hunde aufpassen!
27,0	16,8	Tiefste Furt, hier waren die ersten Bauten der Mission San Javier.
29,3	18,2	Abzweigung rechts führt nach Comondus und La Purísima. Geradeaus weiterfahren.
34,5	21,4	Alte Ruinen und Steinmauer rechts. Erster Blick auf die Mission.
34,6	21,5	Der Weg links ist die alte Zufahrt nach San Javier. Rechts halten.
35,1	21,8	Blick über Reservoir und altes Aquädukt. Hier bauten die Jesuiten den ersten Damm.
35,9	22,3	Es geht scharf nach links ins Dorf hinunter. Links ist ein kleiner Laden. Rechts auf der gepflasterten Straße geht es zur Mission.
36,2	22,5	Mission.
36,4	22,6	Der Weg geht noch weiter, es sind 100 km nach Villa Insurgentes. Es ist aber einfacher, nach Loreto zurückzufahren und auf der Mex 1 nach Villa Insurgentes zu fahren.
39,9	24,8	Rechts halten, links Rancho.
44,6	27,7	Großer Schrein in Canyonwand links.
45,2	28,1	Rancho.
54,9	34,1	Rancho. Von hier aus sind es 48 km auf sandigem Klasse II und III Weg aus den Bergen heraus auf die Küstenstraße.

km	Meile	
106,1	65,9	Kreuzung mit der Küstenstraße.
		Nach Villa Insurgentes und auf die geteerte Straße geht es nach links, 29 km weiter. Rechts geht es in den Comondus, nach La Purísima und zu anderen nördlichen Orten. (Siehe RL 34, 35.)

Mission San Javier

EIN KURZES ABENTEUER

DIE SANTIAGO SCHLEIFE

An dem Weg nach Cabo San Lucas liegt ein Abschnitt der alten Baja Straße. Er ist nicht so lang, daß er ein Problem darstellt, aber schwierig genug, daß man eine Ahnung bekommt, wie es früher war.
Es reicht ein Morgen oder ein Nachmittag dazu aus, zu den vier Siedlungen zu fahren, die entlang der früheren Hauptstraße liegen.

Ungefähr 145 km südlich von La Paz und 80 km nördlich von Cabo San Lucas auf der Mex 1 führt eine Abzweigung nach Westen in die Berge hinein. Sie wird von einem Schild markiert, auf dem 'Santiago' draufsteht.
Der Teerbelag führt noch 3 km weiter bis ins Dorf hinein, wo Senor Cirilio Gomez ein bekanntes Lebensmittelgeschäft unterhält. Cirilio, der einstmals in Iowa wohnte, ist ein freundlicher und geduldiger Mann und zeigt einem gern den Anfang der 24 km langen Schleife, die wieder auf die Mex 1 zurückführt.
Man sollte ihn auch nach der anderen Hälfte von Santiago fragen, denn dieses Dorf mit seinen 1000 Einwohnern liegt auf zwei Hügeln, die durch ein bewässertes Tal getrennt sind.
In Santiago ist Benzin, Unterkunft und Lebensmittel erhältlich.

Ich wollte etwas essen und man schickte mich in ein Café auf der Plaza des 'Loma Norte', des nördlichen Hügels. Ich betrat den Hinterhof eines Gebäudes, setzte mich an den einzigen, gedeckten Tisch auf dem Lehmboden und genoß den besten Chorizo und Juevos Mexicanas im südlichen Teil der Baja.
Ein Polizist schloß sich mir an und im hinteren Teil bei dem Backofen aus Ziegelsteinen wurden die Maistortillas gemacht, so wie sie schon vor Jahrhunderten gemacht worden sind. Im Nu wurden sie heiß vor uns auf dem alten Tisch serviert.
Wir lachten, aßen und tranken mit Genuß, zwischen dem dicken Chorizo und den heißen Tortillas abwechselnd.

Hinter der Palamino Cantina führt ein Klasse II Weg aus Santiago heraus, über Ebenen in Richtung des Kreuzungsdorfes Agua Caliente. Rechts flimmern die hohen Berge der Sierra de la Laguna purpur in der Hitze. Links ist tief gelegenes sandiges Land.

Nicht weit von Santiago entfernt fördert eine große Pumpe Wasser aus der Erde herauf und leitet es über einen Graben in das Dorf. Die Menge Wasser, die in die trockene Wüste fließt, ist ein unerwarteter Anblick!

Agua Caliente ist ein kleines Dorf mit 100 Einwohnern. Es liegt wie zufällig in einem Hain von niederen Bäumen.

Danach wird der Weg etwas schlechter als Klasse II: ein paar kurze Strecken Klasse III mit tiefem Sand.
Der Weg wird enger und führt zu dem früheren Zentrum der Sattelherstellung und Lederbearbeitung: Miraflores.
Miraflores ist ein langes, enges Dorf mit rund 800 Einwohnern. Die Regierung versuchte, das hiesige Kunstgewerbe wieder zu beleben, aber nachdem die meisten der Künstler zu besseren Möglichkeiten nach La Paz geflohen sind, ist dieser Versuch offenbar mißlungen und der kleine blaue Stand an der Mex 1, der langsam verrottet, ist ein trauriger Anblick.
In Miraflores gibt es Lebensmittel, Benzin und Unterkunft.
Von hier aus kann man auf die Mex 1 fahren und die ganze Schleife etwas abkürzen. Oder man fährt noch 3,6 km weiter, nach Caduano. Dieses kleine Dorf hat eine Menge interessanter Gebäude in der Nähe der Quellen, die den großen Hain mit schattigen Bäumen bewässern.
Von Caduano führt der Weg 3 km zurück und beendet die Schleife auf der Mex 1. Früher war dies die einzige Straße nach Cabo San Lucas.

Roadlog 39 Von Santiago über MIRAFLORES und AGUA CALIENTE nach CADUANO

Klasse II, etwas III
Zwischen Agua Caliente und Miraflores tiefer Sand.

km	Meile	
0	0	Abzweigung von der Mex 1 nach Santiago.
1,6	1,0	Santiago. Man kommt auf der Hauptstraße beim Lebensmittelgeschäft nach Santiago hinein. Tankstelle ist links. Man fährt durch Santiago durch, über die Hügel

km	Meile	
		zum zweiten Teil des Ortes. Dann bergab in die Ebenen.
32,2	2,0	Wasserpumpe rechts.
10,5	6,5	Agua Caliente. In Ortsmitte links fahren und südlich aus dem Dorf heraus. Hier trifft man dann auf ziemlich tiefen Sand: Klasse III. Für Zweiradantrieb mit hoher Bodenfreiheit ist es möglich, wenn man vorsichtig ist.
12,1	7,5	Ranchland rechts, ab und zu eingezäunt. Achtung: Vieh auf dem Weg.
18,4	11,4	Weg wird enger und folgt dem alten Flußbett nach Miraflores. Weg wird besser: Klasse II. Weg biegt links in das Dorf hinein.
19,0	11,8	Dorf und Marktplatz ist links von dem Lebensmittelgeschäft. Rechts geht der Klasse II Weg ab nach Caduano. Links gehts auf die Mex 1.
23,8	14,8	Caduano. Quellen, Haine, gut gepflegte alte Gebäude.
25,4	15,8	Mex 1. Rechts gehts nach Cabo San Lucas, links nach La Paz.

ZAUBERHAFTES LANDESENDE

CABO SAN LUCAS

Hier treffen zwei Meere aufeinander; wo sich das Land verengt und in 90 m tiefes blaues Wasser hineinfällt; wo mexikanische Träumer den braunen Fels mit Wohnungen vermischt haben. Es ist ihnen mit den zwei ziemlich unterschiedlichen Hotels vielleicht perfekt gelungen.

Die sandigen Strände, der Schwertfisch an der Küste, die Sonnenuntergänge und die Mondaufgänge, die Schiffe in dem kleinen Hafen - wenn man dies alles sieht, wird man von seinem Zauber gefangengenommen.
Und es gibt sie noch: die einsamen Schleifen und Küstenwege!

Für Logbeschreibungen in der Nähe von Cabo San Lucas siehe RL 13, 14, 15, 16, 52.

Cabo San Lucas

III DAS CORTEZ MEER

DAS TOR

SAN FELIPE

Es ist ziemlich leicht, die östliche Seite der Baja zu erreichen. Weiter nach Süden zu kommen ist dann allerdings weniger einfach.
Von Mexicali führt eine Teerstraße bis nach San Felipe. Sie führt geradeaus Richtung Süden aus Mexicali heraus. Nach 30 km ist man vom bewässerten Land weg in heißer, trockener Wüste, inmitten von metallen aussehenden vulkanischen Bergen. Die meisten Leute glauben, daß es so auf der ganzen Baja aussieht. Nicht einmal ein einzelner Kaktus wächst hier! Schon im Mai rauben einem fast 50 Grad Hitze den Verstand. Hitzewellen flimmern über der geteerten Straße und über den Hügeln. Fata Morganas sind nicht ungewöhnlich. Wenn man also einen unwirtlichen Teil der Baja besuchen möchte - richtige Wüste -, dann ist man hier richtig.

Es gibt auch noch eine andere Möglichkeit, San Felipe von Norden aus zu erreichen: man verläßt Ensenada auf der Mex 3, die ungefähr 50 km vor San Felipe auf die Mex 5 mündet.

Früher war San Felipe ein einfaches Fischerdorf mit wenigen Hütten am Rande einer feinen kleinen halbrunden Bucht im Norden des Cortez Meeres. Riesige, 140 kg schwere Totuava wurden regelmäßig aus dem Meer gezogen.
Nun beherbergt San Felipe Touristen und summt und dröhnt von Motorrädern, Dune-Buggies und Wohnmobilgeneratoren.
Totuavas gibt es hier nicht mehr!
Dafür gibt es keinen Mangel an Benzin, Lebensmitteln und Unterkünften. Motels und Hotels gibt es in jeder Preisklasse.
Südlich der Stadt ist nichts. Deshalb sollte man am besten in San Felipe soviel tanken wie man kann, wenn man weiter nach Süden will.
Die Tankstellen in Puertocitos haben oft Probleme, Benzin zu bekommen, man darf sich deshalb nicht darauf verlassen, daß man dort welches kaufen kann.
Die einzige Stelle, wo man sicher Benzin bekommt, nachdem man San Felipe Richtung Süden verlassen hat, ist 270 km weiter weg, bei Punta Prieta an der Mex 1.

DIE RAUHE, SCHWERE STRASSE NACH SÜDEN

PUERTOCITOS und die BAHIA DE LUIS GONZAGA

Die Geschichten über diesen Abschnitt der Straße sind bereits Legende und werden bis zu dem Tag, an dem der Teerbelag bis dorthin reicht, weiter anwachsen.
Dieser halsbrecherische Weg kann entweder auf gleichem Weg hin und zurück gemacht werden oder man fährt eine Schleife hinunter durch Bahía Gonzaga und auf die geteerte Straße bei Calamajué.

Von San Felipe bis nach Puertocitos, wo es ein Restaurant und ein Lebensmittelgeschäft gibt und vielleicht Benzin, sind es 82 km.
Der Weg dorthin ist Klasse II und III.
Hinter Puertocitos wird der Weg auf den 85 km nach Gonzaga ziemlich schlechter.

Ein ausgezeichnetes Restaurant ist bei Alfonsina's an der Gonzaga und gleich gegenüber noch eins bei Papa Fernandez.
Bei beiden gibt es Zimmer, aber kein heißes Wasser.
Angeln ist hier ausgezeichnet. Gute Plätze zum Campen sind leicht zu finden und kosten nichts. Alles in allem ist es ein recht hübscher Ort.

Südlich der Bahía de Luis Gonzaga führt der Weg Richtung Inland über die Berge auf die geteerte Straße in der Nähe von Punta Prieta.
Es dauert gut einen Tag, um von Gonzaga auf die Mex 1 und dann, nördlich von Punta Prieta, zur Abzweigung nach Bahía de los Angeles zurückzukommen.
Verglichen mit dem, was man hinter sich hat, ist der Weg gut: Klasse III, IV, mit ein paar Stellen V.
Auf der 80 km langen Strecke zwischen Gonzaga und der Teerstraße ist nichts außer einer einzigen kleinen Rancho, die im nächsten Kapitel beschrieben wird.

Zwischen San Felipe und Puertocitos und besonders zwischen Puertocitos und Gonzaga gibt es genügend ungestörte Strände und einsame Buchten, daß man Jahre dort verbringen könnte.

Es ist möglich, an einem Tag nach Puertocitos und wieder zurück nach San Felipe zu fahren. Nach Gonzaga ist es eine harte Tagesfahrt und nochmal ein halber Tag wieder heraus , wenn man nicht anhält.

Der Verkehr auf dieser ganzen Strecke ist ziemlich schwach. Wer den Weg einmal gesehen hat, weiß warum. Viele sind ein langes Stück hinuntergefahren und dann vor den drei wirklich üblen Steigungen südlich von Puertocitos wieder umgedreht.

Roadlog 40 Von San Felipe nach PUERTOCITOS und zur BAHIA DE LUIS GONZAGA

Klasse II, III, IV - südlich von Puertocitos schwierige Steigungen Klasse V, VI.

km	Meile	
0	0	Pemexstation bei San Felipe. Weg führt gerade aus dem Dorf heraus auf sandige Ebene oberhalb vom Meer. Einige Zeit ist das Meer nahe, teilweise links zu sehen, aber der Zugang ist nur an kommerzielle Stränden möglich.
7,7	4,8	Zum Estrella Beach links abbiegen.
23,3	14,5	Links abbiegen zum Percebú Beach (11 km). Dieser Strand bietet mehr als viele andere und kann über einen Klasse II Weg erreicht werden. Kostet allerdings auch was. Plätze für Wohnmobile und Zelte sind vorhanden. Hier gibts auch einige Lebensmittel zu kaufen. Achtung: Gezeitenunterschied ist ziemlich groß.
33,8	21,0	Linksabbiegung nach Santa María. Man fährt weiter Richtung Inland, vom Meer weg auf einem Klasse II und III Weg über niedere sanfte Hügel mit etwas Kakteen und Gestrüpp.
82,6	51,3	Puertocitos. Den Kilometerzähler im Schatten der Pemexstation auf 0 stellen und um weiteres Glück beten.
0	0	Pemexstation in Puertocitos. Weg führt bergauf, rechts aus dem Dorf heraus. Dann verläßt man Puertocitos nach links und kommt sofort auf eine Oberfläche mit festem Untergrund. Scharfe Kehren, steile Steigungen und rutschiger Kies. Klasse III und IV Abschnitte fangen an. Vierradantrieb ist nicht erforderlich,

km	Meile	
		aber mit zweiradgetriebenen Fahrzeugen muß man sehr vorsichtig sein. Für ein paar km hinter dem Dorf ist der Weg schlecht, dann wird er besser.
18,0	11,2	Schlechtes Stück bergab.
19,0	11,8	Bucht links.
21,9	13,6	Schlechtes Stück bergauf. Dies ist das erste der drei schwierigeren Abschnitte. Zweiradangetriebene Pickups haben es schon über alle drei geschafft, sind bei Gonzaga wieder umgedreht und die ganze Strecke wieder zurückgefahren. Vierradantrieb wäre natürlich besser. Ein normaler PKW wird es nicht schaffen. Ein Camper wahrscheinlich auch nicht. Klasse IV und V Steigung.
22,2	13,8	Gipfel der ersten Steigung.
22,4	13,9	Unten, nach der ersten Steigung.
23,5	14,6	Links Strand. Anfang bergauf Nr. 2: Klasse V mit tiefen querverlaufenden Löcher. Je weiter man nach oben kommt, wo die Reifen am meisten durchdrehen, desto tiefer sind die Löcher.
23,8	14,8	Gipfel der zweiten Steigung.
24,6	15,3	Unten, nach der zweiten Steigung.
25,6	15,9	Anfang des dritten Bergstücks. Abschnitte dieser Steigung können das Fahrzeug ziemlich zum Quietschen bringen. Es kann leicht passieren, daß die Achse bricht oder die Ölwanne beschädigt wird! Es gibt hier verschiedene Felsarten, die teilweise wegerodiert sind. An einer Stelle, in der Nähe des Gipfels, geht eine 20 cm hohe Felswand wie eine Schwelle quer über den Weg. Es gibt keinen Weg dran vorbei, man muß einfach drüberfahren! Man kann an dieser Steigung nirgends anhalten. Verliert man den Schwung, dann heißt das, zurückstoßen und die ganze Tortur nochmal von vorne beginnen! Dies ist eine Klasse V Steigung, etwas VI. Man sollte auch daran denken, daß diese Steigung beim Hinunterfahren genauso gemein ist wie beim Hin-

km	Meile	
		auffahren - wenn nicht sogar noch mehr.
27,2	16,9	Gipfel der dritten Steigung. Gute Sicht in alle Richtungen.
30,3	18,8	Schlechtes Stück bergab: eng, lose Felsen, tiefe Löcher, große eingegrabene Felsen. Strand links unten.
46,9	29,1	Strand links. Anfang bergauf.
47,2	29,3	Gipfel.
47,3	29,4	Wieder unten. Strand links.
48,3	30,0	Rancho rechts.
51,5	32,0	Erste Elefantenbäume.
53,9	33,5	Salvetierra links, geschlossen.
74,2	46,1	Links Abzweigung zu Papa Fernandez an der Bahía de Luis Gonzaga, 3,2 km.
84,0	52,2	Nachdem man bei km 80,5 die Linksabbiegung genommen hat, ist man bei Alfonsina's. Diese Abzweigung ist beschildert.

CALAMAJUE

Über LAS ARRASTRAS zum Rio CALAMAJUE und den Ruinen

Nachdem man beide Seiten der Bahía de Luis Gonzaga erforscht hat und die kurze Strecke nach Punta Final, Molino de Lacy und bis zum Ende des Weges dort gefahren ist, wird es Zeit, das Cortez Meer wieder zu verlassen und über die Berge auf die Mex 1 zurückzukehren.
Auf diesem 80 km langen Stück auf Bajas Nebenstraßen gibt es vier Attraktionen. Nachdem man die Bahía de Luis Gonzaga verlassen hat und Richtung Inland fährt, trifft man zuerst auf Felsblöcke. Danach, bei einer bescheidenen unauffälligen Abbiegung steht eine kleine Rancho und eine Türkismine. Hier sollte man anhalten und Manuel Cantrera und seine Familie besuchen.
Manuel war einige Zeit Arbeiter in Tijuana, aber er mochte den Einfluß der Stadt auf seine Kinder nicht. Nun arbeitet er in der kleinen Mine südwestlich der Rancho. In dem kleinen Eingang seines Hauses stellt er blaue und grüne Halbedelsteine aus. Er bearbeitet sie alle geduldig von Hand; man kann sie für 1 $ pro Stück kaufen.
Hinter seinem Haus, den Graben hinunter, ist ein hoher Turm und darunter eine tiefe Quelle mit kaltem, klarem Wasser. An den Felsen ist eine Kurbel und eine Winde, um den 20 l fassenden Eimer in die Tiefe des kalten Brunnens hinunterlassen zu können. "Möchtest du duschen?" fragte mich Manuel, als ich seine Ausstellung von Halbedelsteinen anschaute. Es war eine staubige Fahrt von Gonzaga herunter und ich hatte die zwei Nächte vorher am Strand neben meinem Motorrad verbracht. Es war ein sehr heißer Tag im Mai. Ich schaute mich um und nahm an, daß er einen Witz machte. Aber ich sagte: "Un lluvia? Si, con mucho gusto!"
Manuels Sohn sprang auf und führte mich den Pfad hinunter zu dem Turm. Oberhalb des Hügels sah ich die kleineren Kinder kichern. Macht nichts, dachte ich. Wie hatte mein Großvater immer gesagt: "Wenn sie es vorher noch nicht gesehen haben, dann ist es etwas Neues und wenn sie es schon mal gesehen haben, dann ist es etwas Altes." Sprachs, zog mich aus und stellte mich unter den Turm. Francisco kurbelte die Winde und brachte 20 l herrlich erfrischendes Quellwasser herauf. Ich hielt ihn über meinen Kopf und schüttete den ganzen Eimer über mein Gesicht, meine Schultern und den ganzen Körper. Ein unbeschreibliches Gefühl! Überall um einen herum Wüste

und einen vollen Eimer Wasser über dem Kopf!
Las Arrastaras, wo eine Dusche noch wertvoller ist als Edelsteine, ist der geeignetste Ort, um eine kleine Pause einzulegen.

Die dritte Attraktion entlang dieser einsamen, kurvigen Klasse III Strecke ist das Flußwasser. Es ist alkalisch und kommt in erstaunlichen Mengen vom Arroyo Calamajué herunter.
Es gibt viele Furten, keine ist schwierig und sie erlaubt dem Off-Roader, mit Wasser zu spritzen. So hatte ich an diesem Tag zwei Duschen, eine mit und eine ohne Kleider.

Zur gleichen Zeit, wenn man diesen Arroyo mit fließendem Wasser betritt, kommt man auch an eine alte Mission. Ein Weg führt zu ihr hinüber, über den Fluß und flußabwärts an der östlichen Seite weiter.
Alles, was von der Mission übriggeblieben ist, ist der Ort.
Er wird von einem kleinen Zeichen gekennzeichnet und durch den felsigen Umriß.

Kommt man von der Mex 1, können diese 80 km in weniger als 3 Stunden gefahren werden und es dauert ungefähr genauso lang, wenn man zurück nach Gonzaga kommt.
Die einzige Tankstelle gibt es bei Gonzaga.

Roadlog 41 Von Gonzaga nach LAS ARRASTRAS, CALAMAJUE und auf die Mex 1 zurück

Klasse III, kurze Abschnitte IV und V.

km	Meile	
0	0	Alfonsinas Restaurant und Landebahn.
10,5	6,5	Von Alfonsina's links herausfahren, dann weiter nach Süden. Kreuzung: Links gehts nach Punta Final und Molino de Lacey, eine 16 km lange Rundfahrt zurück zu diesem Ausgangspunkt auf Klasse II und III Weg. Der Weg geradeaus hört nach 6 km auf. Der rechte Weg führt von der Gonzaga weg über die Berge zur Mex 1. Also rechts fahren.
15,3	9,5	Man fährt auf einem sandigen, holprigen Weg Klasse III, der sich langsam immer höher in die Berge

km	Meile	
		nach Westen hinaufarbeitet. Abzweigung rechts, links bleiben. Der Ozean ist hinter einem. Langsam fangen die Kakteen an.
22,5	14,0	Erste Elefantenbäume.
25,8	16,0	Erste große Cardón Kaktee. Dramatischer Wechsel von ebenem Schwemmland der Ostküste zu den mit Felsbrocken bedeckten Bergrücken.
35,6	22,1	Rancho Las Arrastaras, Manuel Cantreras Türkise. Quelle.
36,2	22,5	Rechtsabbiegung, geradeaus weiterfahren. Weg rechts ist eine schwierige Route auf die Mex 1 über Rancho Chapala und Laguna Chapala: Klasse V, VI, tiefer Sand. Nicht empfehlenswert, außer für Bagger!
45,9	28,5	Weg links führt nach Ejido Galiana und zu einem kleinen Strand am Cortez Meer. Klasse IV und V Weg im trockenen Bett des Calamajué Flusses hinunter. Zu dem Strand sind es 28 km hin und genauso viel wieder zurück. Keinerlei Service.
55,1	34,2	Einsamer Baum links an dem öden Stück bietet Schatten und Platz zum Ausruhen.
63,1	39,2	In einen Canyon hinein, grünes Gras, Missionsplatz ist links, Mine rechts. In der Mitte vom Weg kommt Wasser herunter. Weg folgt dem Flußbett, überquert die breiten seichten Becken des Flußes mehrere Male. Ungefähr 13 km lang bleibt das Wasser, bis der Weg den Canyon verläßt und stromaufwärts besser wird. Achtung Vieh! In den Bergen in der Nähe des Wassers gibt es noch Bergziegen, aber ohne einen kundigen Führer sieht man sie selten.
71,2	44,2	Canyon hört auf, Wasser verschwindet.
73,6	45,7	Rechtsabzweigung führt auf Mex 1. Auf dieser längeren Route sind es 10 km bis auf die Mex 1; der Weg geht nach Norden, bevor er eine scharfe Linkskurve auf die Mex 1 macht.

km	Meile	
		Der Weg ist Klasse III, etwas IV. Es ist aber besser, man fährt hier an der Kreuzung geradeaus bis zur Kreuzung mit der Mex 1 bei der Rancho El Crucero (Klasse II, manchmal III).
85,3	53,0	Rancho El Crucero. Umzäunung und Ranchgebäude rechts, unterhalb einer Kurve der Mex 1. Auf der Rancho gibt es kein Benzin. Einmal hatte ich hier an einem Sonntag einen Platten. Es gab keinen Cowboy, der mir dabei nicht mit irgendetwas half.

Benzin gibt es in Punta Prieta (Parador), 16 km weiter links bei der Abzweigung zur Bahía de los Angeles.
Zur Bahía de los Angeles sind es 81 km nach Südosten.
Zum El Presidente Motel in Catavinâ sind es 97 km nach Norden.

BAHIA DE LOS ANGELES

BAHIA DE LOS ANGELES

Diese große, mit vielen Inseln geschützte Bucht war lange Zeit nur auf einer Dirt Road erreichbar.
Heute führt eine Teerstraße 64 km von der Mex 1 zu dieser Bucht. Dort gibt es ein Motel, einen Laden und eine Cantina, die von Antero Díaz betrieben werden. Jeder fühlt sich in der Gegenwart von Antero und seiner herzlichen Gastfreundschaft wohl.
Außerdem gibts noch eine Pemexstation, eine große Landebahn und viele Wege, um den Norden und Süden der Bucht zu erforschen.

Auch heute noch ist die Bahía de los Angeles ein kleiner Ort und hat seinen ungehetzten, erholsamen Charakter bewahrt.
Das Essen ist einfach, aber gut und einmal in der Woche gibt es Schildkrötensteak.
Da Erle Stanley Gardner hier zwischen 1940 und 1970 oft Hauptquartier bei seinen Expeditionen gemacht hat, findet man hier viele seiner Bilder und Bemerkungen ausgestellt.

Hohe, blau-graue Gipfel strecken sich hinter der Bahía de los Angeles in die Höhe. In den hohen Bergen gibt es Berglöwen und Schafe. Auf den niedereren Ebenen sind Koyoten recht häufig anzutreffen.
Die große Bucht ist durch die riesige Insel Angel de la Guarda, die 65 km lang ist, vor der Gewalt des Cortez Meeres geschützt. Dieses Gebiet ist ein Lieblingsplatz von Kajakenthusiasten geworden. Nachmittagswinde stellen oft ein Problem dar, aber morgens hat man ruhiges Wasser.
In Loreto traf ich einmal einen unerschrockenen Paddler, der in 30 Tagen von San Felipe heruntergepaddelt ist! Er hat Geschichten von Stränden, Lagunen und vom Tauchen erzählt, daß jedem von uns an dem kleinen Cafétisch die Spucke weggeblieben ist. Sein Ziel war La Paz und er erreichte es zweifellos ungefähr 60 Tage später.

Der Weg zum nördlichen Ende der Bay hört nach ein paar Kilometern auf. Aber das sollte einen nicht davon abhalten, dorthin zu fahren. Man findet noch ein paar ungestörte Strände, klares Wasser zum Tauchen und Angeln, das man so schnell nicht wieder vergißt.

Der Anfang des Weges nach Süden, der im RL 28 beschrieben wird, führt nach 16 km zu den Ruinen der Las Flores Mine. Diese Silbermine wurde 1921 geschlossen, während der allerletzten mexikanischen Revolution.
Einst gab es hier eine vier km lange Drahtbahn in die Berge und eine schmalspurige Eisenbahnlinie.

Roadlog 42 BAHIA DE LOS ANGELES

Klasse II und III

km	Meile	
0	0	Pemexstation bei Bahía de los Angeles. Gemäß RL 29 nach Süden fahren. Fährt man nur zur Mine, hat man 15,9 km (9,9 Meilen) auf dem Kilometerzähler. Dreht man um und fährt zurück, dann kommt man zu:
23,2	14,4	Hier rechts abbiegen zum malerischen Südende der Bahía de los Angeles. Fahrt geht über Lehmflächen. Sandige Abzweigungen meiden. Man kommt zu einer langen, breiten Landebahn, die als Alternative verwendet wird, wenn die Abwinde bei Casa Diaz nicht mehr manövrierbar sind.
29,1	18,1	Man erreicht eine kurvige Lagune, neue unbewohnte Gebäude bieten Schatten. Davor ist ein langer, sandiger Strand. Der Weg führt 3 km weiter bis zu seinem Ende, wo man gegen eine geringe Gebühr bei Antero Díaz einen einsamen Campingplatz finden kann.
0	0	Kilometerzähler bei Casa Díaz oder der Pemexstation auf 0 stellen. Man fährt den Weg, auf dem man von Norden gekommen ist, zurück bis zum Trailerpark, wo die geteerte Straße scharf nach rechts hinunter zur Bay führt und zum Parkplatz. Dann fährt man geradeaus weiter nach Norden, Klasse II Weg über sandige Wüste. Dieser enge Weg führt mehrere km an der Bucht entlang nach Norden.
3,2	2,0	Es gehen oft Abzweigungen ab, die zum Strand führen. Wohnmobile, Camper und PKWs können

km	Meile	
		die ung. 15 Campstellen entlang dieses Abschnittes erreichen. Einige der Strände sind felsig, andere sandig.
12,1	7,5	Weg wird schlechter: Klasse III. Weg führt langsam nach rechts.
14,5	9,0	Punta la Gringa. Grüne Hütten einer Fischerkooperative. Privatgrundstück, langsam vorbeifahren. Campingmöglichkeiten auf jeder Seite der langen Landzunge. Klares, blaugrünes Wasser. Manchmal weht der Wind ziemlich stark. Links über dem Hügel sind auch noch Strände. Ein Weg für Vierradantrieb führt dort hinüber. Muschelnsuchen und Angeln ist ausgezeichnet.

Nördlich von LA GRINGA

Hinter der Landzunge bei La Gringa gibt es mehrere Motorrad- und Vierrad-Spuren, die alle am gleichen Punkt anfangen und aufhören: bei den grünen Gebäuden der Fischerkooperative.
Es macht Spaß, das Gebiet nördlich von La Gringa zu erforschen. Hier besteht keine Gefahr, verloren zu gehen.
Viele Wege führen zu feinen Sandstränden, die wie es scheint noch keinen Camper gesehen haben. Vielleicht weil dieses Gebiet 16 km von einem Laden weg ist und das Zentrum der Aktivität in Bahía de los Angeles ist.
Angeln ist hier sehr gut. Außerdem kann man ausgezeichnet Pelikane beobachten und sehr schöne Bilder von der Insel machen, mit der Bucht und den Bergen im Hintergrund.
Für die Unterhaltung nachts bietet die La Gringa Gegend einiges: kleine Fischschulen, die aus dem Wasser schnalzen und munteres Pelikantreiben. Wenn nicht gerade der Mond scheint, kann eine Taschenlampe einiges auslösen!
Auf Tageswanderungen entlang den Stränden findet man Muscheln, Seesterne und verschiedene Arten von Korallen.

Der längste Weg führt zu einer verlassenen Kupfermine und endet in einem wunderschönen Arroyo, der sich noch weitere 5 km zu einem verlassenen Strand am Cortez Meer hin erstreckt. Leider ist der Strand etwas felsig, aber der einstündige Fußmarsch dorthin entlang dieses Arroyos, der tief in einen Canyon hineinführt, ist unheimlich interessant. Man trifft auf die unterschiedlichsten Felsformationen.
Der Arroyo endet mit einer scharfen Kurve auf einer weiten angeschwemmten Fläche mit Sand und Kakteen.
Es macht Spaß, wenigstens einen Teil der Baja ganz genau kennenzulernen - was nur wenige Leute machen.

Roadlog 43 Nördlich von LA GRINGA

Klasse II, III, IV, mit kurzen Abschnitten VI, VII.

km	Meile	
0	0	Grüne Gebäude der Fischerkooperative auf der La Gringa Landzunge. Einige Wege führen hier über die Hügel nach Norden. Sie sind alle kurz und führen zu Stränden und kleinen Hügel in derselben Umgebung. Der Weg zu der Mine führt nordwestlich vom Fischercamp einen breiten Arroyo hinauf, von der Bucht weg, an mehreren Abfallhaufen der Kooperative vorbei.
3,1	1,9	Abzweigung rechts, geradeaus weiterfahren. Abzweigung führt zum La Gringa Strand zurück.
5,3	3,3	Bergauf: Klasse IV (8,1 km / 5 Meilen).
5,6	3,5	Ende der Steigung.
6,6	4,1	Kleines, eingeschlossenes Tal, wo es keinen Ausgang zu geben scheint.
7,1	4,4	Überqueren eines trockenen weißen Arroyobettes.
8,9	5,5	Man verläßt das Tal über eine ziemliche Steigung. Diese ist zu 30 % Klasse VII (800 m). Kurz nach dieser Steigung fährt man an der Seite eines Kliffs an einem engen Einschnitt entlang; weiter vorne sieht man eine Mine, die sich in die Seite eines großen Hügels hineinschneidet.

km	Meile	
		Weg fällt in einen Arroyo am Fuße der Mine ab, eine Abzweigung führt direkt hinauf zur Minengegend und hört dort auf einem Hügel auf; die andere geht hinunter in den Arroyo, wo sie auch aufhört - eine Abzweigung davon führt auf eine kleine Felsplatte überhalb des Arroyos links und hört dort auf. Hier stand einmal ein altes Gebäude auf dem Felsvorsprung.
12,4	7,7	Weg endet in einem Arroyo unterhalb der Mine. Einige Spuren führen weiter den Arroyo hinunter, wo Neugierige versucht haben, bis zum bitteren Ende durchzuhalten. Aber es geht halt nicht! Einige Geländemotorradspuren führen noch ungefähr eine Meile weiter, dann haben sie bei dem ersten großen Wasserfall aufgegeben.

Der Weg zum Meer dauert ungefähr 2,5 Stunden hin und zurück, etwas Zeit fürs Strandabsuchen und Ausruhen mit eingerechnet.

Ein unerwartetes Geschenk: Mission SAN BORJA

Auf der Karte sieht es leicht aus und einige werden auch sagen, daß es leicht ist. Aber die Fahrt zu dieser gut erhaltenen Mission führt über schwierige Wege. Nichtsdestoweniger ist es jede Minute dieser Anstrengung wert.

Die 200 Jahre alte Steinkirche ist eine der wertvollsten Ruinen auf der Baja. Die Adobewände können bis 1759 zurückdatiert werden, als die Mission zuerst angelegt wurde.
San Borja ist eine bezaubernde Überraschung, weil alles noch völlig intakt ist. Nachdem man die ganze Schönheit der Missionen wie San Ignacio, Loreto und San Javier gesehen hat, kann man sich gut vorstellen, wie San Borja einmal ausgesehen haben muß, als es im frühen 19. Jahrhundert verlassen worden ist.

Obwohl San Borja gewöhnlich ein Seitentrip von der Bahía de los Angeles ist - man kann an einem Tag herein und wieder hinausfahren - verdienen es die Ruinen doch, weniger gehetzt inspiziert zu werden.
Man kann in der Nähe der Kirche oder sogar in der Kirche übernachten, das stört niemand der fünf Leute, die in den benachbarten Adobehäusern wohnen. Die Anwohner benutzen die Mission zwar noch als Andachtsplatz, aber das ist alles.
Die Wände, die Wendeltreppe, die hohe Decke und das Steinwerk innen, die inneren und äußeren Details, dies alles braucht Stunden, bis man sie eingehend studiert hat. Und es lohnt sich, dies in verschiedenem Licht zu sehen.

Es gibt zwei Möglichkeiten, die Mission zu erreichen. Beide Wege sind 35 km lang.
Der Einstieg von der Bahía de los Angeles ist auf jeden Fall der schwierigere der beiden. Er führt über einige felsige Abschnitte, in schwierige Arroyos hinein und heraus.
Wenn man vorhat, die Bahía de los Angeles über San Borja zu erreichen, sollte man dies aber nicht als eine Abkürzung betrachten. Es ist viel einfacher und schneller, wenn man bis zur Bahía de los Angeles auf der Teerstraße bleibt. Auf der Karte mag der Weg über San Borja entfernungsmäßig kürzer aussehen - das stimmt auch - aber es dauert viel länger und das Fahrzeug wird viel mehr beansprucht. Man sollte diese Strecke nur nehmen, wenn man die Mission auf jeden Fall sehen will.
Es ist einfacher, von San Borja wieder zurück nach Rosarito zu fahren und die längere, aber geteerte Strecke nach Bahía de los Angeles über Punta Prieta zu nehmen (ca. 145 km), außer man hat einen Truck oder Vierradantrieb.

Von der Bahía de los Angeles bis nach Rosarito muß man mit 6 Stunden Fahrtzeit rechnen, das gleiche gilt auch, wenn man von Rosarito aus nach Norden fährt.
Benzin bekommt man in der Bahía de los Angeles und in Rosarito. Egal, wo man startet, man bekommt an beiden Enden Benzin.

Roadlog 44 Von der Bahía de los Angeles über SAN BORJA nach Rosarito

Von Bahía de los Angeles nach San Borja:
Klasse II, III, IV.

Von San Borja nach Rosarito:
Klasse II, III.

km	Meile	
0	0	Bei km 44 nördlich der Bahía de los Angeles die Abzweigung nach Süden von der geteerten Mex 1 (Seitenstraße) nehmen.
3,4	2,1	Linksabzweigung, rechts bleiben. Weg links endet in einem Canyon.
9,2	5,7	Weg rechts führt zu einer Rancho, geradeaus weiterfahren.
17,4	10,8	Gipfel. Beeindruckende Cardón Kakteen und Cirio Bäume.
23,8	14,8	Schwache Spur rechts zur Rancho San Ignacito. Sie führt an der Mission vorbei, ist aber auf keinen Fall empfehlenswert.
24,8	15,4	Bergauf: Klasse IV.
25,1	15,6	Ranchoweg links, rechts bleiben.
33,5	20,8	Man erreicht das Tal und die Mission. Weg führt direkt zur Mission und biegt in benachbarte Parkmöglichkeit ein. Der Weg, der weiter nach Rosarito führt, zweigt rechts ab.
43,1	26,8	Rancho.
47,5	29,5	Weg nach links, geradeaus weiterfahren.

km	Meile	
64,7	40,2	Rancho links. Ein anderer Weg mündet von links herein.
67,5	41,9	Große runde Umzäunung links.
68,4	42,5	Rosarito und geteerte Mex 1. Benzin und Lebensmittel.

Mission San Borja

Roadlog 45 Von Rosarito nach SAN BORJA

Klasse II, III, zwei kurze Steigungen Klasse IV.

km	Meile	
0	0	Pemexstation in Rosarito. Sie ist normalerweise geschlossen. Geradeaus nach Osten aus dem Dorf fahren.
1,0	0,6	Runde Umzäunung rechts.
2,9	1,8	Quadratische Umzäunung links.
3,5	2,2	Rancho rechts, Umzäunung und Wassertank links. Durch sandigen Arroyo nach Norden fahren, dann nach Osten über eine Mesa. Einige Seitenwege münden später wieder auf den Hauptweg.
12,2	7,6	Weg rechts zu Rancho, alternative Route nach San Borja. Links bleiben, die bessere Route führt über San Ignacito.
18,0	11,2	Wassertank links.
20,9	13,0	Weg mündet von rechts.
25,3	15,7	San Ignacito rechts, alter Damm, Bäume.
25,6	15,9	Verfallene Gebäude (San Ignacito) links, gepflügte Felder rechts.
29,1	18,1	Bergauf: Klasse IV (150 m).
29,5	18,3	Bergauf: Klasse IV (150 m).
29,9	18,6	Kleine Wiese, Ausblick von Kuppe:
33,3	20,7	Aufstieg, erster Blick auf Mission.
35,4	22,0	Mission San Borja. Keine Einkaufsmöglichkeiten. Hier wohnt nur eine Familie auf einer kleinen Rancho.

SAN FRANCISQUITO

SAN FRANCISQUITO und EL BARRIL

Die Reaktionen auf San Francisquito, das Resort und El Barril, die Rancho im Süden, sind unterschiedlich. In einer Broschüre über das flügge werdende Resort steht: 'Keine Telefone, keine Straßen, kein Fernsehen, nur Kilometer von sandigen Stränden, deine Cabana und Du.' Und das ist die Wahrheit.

Man erreicht diese Orte, wenn man von Guerrero Negro nach El Arco fährt, wo der Weg anfängt, oder wenn man über die weitaus schwierigere und gefährlichere Route von der Bahía de los Angeles kommt.
Es sind 80 km hinein und 80 km wieder hinaus. Man könnte es an einem Tage schaffen, aber das wäre verrückt.
Die Strecke von der Bahía de los Angeles ist etwas länger. Dazu würde man auf jeden Fall mindestens einen ganzen Tag brauchen.
Nachdem man die 80 km von El Arco hereingefahren ist, findet man, falls man die linke Abzweigung nach San Francisquito genommen hat, eine Ansammlung von 7 Cabanas, die um eine mit Stroh bedeckte Bar und eine auf Zementfundamente gemauerte Küche herumstehen.
San Francisquito ist, wie schon sein Name andeutet, winzig.
Die Einwohnerzahl ist 2: Pepe, der Allround-Mann und Lupe, die Allround-Frau.
Wenn es hier gerade keine anderen Gäste gibt, und das ist oft der Fall, dann gibt es nur Pepe hinter der kleinen Bar und Lupe in der Küchencabana - und Du. Und nachts die Dunkelheit, das Meer und die Sterne.
Wenn man die Art von Einsamkeit mag, die den Sternen in der Nacht Leben verschafft, wie man es nie für möglich gehalten hätte und wenn man das Gefühl mag, 1000 km von allem weg zu sein, dann ist man in San Francisquito am richtigen Ort.

Hinter San Francisquito, auf der anderen Seite des Sandhügels, der gerade ein verlassenes Vierradfahrzeug verschluckte, als ich '76 dort war, ist eine kleine Bucht und ein Fischerdorf mit 20 Personen, die nichts mit Touristen zu tun haben möchten.

Im März und April kann man in der Gegend um San Francisquito gut Yellowtail angeln. Hier kann man auch Angelzeug und Boote mieten.

Auf der ganzen Strecke bis auf die letzten 19 km nach San Francisquito gibt es Wegzeichen nach El Barril. Das erste Schild kommt in Pozo Alemán (3,7 km hinter El Arco). Wenn man rechts nach El Barril abbiegt und dann bis zur ersten Rancho hinunterfährt, trifft man auf die Villavicencio Brüder, deren Fotos oft in den Büchern von Erle Stanley Gardner auftauchen. Beide sind gut 1,80 m groß, ein anderer Bruder von ihnen sogar 1,98 m! Sie bewirtschaften eine schmucke Rancho und züchten erfolgreich Vieh. Aus ihren Plänen, aus dieser Rancho ein Resort zu machen, ist nie etwas geworden; es gibt hier keinerlei Service. Man kann Wasser bekommen und wenn man für eine Nacht in dem Palmenhain am Strand campen will, so ist dies auch möglich.

Der schlechte Ruf des Weges nach San Francisquito kommt von der wirklich üblen Steigung 'Cuesta de la ley'. Vor und hinter dieser schwierigen Hürde ist der Weg nicht schwer. Aber diese 800 m zwischen El Arco und dem Meer ist der Grund, warum man in beide Richtungen ein gutes vierradangetriebenes Fahrzeug braucht.

Roadlog 46 Über El Arco und El Barril nach SAN FRANCISQUITO

Klasse II, III, etwas IV.
Bei 'La Cuesta de la Ley' Klasse VII und VIII.

km	Meile	
0	0	Nachdem man 42 km von der Mex 1 nach El Arco gefahren ist, stellt man den Kilometerzähler dort, wo die Dirt Road anfängt (ung. 60 m hinter dem gelben Lebensmittelgeschäft links), auf 0. Man biegt links ab, einen steilen Arroyo hinunter. Aus dem Dorf heraus durch einen Irrgarten verschiedener Gebäude. Man folgt dem Weg, der am ehesten wie der Hauptweg aussieht. Dann kommt man über einen engen, felsigen einspurigen Weg. (Siehe RL 28)
3,7	2,3	Pozo Alemán. Nun weiß man, daß man den richtigen erwischt hat. Altes Bergwerkdorf. Das Schild am Horizont ist von der Rancho El

km	Meile	
		Barril aufgestellt. Zweites grünes Schild von San Francisquito gibt denselben Weg für beide an. Man fährt geradeaus, aus Pozo Alemán heraus und in die Berge hinein.
16,1	10,0	Man ist über niedere Hügel gekurvt. Ranchweg geht links weg, geradeaus weiterfahren.
23,7	14,7	Überquerung eines steilen Arroyos. Hinunter und wieder hinauf. Cirio Bäume.
31,7	19,7	Steile Arroyoüberquerung, bergab und wieder bergauf: Klasse V.
32,4	20,1	Bergauf: Klasse IV (kurz aber schwierig).
32,7	20,3	Felsenumzäunung links, kunstvoll und fachmännisch gebaut.
37,2	23,1	Rancho links. Eine weitere Felsmauer. Verlassenes Gebäude an einen einsamen Fels gebaut. Dies mag wohl der einsamste Fleck auf der ganzen Baja sein.
45,1	28,0	Weg fällt vom Plateau ab und wird langsam schlechter: Klasse IV.
46,7	29,0	Leichter Anfang von 'La Cuesta de la Ley'. In der nächsten Zeit kommt das Stück, das diese Strecke bekannt macht.
47,0	29,2	Man ist über Felsen geklettert, die tief in die Erde eingegraben sind, scharfer grau-schwarzer Granit, der mit losem weißen Sand bedeckt ist. Die Reifen drehen durch und die Steigung ist beträchtlich. Ein verschlossenes Gatter versperrt den Weg. Das Meer ist vor einem, ein steiler Canyon links. Die Felsen erheben sich scharf rechts von einem. Fahrzeug absichern und Gatter öffnen; danach wieder hinter sich schließen. Nun kommt das schlimmste Stück der Steigung: große Felsen, breite, tiefe Löcher, scharfe Kurven, gefährliche Abhänge und rutschiger Sand. Selbst die fortwährende Instandhaltung durch die El Barril Cowboys können dies nicht verhindern. Aber es hilft auf jeden Fall.
47,8	29,7	Man hat sich 800 m über eine schwere Steigung hinuntergewunden, über die man wieder drüber

km	Meile	
		muß, wenn man zum Ausgang zurückfährt. Einige Leute sind der Ansicht, daß es sich lohnt, die schlechtere Strecke nördlich der Bahía de los Angeles zu nehmen, nur um dieses Stück zu umgehen. Das würde ich nicht empfehlen. La Cuesta ist zwar schlecht, aber es dauert nicht so lange, bis man es hinter sich hat. Für die alternative Route trifft dies nicht zu.
56,7	35,2	Rechtsabbiegung nach El Barril. Nach San Francisquito gehts hier geradeaus, selbst wenn es so aussieht, wie wenn der Hauptweg nach rechts abgeht! Will man nach El Barril, fährt man hier 19 km über ähnlichen Klasse II Weg bis zur Küste. Dazu rechts abbiegen. Diese Logbeschreibung geht weiter nach San Francisquito.
58,0	36,0	Linksabbiegung auf die alternative Route, dem schwierigeren Weg nördlich zur Bahía de los Angeles. Nur für Vierradantrieb oder Dune-Buggies möglich!
59,1	36,7	Weg von El Barril kommt mit dem Weg nach San Francisquito zusammen.
78,4	48,7	Man ist 19 km über felsige, mit Kakteen bewachsene Hügel gekommen und ist in der Nähe des Meeres, das man jetzt noch nicht sieht. Der Einfahrtstorbogen aus Holz ist mit Stacheldraht umgeben. Rechts sieht man die Cabanas am Rande des Strandes. Die meisten Wege hier führen zum Strand und zu dem kleinen Resort. Geradeaus gehts zum Flugplatz, dann einen niederen Sattel hinauf zu dem Fischercamp, das 3 km weit entfernt ist.

EINE RAUHE UND LEBENDIGE STADT

SANTA ROSALIA

Diese Stadt wird von den Touristen gemieden, da sie den Ruf einer Arbeiterstadt hat; niemand ist bereit, seine rauhen Ecken weg zu machen; seine alten Gebäude sind seit dem späten 19. Jahrhundert unverändert geblieben. Damals kontrollierten noch französische Investitionen die Mine.
Der französische Einfluß auf den Stil der Stadt, seine Architektur und seine Sitten blieb erhalten.
Santa Rosalia ist ohne Zweifel einer der besonderen Orte auf der Baja.
Von dem Augenblick an, wo man in das Städtchen hineinfährt, an den unheimlichen Schmelzöfen der Kupfermine vorbei, bis zur späten Stunde, wenn man auf der Plaza zwischen dem grossen 'Palacio Municipal' und der hölzernen Benito Juárez Schule Erholung sucht - alles hinter großen grünen Bäumen und überhängenden hölzernen Balkonen - weiß man, warum das Städtchen in der Erinnerung so vieler Reisenden hängen geblieben ist.

Die gekidnappten Yaqui Indianer wurden von der mexikanischen Regierung zum Arbeiten nach Santa Rosalia geschickt und starben dort in den Minen.
Auch heute noch hält die Kupferproduktion an. Es wohnen ung. 12000 Leute hier, aber die Stadt sieht größer aus. Santa Rosalia ist keine Plastikstadt; sie ist nicht darauf aus, die Touristen zu beeindrucken. Mit den hunderten hölzernen Balkonen, seinen Brettergehwegen, der schmutzigen schwarzen Bucht ist Santa Rosalia einfach sich selbst. Auch die Kirche aus Metall ist ungewöhnlich: Herr Eiffel hat sie gebaut und ein Mißgeschick internationaler Verschiffung hat sie nach der Weltausstellung von 1890 hier und nicht in Frankreich gelassen.
Der Hafen ist schmutzig; schon 1935 hat Griffing Bancroft in seinem Buch 'Flight of the Least Petrel' ihn als den schmutzigsten Platz beschrieben, den er jemals gesehen hat.
Viele fahren wegen ihrem Ruf als eine rauhe Stadt an Santa Rosalia vorbei und natürlich weil die Vergnügungen der Bahía de la Concepción und das Touristenstädtchen Mulegé im Süden so nahe sind.

In Santa Rosalia ist nichts auf Touristen abgestimmt, man kann sich also spätestens hier vorstellen, daß man in Mexiko ist!
Das Postamt hätte allerdings um 1870 in Kansas stehen können.

Banken, Geschäfte, Lebensmittelläden, Büroräume und ein Theater sind in diesen Holzgebäuden zu finden.
An der 3. Straße ist ein kleiner Buchladen, der von Ruben Nunez Brooks betrieben wird. Hier kann man sich interessante Tips holen. Ruben, der oft in die Staaten fährt, spricht auch Englisch. Außerdem hat er einen kleinen Vorrat an Filmen.

Die Unbefangenheit dieser Stadt ist wahrscheinlich dem Untergang geweiht. Die ersten modernen Motels werden gleich südlich von der Stadt gebaut und zweifellos wird hier in Zukunft noch einiges passieren.

Für Seitenausflüge von Santa Rosalia aus siehe RL 30, 31, 32.

BAHIA DE LA CONCEPCION

Die andere Seite der BAHIA DE LA CONCEPCION

Concepción ist die bekannteste und eine der schönsten Stellen auf der Baja. Der weiße Sand und das klare, blaugrüne Wasser zieht viele Touristen an, die hier wegen dem ausgezeichneten Angeln und Tauchen herkommen oder einfach wegen dem erholsamen Camping.

Wenn die Bahía de la Concepción zu bevölkert ist, dann gibt es immer ein paar Ruhelose, deren Blick hinüber über die Bucht wandert und die sich fragen, was dort drüben auf der anderen Seite wohl ist.
Auf der Karte wird kein Weg angegeben. Kein Buch beschreibt, was dort drüben ist.
Viele werden überrascht sein, wenn sie hören, daß es auf der anderen Seite der Bahía de la Concepción einen Weg gibt und daß dieser die ganzen 50 km an der Küste entlangführt bis zum äußersten Ende.
Es ist eine abenteuerliche Strecke, eine Herausforderung, die man annehmen sollte. Sie führt zu vielen Stränden und unbekannten Teilen der Concepción Halbinsel.
Der Weg entlang der Ostseite der Bucht verläuft parallel zur Küste und führt nördlich, unterhalb des hohen Gipfels der Concepción Berge vorbei.
Am Ende, kurz vor der Spitze, führt ein 16 km langer Seitenweg einen Arroyo hoch und über die Berge einen zweiten Arroyo hinunter zu der Küste des Cortez Meeres.
Diese relativ einfachen 49 km hinein und heraus kann man an einem einzigen Tag schaffen, wenn man früh wegfährt. Wenn man es genauer anschauen möchte, sollte man dort übernachten.

Wenn man sich Hals über Kopf auf diesen unbekannten Weg aufmacht, um dort ein anderes Concepción zu finden, wird man etwas enttäuscht sein. Es gibt nur ein Concepción und das ist bereits entdeckt worden. Die niederen, sanften Höhen der östlichen Seite sind kein Vergleich mit der einmaligen Bucht und den Stränden von El Cojote, El Requesón und anderen bekannten Stränden an der westlichen Küste.
Aber wenn man dort hinüber will, um fast unbefahrene Wege zu fahren, um Strände und Gegenden zu besuchen, die keiner kennt, um an der Landspitze seine eigenen Vierradspuren zu machen, eine Unmenge von Muscheln zu finden, dann sollte man nicht damit zögern.

Campen kann man auf der offenen Ebene bis zur Landspitze. Holz gibt es entlang des ganzen Weges. Wie an der Westseite ist es auch hier ab und zu recht windig.

Nachdem man auf der 16 km langen Abzweigung über die Berge der Concepción Halbinsel gefahren ist, hinunter zu dem Arroyo und dem Cortez Meer, erreicht man eine kleine Bucht mit Sandstrand und eine mit Felsen umgrenzte Quelle. Sowohl nördlich als auch südlich davon sind andere Buchten und Strände. Hinter dem nächsten Felsvorsprung nördlich davon wartet etwas völlig Unerwartetes. Dort in der Ferne, wo nichts als felsige Küste ist, sieht man die Fundamente einer alten Mine. Vor vielen Jahren versuchte hier die Regierung, wertvolles Magnesium in dieser mineralreichen Gegend abzubauen. Die Ruinen sind auf keiner Karte eingezeichnet und somit eine völlige Überraschung.

Will man alles anschauen, die Buchten und Ruinen und andere Strände im Norden und Süden, dann muß man auf jeden Fall einmal hier übernachten.

Auf dem Weg hinein muß man Klasse II und III erwarten, über die Hügel zu den verborgenen Buchten und Minen Klasse IV. Es gibt nur wenige Abschnitte Klasse V auf dieser Strecke, aber ein Vierradfahrzeug oder ein Motorrad hätte es hier auf jeden Fall viel einfacher.

Roadlog 47 Die andere Seite der BAHIA DE LA CONCEPCION

Klasse II, III, einige kurze Abschnitte IV, V.

km	Meile	
0	0	Am südlichen Ende der Bahía de la Concepción, bei dem Schild, das den Weg zur Rancho Santa Rosalita und einem Bewässerungsprojekt angibt. In der Nähe der Abzweigung sind gemauerte Gebäude. Eine andere Abzweigung etwas nördlich von dieser endet an einem Fischercamp an der südlichen Küste der Bahía de la Concepción.
5,5	3,4	Man fährt an den Gebäuden vorbei in Richtung Osten, an der südlichen Küste der Bahia de la Concepción entlang. Haine von hohen Cardón Kakteen.

km	Meile	
		Abzweigung nach rechts führt zur Rancho Sebastian, ein Stückchen weiter noch eine Rechtsabbiegung. Bei jeder Abzweigung geradeaus weiterfahren. Wenn man im Zweifel ist, dann einfach parallel zur Küste weiterfahren. Hier sieht man oft Truthahngeier und Pelikane.
6,9	4,3	Fischercamp am ersten Abschnitt der Ostküste der Bahía de la Concepción. Dahinter am Rand der felsigen Küste entlangfahren. Die lange Strecke nach Norden fängt hier an.
9,7	6,0	Fischercamp im Schutz von kleinen Bäumen. Weg führt gerade hindurch weiter nach Norden.
19,3	12,0	Weg verläßt Strand und führt weiter Richtung Inland. Über mehrere km führt er von der Küste weg und wieder zurück, ist aber nie weit von der Küste entfernt. Entlang dieser ganzen Strecke gibt es viele Tauben.
22,5	14,0	Fischercamp am Strand. Weg rechts führt zur Rancho San Ignacio. Geradeaus weiterfahren.
23,8	14,8	Größeres Fischercamp mit einigen Gebäuden am Strand in einem Hain von Bäumen. Geradeaus weiterfahren.
24,2	15,0	Rechte Abzweigung ist die Einfahrt zur Rancho El Salto. Geradeaus weiterfahren.
25,4	15,8	Weg führt kurvig ins Landesinnere zur Rancho El Salto, die etwas oberhalb rechts auf einem niederen Plateau liegt. Der Gipfel des Cerro Colorado ist hinter der Rancho im Osten zu sehen. Kurz vor der Rancho, aber immer noch drunten im baumbewachsenen, sandigen Arroyo, führt eine kaum sichtbare Spur zurück nach links. Dies ist der weiterführende Weg nach Norden. Wenn man ihn nicht finden kann, bei der Rancho fragen.
31,1	19,3	Nachdem man dieser Spur gefolgt ist, wo mehr Vieh- als Reifenspuren zu sehen sind, kommt man durch mehrere weiße, trockene Salzflächen neben dem Strand.

km	Meile	
36,5	22,7	Weg führt parallel zum Strand entlang.
37,4	23,2	Weg führt parallel zum Strand entlang. Gute Möglichkeiten, Treibholz für ein späteres Lagerfeuer zu sammeln. Will man aber erst am Ende des Weges campen, dann gibt es dort auch noch genug Holz.
37,8	23,5	Mehrere Strände.
41,4	25,7	Strand und Bucht.
43,0	26,7	Weg führt hinaus zum Strand und zu Strandfelsen. Vorsicht mit Ebbe und Flut!
44,6	27,7	Kleine Bucht.
45,1	28,0	Weg verläßt Strand. Langes, gerades Stück Richtung Inland.
46,9	29,1	Weg führt zum Strand zurück und zu einer kleinen Bucht.
47,7	29,6	Weg verläßt Strand.
47,8	29,7	Größere Kreuzung: T-Kreuzung. Weg führt in einen Arroyo hinunter. Weg links führt ein paar 100 m im Arroyo weiter, klettert dann heraus und führt bis zur Landspitze weiter. Bei der Landspitze verschwindet der linke Weg und fängt an, in mehrere Spuren überzugehen. Es sind noch ung. 3 km bis zu den verschiedenen Stränden, wenn man links fährt. Wenn man rechts fährt:
49,4	30,7	Weg führt in sandigen, aber festen Arroyo hinauf in die Berge, nach links und rechts schwenkend.
51,0	31,7	Arroyo fängt an, enger zu werden, mit hohen Wänden auf der linken Seite.
52,3	32,5	Man kommt aus dem Arroyo heraus, über kleine Erhebung, dann wieder bergab.
53,9	33,5	Felsiger Brunnen rechts, Eimer und Schnur. Geradeaus weiter kommt eine Bucht.
54,7	34,0	Ende des Weges. Alter Weg zur Mine klettert über den Sattel links. Einige Ruinen einer alten Rancho.

ALTE KOLONIALSTÄTTEN

SAN BRUNO

Genau 14 Jahre vor der historischen Ankunft der Jesuitenmissionare in Loreto 1697 ist ein früher Versuch gemacht worden, die Halbinsel nur wenige Kilometer nördlich von Loreto zu kolonisieren. Das war bevor das unwirliche Land den Jesuiten zuerkannt worden ist und es war ein Fehlschlag. In dem Unternehmen waren nicht nur Zivilisten, sondern auch Soldaten und Regierungsverwalter beteiligt. Admiral Isidro de Atondo y Antillion war der Führer.
Nach dem Bajahistoriker Pablo L. Martinez war Atondo "mit allem ausgerüstet, was von dem königlichen Schatzamt entbehrt werden konnte, zwei Schiffe mit Truppen und Verpflegung".
Als sich die Indianer gegen seine Behandlung auflehnten, hat Atondo den Versuch, eine Kolonie bei La Paz zu errichten, aufgegeben.
Martinez schreibt, daß Atondo "für einige Zeit herumgefahren ist, Inseln angeschaut hat und endlich, nachdem er von der anderen Seite (mex. Festland) Verpflegung geholt hatte, steuerte er die Stelle an, die ihm am geeignetsten schien und ließ seine Leute am 6. Oktober (1683) an der Stelle an Land gehen, die heute als San Bruno bekannt ist."
In diesem kleinen Tal, das sie sich ausgesucht hatten, "gründeten sie ihre Siedlung in Dreiecksform, mit einer Steinkanone in jeder Ecke. Innerhalb dieses Grundstückes bauten sie eine Kirche, ein Haus für die Truppen und ein Warenhaus."
Während der fast 2 Jahre, die die Kolonie bestand, war sie Ausgangspunkt für viele wichtige Erforschungen, darunter eine von dem Expeditionskosmograph, dem österreichischen Jesuitenpater E. F. Kino. Er erreichte den Pazifik und entdeckte die Quelle und den Fluß in dem grünen Tal von La Purísima.
Ein ungewöhnlich trockenes Jahr, dazu kam noch ungenügende Verpflegung und allgemein schlechter Gesundheitszustand, führte zu dem Fehlschlag der Kolonie. Am 8. Mai 1685 wurde Atondo befohlen, diesen Versuch abzubrechen. Danach wurden keine weiteren Versuche mehr unternommen, die Halbinsel zu kolonisieren.
Das trockene Land hatte nun 12 Jahre auf die energischen Jesuiten zu warten, die die ersten sein sollten, die einen festen Standpunkt an Bajas Küsten und in den Bergen im Inneren bekommen sollten.

Heutzutage ist es schwierig, den genauen Ort der Kolonie von San Bruno zu lokalisieren, aber seine Nähe zur Mex 1 macht eine aufregende Suche möglich.

Zur Rancho Buena Vista, der Rancho, die am nächsten zu dem Ort liegt, gibt es zwei gleich geeignete Wege.
Ein Zugang ist 20 km nördlich von Loreto, der andere 25 km. Die Rancho ist 3 km vom Strand des Cortez Meeres entfernt, in der Nähe von Punta Mangles.

Am Strand hinter der Rancho ist ein kleines Fischercamp und eine große Lagune direkt hinter einem Felsvorsprung.
Atondo ist nördlich von diesem Punkt gelandet.
Um den Arroyo zu erreichen, der nach San Bruno führt, fängt man bei der Rancho Buena Vista an.
Eine schwache Spur führt von dem Ranchhof nordöstlich durch den Busch, 3 km zu einer kleinen Umzäunung mit hohen Pfosten. Sie liegt am Rande eines breiten, tiefen Arroyos, der hier nach Osten und Westen führt. Der Korral ist auf der südlichen Seite. Ab hier kann man mit keinem Auto mehr fahren, aber ein Motorrad kommt leicht durch die Umzäunung und die Erdrampe hinunter zum Arroyo. Die Rampe ist eine Blende, durch die das Vieh in die Umzäunung getrieben wird. Der Eingang ist so schmal, daß selbst ein kleines Auto nicht durchkommt.
Im Arroyo gibt es keinen Pfad. Ungefähr 1,5 km weiter westlich ist eine Reihe von kleinen Hügeln, von denen aus man den Arroyo und seine umgebenden Täler überblicken kann. Dies ist wahrscheinlich die Gegend von San Bruno.
Der Fotograf Robert Western und ich verbrachten einen Tag damit, zu Fuß über die Hügel zu klettern und die Gegend nach irgendwelchen Spuren der alten Kolonie abzusuchen. Wir fanden einen alten Pfad und einige Steinhaufen, die auf Menschen hindeuten. Aber es muß noch einiges mehr gefunden werden, bevor man die genaue Stelle festlegen kann. Die Rancher beharren darauf, die Ruinen zu kennen. Sie sind überzeugt, daß der Steinhaufen alles ist. Aber man kann bestimmt noch mehr finden.

Die Abzweigung zur Rancho Buena Vista ist 24 km nördlich von Loreto und 113 km südlich von Mulegé. Der Weg ist die ganze Zeit Klasse II und III und kann leicht in einem Pickup gefahren werden. Der allererste Abschnitt beim nördlichen Eingang ist eine Klasse IV Steigung, gleich wo es von der geteerten Straße runtergeht. Von der Rancho bis zu dem Korral am Rande des Arroyos ist es Klasse V und VI. Man braucht die meiste Zeit Vierradantrieb. Der Pfad sieht mehr Vieh und Pferde als sonst etwas. Von der Teerstraße bis zur Rancho dauert es 30 Minuten. Von der Rancho bis zum Korral sinds nochmals ung. 30 Minuten.

Roadlog 48 Die alte Kolonie SAN BRUNO

Von der Teerstraße bis zur Rancho Buena Vista: Klasse II, III.

Von der Rancho bis zum Korral: Klasse V, VI. Vierradantrieb ist hier notwendig.

km	Meile	
0	0	25 km nördlich von Loreto.(Die weißen Straßenpfosten sind markiert.) Kommt man von Loreto, biegt man rechts von der Mex 1 ab.
2,3	1,4	Abzweigung. Man kann beide Wege nehmen, sie führen später wieder zusammen. Rechts gehts im Flußbett weiter, links am Ufer entlang.
2,7	1,7	Die zwei Wege führen wieder zusammen. Aus dem Flußbett heraus.
3,1	1,9	Rancho El Paraiso. Weg führt am Ranchgebäude vorbei, biegt nach rechts ab, führt im breiten Arroyo herum und dann wieder zurück zum Meer.
5,8	3,6	Bergab: Klasse IV (kurzes Stück).
6,8	4,2	Alternativer Weg von Loreto führt herein, der von km 20 kommt.
7,7	4,8	Rancho Buena Vista. Große Windmühle. Umzäunung und Haus. Zum Cortez Meer geht es hier 3 km geradeaus, um die Rancho herum. Um die Spur zu der Umzäunung zu finden, fährt man um das Ranchhaus herum und biegt rechts ab, wie zum Strand. Nach 30 m wird links im Gras eine schwache Spur sichtbar; sie führt die 3 km zum Korral und zum südlichen Rand des Arroyos. Folgt man dieser Spur zur Gegend von San Bruno, dann kommt:
10,9	6,8	Umzäunung. Hier das Fahrzeug abstellen oder, falls man mit dem Motorrad da ist, durch die Umzäunung durchfahren, hinunter in den Arroyo, zur nördlichen Seite, wo San Bruno ung. 1,5 km weiter hinein zu suchen ist.

LORETO

LORETO und seine Strände

Alles begann hier. Es stimmt, daß La Paz der erste Landeplatz der Erforscher der Baja war - Leute von Cortez um 1534 und ein Jahr später Cortez selbst. Aber es war Loreto, wo die Jesuiten 1697 an Land kamen, mit der Aufgabe, die Baja zu kolonisieren. Alle vorherigen Versuche waren fehlgeschlagen und die spanische Krone hielt es für angebracht, die kühnen Missionare auf die trockene Halbinsel zu schicken. Auf ihre Art haben sie auch gewonnen.

Hier in Loreto war die erste Hauptstadt von der Baja California und von dem heutigen Kalifornien. Hier steht auch die erste Mission, die noch im gleichen Jahr erbaut worden ist.
Von hier aus wurden die Priester in das Land geschickt. Sie bauten Straßen, verbanden 19 Missionen miteinander und gaben der Baja ihr erstes und eines der besten Verwaltungs- und Landwirtschaftssysteme.
Was nicht unerwähnt bleiben darf: Während diese Missionen gegründet worden sind, starben in den 5 größeren Stämmen mehr als 50 000 Indianer an Seuchen, die von den Missionaren eingeschleppt worden sind!
Die letzte Mission wurde 1849 geschlossen.
Heute werden die wenigen Missionen, die noch intakt geblieben sind, von den örtlichen Anwohnern benutzt.

Ein Teil der Mission in Loreto ist ein schönes Museum des Nationalen Instituts für Geschichte und Anthropologie. Man sollte nicht versäumen, es zu besuchen.

Einige Leute haben Loreto mit einer Südseeinsel verglichen - dem stimme ich voll zu. Es werden hier Geschäfte abgewickelt und jeder Service ist erhältlich, aber niemand ist gehetzt oder tut so.
Schaut man zwischen dem Palmenvorhang und den buschigen Pflanzen hindurch, findet man überall kleine Läden, Cafés und Hotels.

Südlich von Loreto beginnen die Strände, die das folgende Roadlog beschreibt. Man kann hier so viel oder so wenig Zeit verbringen, wie man will. Alle Strände sind in einer Tagestour hin und zurück von Loreto aus zu erreichen.

Roadlog 49		Von Loreto nach NOPOLO, NOTRI, JUNCANLITO, PUERTO ESCONDIDO und LIGUI Klasse II, III Sandige Wege, die zu den Stränden führen.
km	Meile	
0	0	Pemexstation in Loreto, gleich westlich der Stadt an der Straße, die auf die Mex 1 führt. Man fährt nach Westen auf die Mex 1 und biegt nach links (Süden) ab. Bei km 12,9 (Meile 8) ist eine Abzweigung von der Mex 1 mit Schild: 'Nopoló'. Aber es geht nicht dorthin. Also Aufpassen!
9,5	5,9	Unbeschilderte Linksabbiegung von der Mex 1 zwischen Stacheldrahtzaun und einem Gatter, das manchmal zu ist, aber nicht abgeschlossen. Man erkennt diese Abzweigung an dem Kopfsteinpflaster, das zum Wasser führt und dann rechts zum Strand. Entfernung 3,2 km. Dieser Weg ist das Ergebnis der Bemühungen einiger reicher Loretobewohner, hier aus der schönen Bucht ein Resort zu machen. Bis jetzt gibt es aber nur diesen Weg zu der fast immer völlig einsamen Bucht. Gute Parkmöglichkeiten. Wahrscheinlich ist es Privatbesitz, deshalb sollte man den Weg und den Strand mit großer Umsicht benutzen.
9,8	6,1	El Vivero. Rechts Experimentalstation. Bäume.
12,4	7,7	Rechtsabbiegung von der Mex 1 zum Dorf Rincon.
12,9	8,0	Falsche Abbiegung nach Nopoló. Linksabbiegung führt 800 m zum Strand, aber eine Lagune trennt einen von der Hauptbucht bei Nopoló. Ideal für eine Tageswanderung am Strand entlang. Unterhalb der großen Felsen kann man in der ruhigen Brandung ausgezeichnet angeln.
16,6	10,3	Notrí. Herrliche Sicht auf Inseln vor der Küste. Felsige Strände, einige Zugangsmöglichkeiten entlang dem felsigen Klasse III Weg. Kleine Campingstellen.

km	Meile	
23,0	14,3	Exzellenter Strand, teilweise kommerziell. Im Norden und Süden von dieser Stelle gibt es andere Strände, wo man ungestörter ist. Die Zufahrt dorthin ist hier. Es kann sein, daß man etwas dafür bezahlen muß. Klasse II Weg.
25,9	16,1	Puerto Escondido. Herrliche landumgebene Bucht. Lebensmittel, Charterboote zum Fischen. Kein Benzin und keine Unterkunftsmöglichkeiten.
35,6	22,1	Liguí. Rancho, einsamer Strand, bevor der Weg Richtung Inland weiterführt. Hinter all diesen Stränden tauchen die Berge der Sierra de la Giganta auf.

ÜBER PICHILINGUE HINAUS

Nordöstlich von LA PAZ

Pichilingue - das ist der Name der kleinen Bucht nordöstlich von La Paz, wo die Fähre von Mazatlán hereinfährt.
Hinter dem Punkt, wo der Teerbelag endet, fangen die Überraschungen von La Paz an. Diese 16 km breite Halbinsel, die die Bucht von La Paz schützt, wird i.a. deshalb vergessen, weil die Leute nach La Paz hetzen, um die Stadt zu sehen und um weiter nach Süden zu fahren. Vielleicht schreckt auch die Dirt Road die meisten ab.

Die Halbinsel ist wie eine Miniatur-Baja, mit Wasser auf beiden Seiten, schönen Buchten, hohen Kliffs und hervorragenden Möglichkeiten zum Angeln und Campen.
Warum ist also niemand hier? Ich weiß es nicht.

Die Wege sind alle Klasse II und III, mit kurzen Abschnitten IV und V (letztere führen zu Ausblicken, etwas von der Hauptroute weg).

Man erreicht diese Gegend, wenn man zum Fährhafen 18 km nördlich von La Paz fährt und der Dirt Road über die kleinen Hügel in die Ebenen der Halbinsel weiterfolgt.

Die unglaublich schöne Balandras-Bucht erwartet einen mit perfekter Symmetrie.
Rechts erstreckt sich das Meer, von El Tecolote östlich um die Landspitze herum. Die Seitenwege führen an Strände, an denen man buchstäblich niemanden trifft.
Von der Stadt zu dieser außergewöhnlichen Gegend ist es eine Stunde Fahrt. Es ist eines der am wenigsten bekannten Erholungsgebiete auf der Baja geblieben.

Roadlog 50		Von La Paz nach PICHILINGUE, BALANDRAS und TECOLOTE Klasse II, III Auf den Strecken zu den anderen Stränden außer Balandras und El Tecolote sind die felsigen Zufahrten Klasse IV, V, ab und zu auch VI.
km	Meile	
0	0	Kilometerzähler bei Malecon auf 0 stellen. Richtung Fährhafen bei Pichilingue fahren, nordnordost. Rechts ist die La Paz-Residenz des Präsidenten von Mexiko. Auf dem Weg nach Pichilingue führt die Straße an einem beliebten Strand (links) vorbei. Einige Ölvorratstanks. Mehrere Lagunen links in der Nähe der Fährendocks.
16,9	10,5	Alternative Rechtsabbiegung zur Balandras Bucht. Geradeaus weiterfahren.
17,5	10,9	Fährendocks. Nicht links weiterfahren, sondern geradeaus auf die Dirt Road. Teerstraße endet auf dem Gelände der Fährenkompanie. Fährt man geradeaus auf die Dirt Road weiter, kommt:
18,5	11,5	Pichilingue Strand. Kommerziell.
20,1	12,5	Abzweigung links führt zum Strand, verlassene Bucht. Gute Parkmöglichkeit. Klasse III, IV über 1,6 km zum Strand.
20,6	12,8	Weg links führt zum Strand, verlassene kleine Bucht. Wenig Parkmöglichkeiten. Klasse III, IV. 1,6 km zum Strand.
21,7	13,5	Alternative Route rechts führt auf die andere Seite der Halbinsel. Geradeaus weiterfahren.
22,5	14,0	Laguna Azul. Von niederen Mangroven umgeben. Etwas Schlamm. Nach Balandras und zu dem Regierungsmonument geht es hier links ab. Ein Spaziergang zu dem Monument ist empfehlenswert, man sieht all die Strände unten.

km	Meile	
25,3	15,7	Rechts geht es nach Tecolote auf der anderen Seite der Halbinsel. Dort ist es nicht ganz so schön wie in der Balandras Bucht. Links führt ein schwieriger Weg zu einem Aussichtspunkt.
26,1	16,2	Zweiter Weg führt links weg zu einem Aussichtspunkt. Sehr steil: Klasse V Steigung.
29,0	18,0	Gute Parkmöglichkeiten, alte Rancho, Strand etwas weiter vorne. Rechtsabbiegung führt nach Tecolote, links bleibt man in dieser Gegend.
29,3	18,2	Landspitze und Strand. Felsig, etwas Sand.
29,8	18,5	Weg führt Richtung Landesinnere weg vom Strand. Strandweg geradeaus endet in tiefem Sand. Weg ins Landesinnere gabelt sich mit alternativen Route, die zurück nach La Paz führt. Nicht empfehlenswert.
32,5	20,2	Man ist langsam über die Hügel gekurvt und wieder hinunter zur Kreuzung bei km 26,1 (Meile 16,2) von der Stadt aus.

Wenn man zurück nach La Paz fährt, kommt man an folgenden Abzweigungen vorbei:

33,0	20,5	Rechtsabbiegung zu einem Aussichtspunkt. Nur Vierradantrieb.
33,8	21,0	Rechtsabbiegung zur Balandras Bucht und zum Monument.
56,4	35,0	La Paz.

BAHIA DE LOS MUERTOS

LOS PLANES und BAHIA DE LOS MUERTOS

Südlich von La Paz führt eine gute Straße über die Berge, an hochgelegenen Ranchos vorbei und wieder hinunter in ein Tal zu den kleinen Farmgemeinschaften von Los Planes.
Hinter Los Planes sind eine Reihe von Buchten und Stränden mit weißem Sand und felsigen Landzungen, die nur wenige Leute kennen.

Der Weg aus La Paz heraus ist mit 'Los Planes' beschildert.
Die Fahrt über den 48 km langen, planierten Klasse I und II Weg dauert 2 Stunden.
In Los Planes gibt es keinerlei Service und kein Benzin, aber Lebensmittel und Erfrischungen kann man kaufen.
Kurz vor Los Planes kann man nach El Sargento links abbiegen, das auf der Nordseite der Ventana Bucht liegt oder man fährt weiter zu den südlichen und weniger bekannten Gebieten, wo Punta Arena (Norte) und der Punta Arena Leuchtturm ist.
Hier gibt es ausgezeichnete Möglichkeiten, Vögel zu fotografieren. Man hat einen herrlichen Blick auf die große Isla Cerralvo, die 29 km lang und 8 km breit ist. Auf ihr lebten bis ins 18. Jahrhundert das ganze Jahr über ein großer Indianerstamm.
Hinter Punta Arena ist eine kleine versteckte Bucht und weiter um die Landspitze herum liegt die beinahe vergessene und fast perfekt runde Bahía de los Muertos.
Die Bucht hat ihren Namen von einem amerikanischen Kolonisationsversuch von 1863 bekommen, wo viele Kolonisten umgekommen sind.
Die Bahía de los Muertos läßt ein Bild in der Erinnerung zurück, das einen immer wieder hierher zurückkommen läßt.

Die Wege zu den Stränden in der Nähe von Los Planes und El Sergent sind Klasse II und III.
Wenn man nicht auf dem gleichen Weg wieder nach La Paz zurückfahren will, kann man bei km 40,9 (Meile 25,4) von RL 51 nach rechts abbiegen auf den 24 km langen zweistündigen Trip nach San Antonio. Diese Strecke ist jedoch für PKWs weniger geeignet; es ist normalerweise Klasse III, manchmal IV. Der Weg führt in Arroyos direkt bis nach San Antonio, wo er dann aus dem Arroyo heraus auf die Mex 1 führt.

Roadlog 51 Von La Paz nach LOS PLANES und zur BAHIA DE LOS MUERTOS

Klasse II, III, IV

km	Meile	
0	0	Abzweigung nach Los Planes, 3,2 km südlich von La Paz auf der Mex 1.
8,9	5,5	Weg windet sich bergauf, nachdem man über eine Waschbrettoberfläche gekommen ist.
16,9	10,5	Oben auf dem Bergrücken hat man gute Sicht nach links. Mineraliensammler finden hier lose Quarzsteine entlang dem Bergkamm.
24,6	15,3	Rancho La Huerto.
23,3	14,5	Rechtsabbiegung führt nach Tamales. Geradeaus weiterfahren.
26,2	16,3	Rancho Las Encinitas.
26,6	16,5	Blick auf Cortez Meer und die Bahía Ventana.
26,7	16,6	Ab hier bergab.
28,5	17,7	Weg rechts führt zu einer Rancho.
29,3	18,2	Tiefe Schlucht rechts. Fließendes Wasser, Wasserfälle. Weiter vorne überquert der Weg einen kleinen wasserführenden Bach.
30,3	18,8	Canyon ist jetzt links. Alte Gebäude auf der anderen Seite des Canyons.
39,1	24,3	Linksabbiegung führt nach San Ignacio. Rechts bleiben.
40,9	25,4	Rechts von dem großen grünen Altar ist die Abzweigung nach San Antonio. Ab und zu ist hier Wasser im Flußbett, dem der Weg bis nach San Antonio folgt. Entfernung: 24 km, Klasse II, etwas IV.
45,2	28,1	Rancho rechts.
46,0	28,6	Erste Hütten und Vororte von Los Planes. Geradeaus durchs Dorf fahren.
51,4	31,9	Rancho links auf einem ziemlich erodierten Weg. Bewässerungsaquädukt links. Abbiegung links, geradeaus weiterfahren. Manchmal steht hier ein Wegzeichen.

km	Meile	
53,0	32,9	Scharfe Linksabbiegung zu den Stränden und nach Punta Arena. Weg geradeaus ist eine Sackgasse.
56,5	35,1	Rancho links.
56,7	35,2	Rancho links.
58,9	36,6	Scharf links nach Punta Arena. Geradeaus geht es 2,4 km zur Bahía de los Muertos.
63,8	39,6	Geradeaus gehts nach Punta Arena. Versteckte Bucht 800 m rechts.
63,5	40,7	Rancho und Salzteiche. Punta Arena und Strand. Weg hört hier auf.

DIE ABGELEGENE SCHLEIFE

Über CABO PULMO nach SAN JOSE DEL CABO

Über diese Baja-Schleife weiß man am wenigsten. Der entlegene schwierige Pfad verläuft entlang des äußersten südlichen und östlichen Randes am Cortez Meer - von Las Cuevas auf der Mex 1 (südlich von La Paz) nach San José del Cabo am Ende der Halbinsel.
Diese Küstenlinie ist eine Wildnis geblieben. Je mehr ich versuchte, etwas darüber herauszufinden, desto mehr wurde mir bewußt, daß es niemand wirklich kennt. Ein mexikanischer Lastwagenfahrer behauptete einfach, daß es unmöglich sei; ein dicker Amerikaner in einem roten Jeep meinte, daß es leicht wäre. Die meisten Leute wußten nicht einmal, wo es ist.
Es gab also nur eine Möglichkeit, mehr darüber herauszufinden!
Wenn man die Karte betrachtet, dann sieht diese entlegene Schleife wie eine alternative Route nach Cabo San Lucas aus, kürzer und interessanter als die Schleife zurück über Todos Santos.
Derjenige, der glaubt, daß er von La Paz schnell nach Cabo San Lucas hinunterfahren kann und dann auf der Todos Santos Route oder auf dem verlassenen Weg, den ich hier beschreibe, genauso schnell wieder zurück nach La Paz kommt, der irrt sich.
Die einzige leichte und schnelle Strecke nach La Paz vom Landesende ist die Mex 1.

Die abgelegene Schleife beginnt auf gutem Klasse II Weg. Aber bei Los Frailes, 48 km weiter, ist es eine reine Vierradantriebangelegenheit.
Aber schon die Fahrt nach Los Frailes und nach Cabo Pulmo lohnt sich. Keiner der beiden Orte wird oft besucht. Die Buchten sind mit denen südlich von Loreto vergleichbar, ja sogar noch schöner.
Wegen der Nähe zum Pazifik sind die Wellen größer als sonst irgendwo am Cortez Meer. Besonders hoch sind sie südlich von Punta Arena.

Benzin und Lebensmittel sollte man in La Ribera kaufen, 16 km von der Mex 1 entfernt.

Wenn man vorhat, diese einsame Schleife zu fahren, sollte man sich folgendes merken:
Es dauert einen ganzen Tag, um von Las Cuevas nach San José del Cabo zu kommen. Wenn man diese Strecke nicht schon ein-

mal gefahren ist, dann ist es besser, wenn man (wie es in dem RL 52 beschrieben wird) von Norden nach Süden fährt, damit man sich nicht so leicht verirrt.
Die gesamte Strecke ist 113 km lang. Die ersten 48 km sind einfach, die mittleren 30 fast unmöglich (außer für Dune-Buggies), die letzten 30 km sind schwierig.
Es gibt wenige kleine Ranchos und viele Stellen, wo man völlig allein an seinem Privatstrand zelten kann.
Die Leute in der Rancho hinter Los Frailes sind daran gewöhnt, den frustrierten Reisenden zu helfen, die im Sand eingesunken sind und etwas über den unmöglichen Zustand, in dem sich die 'Straße' befindet, vor sich hinmurmeln.
Hinter Los Frailes ist der Weg Klasse V und VI, wo Felsen und Erde ist. Wo der Weg aber über Sanddünen und in sandige Arroyos führt, ist er Klasse VIII und IX. Für jedes Fahrzeug - außer für Dune-Buggies - eine Herausforderung. Ein Fehlschlag ist hier immer drin!
Ich bin diese Strecke mit einem 4x4 und mit einem Motorrad gefahren. Die Reifen des Toyota waren ziemlich platt, um die Haftung zu verbessern. Trotzdem hatte ich dauernd Pech auf der ganzen Strecke. Auf der Honda war es ein Hin- und Herspringen bergauf in tiefem Sand und mehr als einmal auch ein Abspringen. Ein Begleitfahrzeug ist wünschenswert!
Ein Allradfahrzeug kann leicht mit allen vier Rädern völlig im Sand versinken.
Aber wie bei so vielen Strecken auf der Baja, die schwer zugänglich sind, macht sich die Anstrengung mehr als bezahlt, einmal durch die vielen einsamen Strände und das ungestörte Land und einmal wegen des Abenteuers, etwas fast Unmögliches möglich zu machen.

Die Strände sind eine Kombination aus silbernem und grauem Sand. Da es am Kap ein bißchen mehr als sonst regnet, ist es hier auch ein bißchen grüner und es wachsen viele Palmen.
Die niederen Berge, die bis zum Meer hinreichen, sind dick mit Wäldern von hohen Kakteen und niederen Büschen bewachsen.
Die Bewohner der kleinen Ranchos entlang dieser Route benützen die Kakteen als Zäune und Korrale. Es gibt viele Pferde und viel Vieh, wenn auch unterernährt.

Auf dieser selten befahrenen Schleife wird man wahrscheinlich auf kein anderes Fahrzeug stoßen.
Die Pfade, denen man folgt, bestehen zumeist aus Hufabdrücken von Vieh und von Pferden. Wo der Weg nicht so schwierig ist, ist er fest und eben, ohne Löcher oder Erosion. Dann macht es richtig Spaß, bergauf und bergab durch die Täler und über die

Hügel zwischen Kakteen und den kleinen Ranchos zu fahren. Aber wo der Weg schlecht ist, ist es wirklich gemein. Wie jeder einzelne sein Fahrzeug dort durchbringt, hängt von seiner Kenntnis, seinem Urteilsvermögen und vor allem von seinem Glück ab! Auf dieser abgelegenen Schleife braucht man von allem etwas!

1980 versuchte die Regierung, die Straße südlich von km 59,9/ Meile 37,2 instandzusetzen. Dies war Teil einer Bemühung, eine alternative Strecke von La Ribera und Punta Colorada nach San José del Cabo anzubieten. Stürme haben diesen Versuch zunichte gemacht, sodaß die Strecke jetzt zwar an manchen Stellen gut ist, an anderen dafür nur für einen guten Fahrer mit Vierradantrieb passierbar ist. Es wird bestimmt neue Versuche geben, diese Strecke entlang den herrlichen, einsamen Stränden wieder zu verbessern, aber bis jetzt (1982) hat sich an dieser abgelegenen Schleife nicht viel geändert.

Roadlog 52 Von Las Cuevas nach SAN JOSE DEL CABO über CABO PULMO

Von Las Cuevas aus: Klasse II, III.

Ab Los Frailes: Klasse VII, VIII, etwas IX.

Ab km 72,1 (Meile 44,8): Klasse III, IV, etwas V.

km	Meile	
0	0	Las Cuevas Kreuzung auf Mex 1, ung. 129 km südlich von La Paz. Wenn man von Süden kommt, biegt man links zur Küste hin ab; fährt man nach Norden, geht es rechts ab. Schilder zeigen nach 'La Ribera'.
2,4	1,5	Weg rechts, links bleiben und geradeaus weiterfahren. Links eingezäuntes Feld.
5,3	3,3	Überqueren eines Viehgitters. Man kommt auf flache Ebene.
7,9	4,9	Noch ein Viehgitter, weiter geradeaus über Ebene.
11,8	7,3	Gebäude von La Ribera rechts und links. Achtung scharfe Rechtskurve weiter vorne. Meer ist nicht sichtbar.

km	Meile	
12,1	7,5	Rechts Lebensmittelgeschäft, links Kirche. In La Ribera sollte man sich mit allem eindecken, was man noch braucht. Im weiteren Verlauf der Route gibt es keine Gelegenheit mehr dazu. Scharfe Rechtskurve, dann parallel zur Küste nach Süden. Pemexstation ist ein Stückchen weiter auf der rechten Seite.
13,5	8,4	Pemexstation. Am besten tankt man hier voll.
26,6	16,5	Palmen von La Laguna. Rechts halten. Der Punta Arena Leuchtturm ist am Meer sichtbar. Hier ist auch der Wendekreis des Krebses. Der Weg zu diesem Punkt ist Klasse II und es geht auch Klasse II weiter die ganze Strecke bis nach Los Frailes, mit nur kurzen Abschnitten III und IV.
30,3	18,8	Geplante Siedlung mit Brunnen in der Mitte des Weges. Sie ist verlassen, bis auf die Instandhaltungstruppe des mexikanischen Straßenbauamts.
33,3	20,7	Weg links führt zum Strand (800 m).
33,5	20,8	Weg führt vom Strand weg und fängt an, auf felsigen Bergkamm anzusteigen. Bergauf 600 m.
34,1	21,2	Bergspitze. Ausgezeichnete Sicht auf nördliche und südliche Küste.
36,2	22,5	Wieder unten. Rancho und Strand sind 800 m links.
38,6	24,0	Bergauf zum Bergkamm. Cabo Pulmo ist unterhalb und links. Mehrere Wege weiter vorne gehen nach links zu den Strandgebieten von Cabo Pulmo ab.
45,9	28,5	Rancho.
49,1	30,5	Gipfel des Bergkamms. Sicht auf Los Frailes, große Küstenfelsen in der Ferne. Anfang eines langen Stückes ins Landesinnere.
50,7	31,5	Gerader Weg beginnt nach links, Richtung Meer, abzudrehen.
58,8	36,5	Zurück zum Meer, Fischerdorf mit ungefähr 50 Fischern.

km	Meile	
59,9	37,2	Große Rancho La Boca Salado. Hier biegt der Weg nach links in den Ranchohof ab, Gebäude geradeaus, verschiedenes Geflügel im Hof, Korral links. Pferde und Maultiere. Der Weg scheint hier vor dem Hof der Rancho aufzuhören. Auf eine Art stimmt das auch. Weiter rechts von der Rancho, südlich und östlich führt eine Spur über Felsen und Steinblöcke, zwischen großen Kakteen hindurch. Vielleicht ist der Vorarbeiter Miguel in der Nähe und kommt heraus. Er wird die Ausrüstung kritisch betrachten, wenn man ihn etwas über den weiteren Weg fragt. Wenn er herausfindet, daß man wirklich den Weg nach San José del Cabo fahren will, wird er mit den Achseln zucken, ein schnelles Gebet sprechen und einem raten, wieder umzukehren und den gleichen Weg zurückzufahren, den man gekommen ist. Verläßt man La Boca Salada nach Süden, kommt man zu dem schwierigsten Teil des Weges. Weg verläßt die Rancho und führt in trügerischen weißen Sand. Dann gehts weiter über einen kleinen Hügel, der noch in der Sicht von jedermann auf der Rancho ist. Man kämpft sich den ganzen Weg durch tiefe Sandmulden. Sand speiend und fluchend wird man den Hügel hinaufkriechen und fährt dann auf einigermaßen gutem Weg auf der anderen Seite des Hügels in einer engen Mulde bergab. Wenn man diesen Hügel heruntergekommen ist, dann schafft man auch noch den Rest.
62,6	38,9	Abhang hinunter zur viel kleineren Rancho Ardilla, wo es einen schmalen Korral und kleine Gebäude gibt. Sie sind nicht weit vom weißen Sand weg und bekommen noch den Schatten des Palmenhains. Die Familie wird barfüßig und neugierig herauskommen und einen begrüßen. Danach kommt ein schwieriges Stück bergauf.
65,5	40,7	Einsame, verlassene Strände gleich neben dem Weg über den Dünen. Wie man sie erreicht und nutzt, hängt von der Ausrüstung und der Zeit, die man hat, ab.

km	Meile	
		Von dem engen Weg herunter zu den Stränden zu fahren bedeutet, mit Kakteen zu kämpfen. Der erste dieser abgelegenen Strände ist sehr schön!
67,8	42,1	Strand.
68,4	42,5	Strand.
68,6	42,6	Strand.
68,7	42,7	Langer, breiter sandiger Strand, schattenspendende Palmen, verlassene alte Rancho. Letzter wirklich schlechter Abschnitt mit tiefem Sand.
72,1	44,8	Langsam geht es in die Berge, man verläßt die Strände. Rechts ist ein Canyon mit einem Gebäude weiter unten. Danach ist Vierradantrieb nicht mehr notwendig.
74,7	46,4	Kleine, saubere Rancho. Korral aus Kakteen. Schweine, Geflügel, Vieh.
77,3	48,0	Gipfel. Kakteen sind so nahe am Weg, daß es gefährlich aussieht.
79,1	49,1	Größere Kreuzung: Der Weg, auf dem man gerade ist, hört an der T-Kreuzung auf. Weg rechts windet sich 11 km zu einer kleinen Rancho und endet dort. Weg links muß man weiterfahren, er führt hinunter über einen kleinen Felsenkanal. Die hohen Gipfel der Sierra de la Laguna erscheinen rechts. Zwischen ihnen und dem Weg ist die Mex 1.
80,7	50,1	Weg ist ziemlich verwirrend. Er fängt sogar manchmal an zu verschwinden. Er führt in ein altes Flußbett mit weißem Sand hinunter. Büsche, Felsen und Bäume. An dieser Stelle links steht ein alter Elefantenbaum, der mit der Dürre und dem Wind zu kämpfen hat. Er ist an der Seite eines gigantischen Felsblockes in die Erde gewachsen.
86,0	53,4	Weg fängt langsam wieder an so auszusehen, als ob er irgendwo hinführen würde.

km	Meile	
		Hier mündet auch ein anderer Weg, von rechts kommend. Geradeaus fahren. Die Erde ist jetzt rot, Kiesoberfläche. Mehr Ranchos tauchen auf.
104,2	64,7	Gemeinde von Catarina. Schule steht auf Hügel links. Häuser rechts und links. Die Hauptstraße ist die am meisten befahrene.
104,5	64,9	Zentrum von Catarina. Rechts ist die Schule mit dem eingezäunten Spielplatz. Bei der Schule biegt man rechts ab. Weg führt westlich auf die Mex 1.
105,6	65,6	Nachdem man ung. 1 km nach Westen gefahren ist, kommt man an eine T-Kreuzung. Hier links abbiegen, hinter der Pumpstation rechts halten, wieder nach Westen in die Berge.
106,9	66,4	Geteerte Straße gleich in der Nähe von Santa Anita, 13 km nördlich von San José del Cabo. Nach San José del Cabo links abbiegen, nach La Paz gehts rechts.

UNTER FREUNDEN

ESSEN UND TRINKEN

Die mexikanische Küche ist ausgezeichnet!
Man kann fast überall und zu jeder Zeit, Tag oder Nacht, 'Frijoles, Tortillas und Kaffee' bestellen. Dies ist ein guter und billiger Imbiß, den man probieren sollte, vor allem, weil man soviel Tortillas kriegt, wie man will - innerhalb bestimmter Grenzen, versteht sich!
T o r t i l l a s sind dünne Mais- oder Eierfladen.
T a c o s und E n c h i l a d a s sind knusprige Maisfladen mit Schweinefleisch, Huhn, Gemüse oder Käse und Chili.
C h i l i , das sind die Pfefferschoten, die die ganze Sache etwas verschärfen.

Entgegen der weit verbreiteten Annahme, daß mexikanisches Essen immer scharf gewürzt ist, bekommt man die meisten Gerichte kaum gewürzt serviert. Die scharfe Chilisauce kommt getrennt in einem Glas. Nur Gerichte, bei denen 'Ranchero' dabeisteht, sind bereits scharf gewürzt.

Die Durchfallgefahr ist nicht so groß, wie es immer heißt. Zur Vorbeugung sollte man nach Möglichkeit keinen Salat essen und wenig Milch trinken, das Wasser lange abkochen und das Obst auf jeden Fall immer waschen!
Wer scharfe Speisen bei uns nicht verträgt, bei dem ist es in Mexiko wahrscheinlich auch nicht anders - dann verzichtet man eben auf die 'Salsa', wenn's auch noch so gut schmeckt.
Wenn alles nichts hilft, dann hilft folgendes Rezept gegen Durchfall bestimmt:

3,5 g Natriumchlorid
1,5 g Natriumbikarbonat
1,5 g Kaliumchlorid
20 g Glukose

Dies alles wird in 1 l Wasser aufgelöst.
Am besten schweißt man die Mischung portionsweise in Plastikbeutel ein.

F i s c h g e r i c h t e sind hier natürlich immer empfehlenswert. M u s c h e l n und K r a b b e n sind ebenfalis günstig, wogegen H u m m e r nicht mehr so billig ist.

W u r s t und K ä s e ist teurer als bei uns in Deutschland und die Auswahl ist nicht sehr groß.

M i l c h gibt es frisch nur in den größeren Städten zu kaufen. Milchpulver gibts überall.

E i e r bekommt man in fast jedem Geschäft. Da hier die Eier nicht in Pappkartons abgepackt sind, ist ein Plastikbehälter dafür recht geschickt.

B r o t kauft man in der 'Panadería'. Das Brot ist viel besser als das amerikanische Wattebrot. Leider gibts nicht überall eine Panadería.

Achtung:
Bei Lebensmitteln immer auf das Verfallsdatum achten. Vieles liegt schon länger rum!

In den kleineren C a f é s und R e s t a u r a n t s gibt es öfters keine Auswahl zwischen verschiedenen Gerichten. Wenn die Bedienung dann fragt 'Comida?', was soviel heißt wie 'Möchten Sie etwas essen?', dann reicht es, wenn man 'si' oder 'no' sagt.
Jede Tasse Kaffee ist eine Bestellung für sich. Man bekommt sie nicht wie in USA und Kanada kostenlos nachgefüllt.
Wenn man 'richtigen' Kaffee möchte statt einem Glas heißen Wasser und Instant Nescafe aus dem Glas, dann muß man einen 'Cafe du grano' verlangen. Falls gerade jemand Zeit hat ihn zu machen, dann bekommt man ihn auch.
Der Nescafe ist ziemlich stark. Auf eine Tasse Kaffee reicht ein halber Teelöffel.
Die exquisiteste Tasse Kaffee auf der ganzen Baja findet man in La Paz in einem Freiluft-Stehcafé, dem Café Battala an der Francisco I. Madero Straße, einen Block rechts von der Hauptplaza, wenn man von der Malecon kommt.
Die Kaffeebohnen werden hier jeden Morgen frisch gemahlen und der Kaffee kostet nur wenige Pesos. Stühle gibt es hier allerdings keine.

Das B i e r schmeckt auch viel besser als das amerikanische! Falls man davon aber genug hat, sind die verschiedenen Säfte, die man in Dosen kaufen kann, empfehlenswert.
Orangensaft schmeckt am besten, wenn man ihn mit T e q u i l a mixt, dem mexikanischen Nationalgetränk, ein Schnaps aus 'Magney', einer Agavenart.

ANGELN

Selbst wer noch nie geangelt hat und keine Ahnung hat, wie man angelt, der fängt hier auf der Baja seinen ersten Fisch! An manchen Stellen hat es so viele Fische, daß das Wasser förmlich brodelt.
Dort wo die Pelikane sind, hat es mit Sicherheit auch viele Fische!

Angelzeug sollte man am besten mitbringen, entweder von Europa oder von USA. Auf der Baja muß man Glück haben, wenn man irgendwo Angelzeug auftreiben kann.

Jeder Ausländer über 14 Jahre braucht eine mexikanische Angellizenz für Süß- und Salzwasserfische.
Eine Lizenz für 15 Tage ist kostenlos und kann verlängert werden. Man bekommt sie von den Grenzbeamten oder in Ensenada in der Avenida Ruiz # 4.

Da manche Touristen nichts besseres zu tun haben, als so viele Fische aus dem Meer herauszuholen, wie sie nur fangen können, wurde eine täglich erlaubte Anzahl festgesetzt: nicht mehr als 10 Fische pro Tag und nicht mehr als 5 Stück von derselben Sorte.
Auch ein unmäßiger Fresser sollte davon satt werden!

Überhaupt nicht mehr angeln darf man:
Abalone, Hummer, Krabben, Pismo-Muscheln, Seeschildkröten und Totuavas.

Hummer, Krabben, Muscheln und Fisch gegrillt schmeckt hervorragend!

HUMMER *ist am besten, wenn man ihn vorher mit Limonensaft, Knoblauchbutter und etwas Paprika einreibt.*
Den Schwanz auseinandermachen und mit der Schale nach oben grillen, einmal wenden.

MUSCHELN *muß man ein paar Stunden (über Nacht) wässern. Dann legt man sie direkt auf den Grill. Solange grillen, bis sie sich öffnen und Saft verlieren.*
Zusammen mit Limonensaft, Kräuterbutter oder einer scharfen mexikanischen SALSA ein Gedicht!

WANDERN

Man könnte annehmen, daß die Fortsetzung der amerikanischen Sierra Nevada, die S i e r r a J u a r e z und die S i e r r a S a n P e d r o M á r t i r , genauso beliebt ist unter den Wanderern.
Komischerweise trifft man hier fast nie auf welche - obwohl es nicht weit von der US-Grenze entfernt ist.
Die Pinien- und Fichtenwälder, die alpinen Wiesen und Gebirgsflüßchen inmitten der unfruchtbaren Wüste kennen eben nur sehr wenige!

Die besten Möglichkeiten zu langen ausgedehnten Wanderungen bietet die S i e r r a S a n P e d r o M á r t i r .
Sie hat die meisten Wanderwege mit herrlichen Ausblicken und wird nur durch wenige Autowege durchquert.

Die Wanderwege auf der Baja bestehen zum Teil aus Viehpfaden, die kreuz und quer durch die Gegend führen, was es einem oft schwer macht, dem Hauptweg zu folgen. Und dann gibt es natürlich auch keine Wegzeichen oder genaue Wanderkarten. Deshalb ist es gut, wenn man einen Bergführer anheuert, am besten gleich mit Packpferd. Dazu wendet man sich an folgende Adresse:

Rancho San José (Meling)
P.O. Box 224
Ensenada, B.C. Mexiko

(Wer sich für organisierte Wandertouren auf der Baja interessiert siehe nächstes Kapitel ORGANISIERTE TOUREN.)

Falls man ohne einen Führer losmarschiert, dann sollte man an folgende Dinge denken:

- niemals alleine gehen
- immer einen Kompaß mitnehmen
- jemanden von seinem Vorhaben unterrichten (wie lange man wegbleiben will, welchen Weg man nimmt etc.)
- genug Wasser mitnehmen! Im Frühling und Frühsommer haben die Flüßchen noch Wasser, aber gegen Ende des Sommers und im Herbst sollte man v i e l Wasser mitnehmen.
- beim Feuermachen höllisch aufpassen, da alles ausgetrocknet ist!

ORGANISIERTE TOUREN

Wir machen auch am liebsten alles 'auf eigene Faust'. Der Nachteil dabei ist, daß man oft zu wenig Zeit, zu wenig Information, Erfahrung und nicht die notwendige Ausrüstung hat, um das zu machen und das zu sehen, was einen interessiert und einem unheimlich Spaß machen würde.
An organisierte Touren mitzumachen bedeutet noch lange nicht, daß man sich mit einer Menge Leute irgendwohinkarren läßt und einem geschäftstüchtigen Veranstalter dafür auch noch eine Menge Geld in den Rachen schiebt.

Interessante Sachen auf der Baja, die man nicht so ohne weiteres zu sehen bekommt, sind die Felsenmalereien der Indianer und die Grauwale in den Salzlagunen.
Außer der Candelaria Felsmalerei (siehe RL 33) gibt es noch viele andere, z.B. in der Sierra de San Francisco bei San Ignacio. Die größte ist die Cueva Pintada (die bemalte Höhle) im Canyon Sal Si Puedes. Erle Stanley Gardner hat sie entdeckt und bekannt gemacht. Die Höhle El Batequi in ihrer Nähe bietet sogar vier übereinander liegende Malereien.
Wenn man sich selbständig auf die Suche machen will, sollte man sich in San Ignacio näher über den genauen Weg dorthin erkundigen, einen Esel mieten und 1 bis 2 Wochen Zeit dafür einplanen.

Wer die Grauwale gern aus der Nähe beobachten möchte, braucht Zeit, Geduld und vor allem ein Boot. Außerdem ein bißchen Feingefühl, damit sich die Tiere nicht belästigt fühlen. An der Westküste der USA gibt es 'Whale Watching Trips' (jeweils zur Zeit der großen Walwanderung im Frühjahr und Herbst), die teilweise von recht skrupellosen Geschäftemachern organisiert werden, die brutal in eine Gruppe von Walen hineinfahren, nur damit die Teilnehmer zufrieden sind und was für ihr Geld geboten bekommen. Dadurch werden die Tiere nicht nur gestört, oft ist es auch der Fall, daß junge Tiere den Älteren auf der Flucht nicht so schnell folgen können und dann nicht mehr zu ihrer Gruppe zurückfinden!
Es gibt aber auch noch andere Veranstalter, die selbst leidenschaftliche Tierliebhaber sind und wissen, wo die Grenze ist. Das BOOJUM Wilderness Institute führt z.B. solche Walbeobachtungsreisen in der Magdalena Bucht durch (von Januar bis März) von denen Tierliebhaber begeistert sein werden.
Darüberhinaus bieten sie auch Expeditionen mit Maultieren zu den Felsenmalereien (von Oktober bis April) und Wanderungen

in der Sierra de la Giganta (im November und Dezember) an.

CALIFORNIA PACIFIC ADVENTURES bietet von Januar bis April einzigartige Tierbeobachtungstouren vor den Küsten der Baja und einiger abgelegenen Inseln an.

Wer sich für solche Touren interessiert, schreibt den Veranstaltern am besten frühzeitig (siehe Adressenteil), da fast alle Veranstaltungen auf eine sehr kleine Teilnehmerzahl begrenzt sind.

CAMPING und HOTELS auf der Baja

Camping auf der Baja ist völlig unproblematisch. Man kann wirklich überall anhalten und sein Zelt aufschlagen.
Natürlich sind ein paar Stellen ruhiger und schöner und sicherer als andere, man kann sie sich ja aussuchen.
Auf jeden Fall wäre es dumm, wenn man in der Nähe einer Stadt zelten würde, vor allem, weil Störungen durch Menschen und Hunde zu erwarten sind.
Aber auch wenn man entlang eines abgelegenen Seitenwegs übernachtet ist es ratsam, außerhalb der Sichtweite des Weges irgendwo im Gelände zu übernachten. Diese schlechten Wege werden erstaunlich häufig von mexikanischen Rancheros nachts befahren. Sie haben die Angewohnheit, aus Freundlichkeit oder guter Laune bei jedem Zelt zu hupen, das sie sehen!
Es gibt aber keinen Grund, vor Banditos Angst zu haben, vor allem nicht auf der Offbeat Baja! Diese Gefahr gibt es - wenn überhaupt - nur in der Nähe von Städten. Deshalb ist es klug, in einem Hotel, Motel oder auf einem kommerziellen Campingplatz zu übernachten, wenn man sich eine Stadt etwas länger anschauen möchte.

Die Hotel- und Motelpreise sind je nach Komfort ziemlich unterschiedlich.
Ein Doppelzimmer in einem der staatlichen 'El Presidente' Hotels kostet zwischen 65 und 75 DM. Dafür hat man dann allerdings auch einigen Luxus.
Noch mehr Luxus bietet das Hotel 'Finisterra' in Cabo San Lucas, z.B. hat das Hotel eine eigene Fischereiflotte!

Motels und Hotels, bei denen man sein Motorrad sicher abstellen kann, sind im Kapitel 'Motorradfahrer auf der Baja - Motorradfreundliche Hotels und Motels' aufgelistet.

Der kalifornische Automobilclub gibt alljährlich eine kleine Broschüre über die Baja heraus und zusätzlich noch ein Heftchen über die Hotels, Motels und Campingplätze (mit genauen Preisangaben). Man bekommt es in jeder Filiale des CAA umsonst, wenn man Mitglied eines deutschen Automobilclubs ist. Die Adresse kann man im Telefonbuch nachsehen!

GELD

Am besten nimmt man US Travellerschecks mit und tauscht diese nach Bedarf in den Banken in La Paz, Ensenada, Mexicali oder in anderen größeren Städten ein.
Auf keinen Fall die mexikanischen Pesos in Deutschland eintauschen, der Kurs im Land ist besser.

Mexiko hat sein eigenes Kreditkartensystem, aber viele Hotels und Geschäfte akzeptieren Master Charge (Eurokarte) und American Express.
Vorsicht: Wenn man mit Plastik bezahlt, wird oft ziemlich viel draufgeschlagen.
Benzin wird nur gegen Bargeld verkauft.

ACHTUNG: Die Mexikaner benützen für den Peso das gleiche Symbol ($) wie die Amerikaner für den Dollar!

POST

Wenn man auf die Baja Post geschickt bekommen will, dauert es (von den USA aus) etwa eine Woche, bei größeren Städten manchmal nicht so lang. Für Post aus Europa kann man mit ein paar Tage länger rechnen.
Man läßt die Post auf seinen Namen c/o La Lista schicken. Den Namen der Stadt und des Staates in Mexiko angeben (Baja California Norte oder Baja California Sur).
Jeden Tag wird an der Post eine Liste angeschlagen, oder der Beamte hat sie. Sie ist in alphabetischer Reihenfolge und bleibt mehrere Tage angeschlagen. Die Post selbst wird i.a. 30 Tage aufbewahrt.

TELEFONIEREN

Für Ferngespräche muß man nach dem blauen und weißen 'Larga Distancia' Schild Ausschau halten.
In La Paz ist dies in einem Eisladen am Hauptplatz, in San Quintin in der Stadthalle, in Colonia Guerrero in der einzigen Tankstelle und in den anderen Städten meist in Restaurants oder in irgendwelchen Geschäften.

Zweisprachige Telefonisten darf man nicht erwarten. Obwohl man normalerweise schnell verbunden wird, muß man oft ziemlich lange warten, da gewöhnlich immer eine lange Schlange vor jedem Telefon steht, von dem aus man Ferngespräche führen kann. Am besten nimmt man sich immer etwas zu lesen mit!

Wenn man in die USA telefonieren möchte, zieht es die Telefonkompanie vor, wenn man ein R-Gespräch macht. Das heißt 'Por cobrar'. Am besten schreibt man die Telefonnummer, den Staat und die Stadt und seinen Namen auf und die Worte 'por cobrar', dann wird man gewöhnlich problemlos verbunden.

WASCHSALON

Die meisten Waschautomaten (Lavamaticas) nehmen amerikanische Münzen und haben die Instruktionen auf Englisch. Ein paar nehmen auch Pesos.

BANDITOS

Besteht auf der Baja wirklich Gefahr von Seiten Banditos? Nicht mehr, als wenn man in Europa oder in den USA herumreist. Natürlich wird immer wieder mal in den Zeitungen berichtet, daß in Mexiko Touristen belästigt oder gar getötet worden sind. Das Gleiche wird aber auch über New York berichtet und Touristen gehen trotzdem immer noch dahin. Aber wenn sowas mal in Mexiko passiert und gar einem Touristen, dann bekommt das gleiche Verbrechen eine außerordentliche Bedeutung.
Und zu der Gefahr, in einer einsamen Gegend auf der Baja ausgeraubt zu werden, ist zu sagen, daß der Räuber wahrscheinlich an Altersschwäche sterben würde, bevor er so viele Gringos auf den Seitenwegen der Baja finden würde, daß er davon leben könnte. Es ist logischerweise eher so, daß man in abgelegenen Gegenden sicherer ist als in Städten. Diese Erfahrung hat sich wohl in jedem Land bewahrheitet.
Sucht man sich seinen Zeltplatz einigermaßen vernünftig aus, dann wird auch nichts geklaut!

BENZIN

Das sind vielleicht Benzinpreise!!!
Es gibt zwei Arten von Benzin an der Tankstelle, der 'Pemexstation':

- N o v a , das ist das Benzin mit Bleigehalt, aber niederer Oktanzahl (81 Oktan).
  Nova kostet ung. 3 Pesos pro Liter.
  Es wird an den blauen Zapfsäulen verkauft.

- E x t r a hat eine höhere Oktanzahl (ung. so wie in den Staaten, 92 Oktan), aber keinen Bleigehalt.
  Extra kostet mehr als Nova, ung. 7 Pesos pro Liter.
  Extra gibt es bei den silbernen Zapfsäulen.

Diesel gibts an der roten oder grünen Zapfstelle.

Viele machen es so, daß sie beides zusammenmixen und so eine höhere Oktanzahl bekommen.
Ich habe Nova mal allein ausprobiert, aber sehr viel Vertrauen habe ich nicht dazu. Das Klopfen und der Leistungsverlust ist wirklich schlimm. Die Mixtur dagegen scheint gut zu funktionieren: 3 Teile Extra, 1 Teil Nova gibt die höchste Oktanzahl! Wenn man unbedingt Nova fahren will, sollte man seine Zündung auf etwas später verstellen (lassen).
Um Benzin mit höherer Oktanzahl zu bekommen, als es gewöhnlich an den Pemexstationen erhältlich ist, sollte man herausfinden, wo der nächste Flughafen ist. Dort kann man Flugzeugbenzin kaufen, das etwas teurer ist. Aber das wird wohl niemand benötigen.

Volltanken heißt übrigens: 'Llene por favor!'

AUTOREPARATUR

Wenn das Auto kaputt geht, hat man gute Chancen, daß ein Mechaniker in der Nähe ist. Genauso gut ist es möglich, daß der Mechaniker zum Auto kommt und man es nicht erst lange schleppen lassen muß.
Man darf sich nicht wundern, wenn am Straßenrand oder an einem Feldweg ein ganzer Motor ausgetauscht wird - eine weitere Gemeinsamkeit zwischen der Baja und Alaska.

Bajamechaniker - das glaubt man zum Schluß - können alles reparieren, wenn sie auch kaum neue Ersatzteile dabei verwenden!
Bei neueren amerikanischen Autos (etwa ab 1973) gibt es aber mehr und mehr Gerätschaften, die schädliche Abgase verhindern. Davor schrecken die mexikanischen Mechaniker zurück - genau wie ihre Kollegen in den USA.

Auf einer meiner ersten Reisen in die Baja, 1958, ging das Antriebsgelenk bei meiner Isetta 300 kaputt und während ich 3 Tage lang Schach spielend vor dem Hof von Fauftimo Sandoval's 'Transmissiones Automaticas' saß, fabrizierten Fauftimo und seine 2 Söhne ein neues Stück aus alten Schläuchen und Pappe.
Während dieser Zeit ließen sie uns bei sich wohnen und gaben uns auch noch zu essen.
Den endgültigen Preis der Reparatur malte Fauftimo mit einem Stock in den Sand vor seiner Garage: eine 1 und eine 0 - dann zwinkerte er uns zu und wünschte uns für unsere weitere Heimfahrt noch viel Glück.
Das Teil hielt bis Los Angeles durch und das war für uns weit genug.

STRASSENKARTEN

Einige Straßenkarten von der Baja sind nicht sehr genau. Selbst die besten können den häufigen, schnellen Änderungen der Strassen nicht nachkommen.
Wo eine Karte einen Weg angibt, kann man oft drei finden.
Wo man eine Kreuzung in 20 km erwartet, trifft man vorher bereits auf 5 andere. Welche soll nun die richtige sein?
Die beste Hilfe auf Nebenstraßen und Feldwegen ist ein zuverlässiger Tageskilometerzähler.
Die Straßenkarte vom 'Automobile Club of Southern California' ist die genaueste. Man erhält sie kostenlos in jeder Dienststelle des AAA ('American Automobile Association').

MEXIKANISCHE FAHRWEISE

Mexikanische Lastwagen und Busse wollen nichts von einem, schenken einem aber auch nichts! Als ausländischer Fahrer geht man ihnen am besten aus dem Weg. Sie überholen einen am Berg und man trifft auch welche, die einem dann auf der eigenen Spur entgegenkommen. Das einzige Mittel ist, defensiv zu fahren!

Der hintere linke Blinker wird von den mexikanischen Lastwagenfahrern Tag und Nacht dazu verwendet, dem Hintermann anzuzeigen, wenn es frei ist zum Überholen. Da dies natürlich auch das gleiche Signal ist wie zum Linksabbiegen, muß man dabei vorsichtig sein.
Wenn man selbst einmal langsam den Berg rauffährt, wird von einem ebenso erwartet, daß man bei freier Strecke blinkt.

GELÄNDEFAHREN AUF DER BAJA

Der Geländefahrer, der einen Trip auf die Baja vorhat, hört allerlei Widersprüchliches und weiß nicht genau, was er davon halten soll. Das liegt nicht daran, daß das Geländefahren auf der Baja so unterschiedlich ist, sondern weil so viele Leute ihre persönlichen Vorurteile oder Vorstellungen davon haben, wie es dort auf jeden Fall sein muß.
Eine Tatsache, der niemand widerspricht, die aber nur wenige erwähnen, ist, daß das Geländefahren auf der Baja fast immer auf Wegen stattfindet, die von den Mexikanern bereits in ihren Pickups erforscht worden sind. Es ist also nicht so wie in der Sierra Nevada oder in den Staaten Nevada, Arizona und Neu Mexiko, wo man oft über soliden Granit oder offene Wüste fährt, wo kein Fahrzeug - oder nur wenige - jemals zuvor gewesen ist.
Die meisten Geländewege auf der Baja haben bereits die Funktion von mexikanischen 'Straßen'.
Da die Baja eine schmale Halbinsel ist und fast jeder Teil jemanden ernährt - eine Rancho, eine Mine oder ein Fischercamp - sind die Mexikaner immer in Bewegung, in die Berge hinein und wieder heraus, an den Stränden entlang - und das alles in ihren ausrangierten amerikanischen Pickups.
Was die Mexikaner mit diesen klapprigen, zerbeulten alten Dingern alles machen, muß man gesehen haben, damit man es glaubt. Ich will deshalb nicht einmal versuchen, es zu beschreiben. Es ist also keine Schande und auch nicht weniger aufregend, wenn man dorthin fährt, wo ein mexikanischer Pickup bereits gewesen ist.
Natürlich gibt es auf der Baja auch Stellen ohne Wege, wo Geländewagen oder Geländemotorräder teilweise eindringen können. Aber für die Canyons und Salzebenen, wo keine Spur hineinführt, ist der beste Ratschlag, von dort w e g z u b l e i b e n , auch wenn sie befahrbar aussehen.
Ich glaube, die meisten Fahrer werden zu dem Schluß kommen, daß die Wege auf der Baja genug Aufregendes und Gefahrvolles bieten, daß es für das ganze Leben ausreichen kann.

MOTORRADFAHREN AUF DER BAJA

Meine größte Angst am Anfang war immer, daß das Motorrad geklaut werden würde. Als ich das erste Mal mit einem Motorrad auf der Baja unterwegs war, schleppte ich 10 kg schwere Ketten und Schlösser mit mir rum, und wenn ich schlief, band ich mir mein Motorrad sogar mit einem Seil an den Fuß. Es wurde mir prophezeit, daß es gestohlen würde, sobald es aus meinen Augen ist.
In der Zwischenzeit schleppe ich sowas nicht mehr mit mir rum, nicht mal mehr eine Kette und nach 20 000 diebstahlfreien Motorradmeilen auf der Baja mußte ich nach L.A. gehen, um mir meinen Werkzeugkasten klauen zu lassen.
Auf der anderen Seite lasse ich den Zündschlüssel aber auch nicht gerade im Schloß stecken und stelle das Fahrzeug immer so ab, wie wenn es jemand klauen wollte. Das mach ich auch bei mir zu Hause so - und darauf kommt's an!

Mit Ausnahme der rauhen nördlichen Strandstadt San Felipe und einem Strand an der Bahía de la Concepción gibt es auf der ganzen Baja keine bösen Blicke für Motorradfahrer.
San Felipe und die Concepción sind das Zentrum der Dune-Buggies und Geländemotorräder. Einige Motels haben sich dazu entschlossen, alle Motorräder für den Lärm büßen zu lassen, ob mit Auspuff oder ohne.

Die Baja hat auf fast jeden die Wirkung, daß man immer wieder mal hierher zurückkehren möchte - am stärksten hat es diese Wirkung auf Motorradfahrer: kein Regen, weites Land und die klare Luft machen Motorradtouren zu einem reinen Vergnügen!
Selbst mit einer BMW, einer Goldwing, einer Moto Guzzi oder einem anderen dicken Brummer, mit dem man kaum ins Gelände kann, ist die Baja ein Erlebnis.
Damit man sich ein Bild machen kann, mit was man alles auf den Straßen und Dirt Roads der Baja fahren kann::
Ich habe eine 75er Honda CB 360 Straßenmaschine benützt, die allein 160 kg wiegt und hatte noch zusätzlich Gepäck dabei. Mit dieser Maschine bin ich mindestens einmal auf fast allen Strecken in diesem Buch gewesen. Ich war in der Lage, sie auch über die schlechtesten Abschnitte heil hinweg zu bringen, ziehend, kickend und schiebend - einschließlich des Klasse X Abschnittes bei Santa Maria. Das würde ich allerdings mit dieser Maschine nicht mehr machen. Einmal war ich beinahe so weit, daß ich sie dort zwischen den Felsen und Kakteen liegengelassen hätte. Ich finde es unsinnig, so einen Weg

mit einer Straßenmaschine zu machen, die mehr als 400 ccm hat. Ich bin 1,80 m groß und wiege 80 kg.
Dann war ich auch mit einer 76er Honda XL 350 Geländemaschine unterwegs. Mit ihr bin ich natürlich auf den üblen Strecken viel leichter gefahren und selbst die mehr Angst einflößenden felsigen Steigungen waren bei ihrem Durchzug kein Problem. Aber eigentlich gibt es wenig wirklich so schlechte Stellen auf der Baja, daß sich die Investition in eine XL lohnt - zumindest, wenn man einen Kompromiß schließen muß.
Wenn man schon eine Straßenmaschine hat, genügt es, wenn man sie etwas umrüstet mit Geländereifen und einem waschbaren Luftfilter. Außerdem lassen sich Straßenmaschinen im Gelände besser fahren als Geländemaschinen auf der Straße. Und man fährt halt mindestens soviel auf der Straße wie im Gelände!
Wenn man nicht auf einer schweren Maschine hinunterfahren will, wie steht's dann mit den kleineren?
Eine 100 ccm Maschine wird einen zwar die meisten Steigungen hinaufbringen, aber sie trägt nicht mehr als einen selbst. Der Vorteil der kleinen Maschinen ist natürlich, daß sie weniger Benzin brauchen. Das ist schön, wenn man ernsthaft die Seitenwege befahren will, wo man über kurz oder lang mit Benzinproblemen zu kämpfen hat.
Ich habe immer und überall einen 8 l (2 Gallonen) Ersatzkanister auf der Baja mit mir rumgeschleppt. Ich mußte zwar selten auf ihn zurückgreifen, aber meine Reichweite war ohne einen übergroßen Tank ansonsten sehr beschränkt. Aber das Mitschleppen des Ersatzkanisters ist eine Plage. Ein 4 l (1 Gallone) Kanister ist besser, aber wenn man seinen Tank gegen einen größeren austauschen kann, sollte man es auf jeden Fall machen. Eine Reichweite von über 160 km braucht man selten.

Hier nun ein paar Tips, die man sich merken sollte. Die ersteren gelten für jede Art von Motorrad, die letzteren sind mehr für diejenigen gedacht, die von der Teerstraße runterfahren.

M e x 1
Die Mex 1 ist die ganze Strecke hinunter eine gute Straße, aber es ist keine amerikanische Highway. Es gibt auch keine Straßenpolizei.
Achtung vor den mexikanischen Kurven! Sie werden gegen Ende hin eher schärfer. Ebenso Vorsicht vor dem mexikanischen Randstreifen - es gibt nämlich keinen!
Mir ist es einmal in der Nähe von San Agustin passiert, daß ich für einen kurzen Augenblick vor mich hin döste und schon flog ich mit 120 km/h eine 3 m hohe Böschung hinunter, durch

Kakteen und große Felsen hindurch und schlidderte dann, ohne viel an Geschwindigkeit verloren zu haben, wieder auf die Strasse zurück. Ich hatte Glück! Es war nur ein Augenblick, als ich nicht aufpasste, aber auf den unbefestigten mexikanischen Strassen reicht das aus!

Mexikanische Busse und Lastwagen

Vor den mexikanischen Bus- und Lastwagenfahrern muß man sich in Acht nehmen! Sie haben einen enormen Ruf, den sie aufrechterhalten müssen, und einen Motorradfahrer in die Wüste zu schicken könnte noch zu weiterem Ansehen beitragen!
Hier ein Beispiel: Ich fuhr einmal mit angenehmen 110 km/h über die geteerte Mex 2, einer ziemlich guten Straße zwischen Mexicali und Tijuana. Etwas vor mich hinträumend in der Maihitze sah ich, wie weit entfernt ein großer Lastwagen zum Überholen ausscherte. Er fuhr direkt auf mich zu! Ich hatte Licht an und das Motorrad hatte eine weiße Verkleidung - der Fahrer mußte mich sehen. Er würde vor einem in der Schlange, die mir entgegenkam, einscheren. Das nahm ich jedenfalls an, als ich mit mehr als 1 Meile pro Minute auf ihn zu fuhr. Plötzlich wurde es aber ein sehr großer Lastwagen! Der Fahrer zuckte mit keiner Wimper. Er gab weder Lichthupe, noch hupte er! Er schoß mit 130 km/h auf meiner Straßenseite entlang - ein großer Kenworth mit riesigem Anhänger, die Fahrerkabine ganz mit Kordeln und Quasten geschmückt und mit Heiligenbildern verziert - und ließ mich durch keinerlei Augenkontakt oder Geste spüren, daß es mich überhaupt irgendwo auf der Baja gab. Er war dabei, die lange Schlange des langsameren Verkehrs zu überholen und ein Motorrad konnte dabei schon geopfert werden. Ich fuhr in den Dreck und kam, ohne daß etwas passierte, wieder auf die Straße zurück. Erst dann begann ich zu zittern.

Wenn ein Bus hinter einem ist und vorbei will, sollte man auf die Seite fahren. Wenn man ihn nicht bemerkt und er fährt vorbei, dann kann man seinen Namen in den Dreck an seiner Seite schreiben!
Für diese Leute ist es mehr als eine Abwechslung in der Monotonie, ein Spielchen und eine Herausforderung - fast eine Pflicht und sicherlich eine Lebensart.

Benzin (siehe dazu auch Kapitel 'Unter Freunden - Benzin')

Das Benzin ist zwar nicht gut, aber allzu schlimm ist es auch nicht. Die meisten Fahrer mischen das Benzin mit Bleigehalt (Nova) und weniger Oktan mit dem ohne Bleigehalt und dafür

höherer Oktanzahl (Extra).
Die Zündkerzen verschmutzen früher und oft ist ein Leistungsverlust zu bemerken, aber keine Angst, der Motor geht deswegen nicht kaputt. Außerdem kann man auch die Zündung auf spät stellen.

M o t o r r a d h ä n d l e r

Motorradhändler südlich der US-Grenze sind so gut wie nicht existent. Südlich von Ensenada ist La Paz die nächste Stadt, wo ein paar Läden sind. Alle sind äußerst hilfsbereit, aber es hapert mit dem Ersatzteilvorrat.
Ein BMW-Club aus Kalifornien löste das Problem echt amerikanisch: sie hatten einen Lastwagen dabei, voll mit amerikanischem Benzin und Original-Ersatzteilen! So kann man's natürlich auch machen.

H i t z e

Hitze ist kein Problem. Erstens, weil die Motorräder sie aushalten und zweitens wird es auf der Baja mit Ausnahme des Mexicali-Dreiecks nicht so übermäßig heiß.

W a s s e r

Immer Wasser mitnehmen! Und zwar soviel wie möglich. Es kann sein, daß man es nie brauchen wird - aber bitte auf alle Fälle mitnehmen! Der Tag, an dem man es wirklich mal brauchen wird, ist der Tag, an dem es einem das Leben rettet.

Ö l

Das Öl sollte man alle 1000 km wechseln. Auch wenn das extravagant klingen mag! Es ist nicht sehr teuer, man kann es überall kaufen, es ist nicht schwierig und es ist eines der besten Sachen, die man für seine Maschine tun kann. Schließlich soll sie einen über dieses heiße und rauhe Land tragen und ohne sie kann man verloren sein.

K e t t e

Die Kette sollte man einmal pro Tag nachstellen. Die Schläge, die sie im Gelände aushalten muß, machen dies notwendig.
Es wird ihre Lebensdauer um einiges verlängern.
Man sollte auch nie ohne mehrere Sprühdosen Kettenfett auf die Baja fahren. Für jede 1000 km Dirt Road, die ich mir vorgenommen habe, nehme ich eine Dose mit. Es ist einfacher, die Kette zu ölen, als sie zu reparieren! In ungewöhnlich staubigen und sandigen Gegenden öle ich sie bei jedem Halt.

W e r k z e u g

Extra Brems- und Kupplungshebel, Zündkerzen, Unterbrecherkontakte und ein Sortiment Muttern und Schrauben muß man dabei haben. Und auf jeden Fall noch einen Steckschlüsselsatz.
Mit einem serienmäßigen Werkzeugsatz kann man manchmal nicht einmal eine versoffene Zündkerze rausbringen!

D i r t R o a d

Mich fragte mal jemand, als er mein Motorrad sah: 'Fahren Sie einfach so in die Wüste, durch die Kakteen hindurch?'
So geht das nicht auf der Baja. Man muß auf den Straßen und Wegen bleiben, da die Oberfläche der von Felsen und Kakteen bedeckten Wüste schlecht befahrbar ist. Nicht nur wegen des Flurschadens, sondern auch wegen der Dornen.

R e i f e n p a n n e

Irgendwann einmal hat jeder einen Platten! Den kriegt man auf jeden Fall, wenn nicht von Kakteen, dann von einem Nagel. Deshalb sollte man unbedingt eine gute Flachzange mit langen Backen mitnehmen, mit der man auch die nagelartigen Kakteenstacheln herausziehen kann. Bevor man losfährt, sollte man die Reifen mit je einer halben Dose 'no flat' auffüllen.
Wenn man davon 2 Dosen mitnimmt, ist man gut gerüstet.
Daß man einen Platten selbst reparieren muß, darauf muß man auf jeden Fall gefaßt sein. Hat man das noch nie gemacht, dann sollte man es einmal ausprobieren, bevor man von der Teerstraße runterfährt. Dies ist unbedingt notwendig! Also auf jeden Fall Flickzeug und Montiereisen mitnehmen.

M o t o r r a d f r e u n d l i c h e H o t e l s

Wenn es nacht wird in der Stadt und man mal gerne ohne Motorrad ausgehen möchte - hier sind ein paar Motels und Hotels, die man kennen sollte, da sie abgeschlossene und sichere Hinterhöfe haben, wo man sein Motorrad getrost abstellen kann, während man irgendwo essen geht:

San Quintin
Motel San Quintin - Motorrad kann vor dem Zimmer geparkt werden.

Guerrero Negro
Motel Baja Sur - Motorräder sind hier willkommen; sicheres Abstellen im Hof vor dem Zimmer. Carlos Garciglia, der Manager, spricht Englisch.

San Ignacio
Posada Fischer - Besitzer Oscar Fischer Jr. spricht etwas Englisch; sichere Abstellmöglichkeit vor dem Zimmer. Ein paar hundert Meter vom Zentrum von San Ignacio entfernt.

Santa Rosalia
Hotel Central - Motorrad kann bei der Einfahrt beim Restaurant sicher über Nacht abgestellt werden.

Loreto
Junipero Serra - Aurelio Robinson ist der Besitzer; Motorräder kann man neben der Wand in Aurelios Hof über Nacht abstellen.

Ciudad Constitución
Hotel Mirabel - Ein oder zwei Motorräder kann man direkt durch die Hoteltüre reinschieben in das Innere - wenn das Motorrad nicht gerade Öl verliert! Kreditkarten werden hier akzeptiert.

La Paz
Hotel Yeneka - Besitzer Miguel Macias spricht ein bißchen Englisch; Mieter Al Sanchez unterrichtet Englisch in La Paz. Hof wird über Nacht abgeschlossen, sicherer Platz für ein oder zwei Motorräder mitten in La Paz.

El Cardon - Sauberer Campingplatz in La Paz.

Cabo San Lucas
Hotel Mi Rancho - Sicherer Hof.

Motorradfahrer sind auch bei den modernen staatlichen 'El Presidente' Hotels überall willkommen. Einige von ihnen haben auch kleinere Hinterhöfe, wo man sein Motorrad unterbringen kann. Hier werden auch Kreditkarten für Übernachtung und fürs Essen angenommen. Wenn man also nur noch Plastik hat, dann kann man hier immer noch alles bekommen, was man braucht.

Wenn man natürlich irgendwo in der Wildnis der Baja unterwegs ist, braucht man sich keine Sorgen ums Motorrad zu machen. Trotzdem sollte man sich an ein paar Orte erinnern, wo man als Motorradfahrer herzlich willkommen ist:

- Mike's Sky Rancho
- Laguna Hanson
- Santa Ines bei Catavinâ; für ein paar Dollar kann man eine Schlafstelle für die Nacht bekommen und man braucht keine Angst um seine Ausrüstung zu haben - und natürlich warten die verschiedenen Missionen im Hinterland!

Einiges zum L e i c h t - R e i s e n und - E s s e n

Am Ende meines Trips bin ich mit einem BMW Besitzer aus Vancouver zusammen gefahren, der sich jeden Morgen und jeden Abend ein warmes Mahl auf seinem winzigen Kocher zubereitete, den er auf seiner Fünfhunderter dabei hatte.
Wenn man wie er 6 Monate unterwegs ist, dann ist das das einzig Richtige. Aber für ein paar Tage oder selbst für einen ganzen Monat lohnt sich meiner Meinung nach das extra Gewicht nicht.
Überhaupt richtet sich das Gepäck danach, ob man in den Cafés ißt oder ob man selbst kochen will; ob man zelten will oder in Hotels absteigen.
Aber auch wenn man nie selbst kochen will, lohnt es sich, wenigstens einen Trinkbecher, einen Napf und ein Eßbesteck mitzunehmen - manchmal wird man großzügig eingeladen!

Und schließlich und letztlich: wenn man sich fragt, ob man in der Wüste einfach so mit dem Kopf gegen das Rad unter freiem Himmel übernachten kann, dann ist die Antwort unbedingt ja.

Ich habe immer einen Poncho und einen mittelwarmen Schlafsack dabei und wenn die Sonne langsam untergeht, dann halte ich frühzeitig an, bereite mir ein kleines Lager, mache, was am Motorrad zu machen ist (es gibt immer etwas!) und esse und trinke, was ich gerade dabei habe.
Meinen Poncho breite ich neben meinem Motorrad aus und benütze ein Schaumgummipolster als Kopfkissen.

Mit Schlangen, Spinnen oder fliegenden und kriechenden Insekten hatte ich niemals Schwierigkeiten. Wenn möglich suche ich mir auch solche Plätze aus, wo man diese Probleme vermeiden kann.

Allein in der Wüste hab ich nie ein Lagerfeuer gemacht. Irgendwie schien mir ein Feuer unter den hellen Sternen und den unwahrscheinlichen Vollmonden überflüssig zu sein. Die Ruhe und die Nacht wurden so noch eindrucksvoller.

Eine Faustregel beim Platzsuchen ist, daß ein Platz umso besser ist, je weiter er von Dörfern, Ranchos und der Straße weg ist. Möglichst auch außer Sichtweite von Straßen übernachten, manche vorbeifahrenden Lastwagen wecken einen gerne mit ihrer Hupe.
Wenn man das 'Leuteproblem' gelöst hat, dann ist das nächste der Boden. Zuerst sollte man schauen, wo Ameisen am Werk sind, damit man seinen Schlafsack nicht gerade auf ihren Haufen legt. Von Felsen sollte man auch wegbleiben, da sich

Skorpione und Schlangen darin aufhalten können.
Ein höher gelegener Ort hat den Vorteil, daß sich der Dunst nicht so auf einem niederläßt.
Wichtig ist, daß man seinen Platz aussucht, bevor die Sonne untergeht! Bei Tageslicht kann man den richtigen Fleck aussuchen, bei Nacht ist das eine Glücksache. Und es wird sehr früh dunkel!

Motorrad

Mitnahmeliste fürs Motorrad

1. Poncho oder eine andere gute Unterlage
2. mitteldicker Schlafsack (Daunen sind nicht notwendig)
3. evtl. noch eine Wolldecke
4. Eßbesteck, Becher und Schüssel aus Plastik
5. Zahnbürste, Seife, Handtuch
6. Hosen zum Wechseln, sonstige Kleidung nach Bedarf
7. Sonnenbrille, Scheibe für den Helm
   Ersatzbrille
8. Gute Handschuhe und ein Ersatzpaar
9. stabile Stiefel (für 5 Pesos kriegt man sie überall geputzt)
10. Helm, außerdem eine Mütze oder einen Hut gegen die Sonne
11. mehrere Karten von der Baja (eine einzige geht meist kaputt oder man verliert sie)
12. Sonnenöl, Lippenpomade (man ist in der Wüste!)
13. zwei Wasserflaschen - und zwar volle!
14. einen großen Spezialtank oder einen Ersatzkanister (erst vollmachen, wenn man weiß, daß man eine größere Reichweite braucht)
15. Straßenreifen durch Geländereifen ersetzen
16. Ersatzteile:

    2 Sätze Zündkerzen
    waschbarer Luftfilter
    Ersatz-Ölablaßschraube mit Dichtung
    Brems-, Kupplungs-, und Schalthebel (die brechen leicht ab)
    Auswahl an Muttern und Schrauben
17. Draht, Isolierband, Schnur
18. Steckschlüssel und gute Schraubenschlüssel nach Bedarf
    Bitte kein Originalbordwerkzeug!
19. Montiereisen, Flickzeug, Lappen
20. Erste-Hilfe-Kasten, Schlangenbißkit
21. Extra Zündschlüssel.
22. Zündhölzer, auch wenn man Nichtraucher ist!

23. viel Kettenfett
24. 1 bis 2 Dosen Reifenflickzeug
25. Kettenschloß und Ersatzglieder
26. Je nach Bedarf:
    Zelt, Lebensmittel, Foto

Lieber nicht soviel mitnehmen! Zumindet die eine Hälfte des alten Rats für Reisende ist zu schaffen: Halb soviel Gepäck und doppelt soviel Geld!

VIERRADANTRIEB AUF DER BAJA

Hat man die geteerte Straße verlassen, dann wird man von seiner Allradantriebsmöglichkeit i.a. nur gelegentlich und über kürzere Strecken Gebrauch machen. Es wird selten der Fall sein, daß man dauernd im Vierradantrieb ist. Man kommt über lange Strecken von holprigen Wegen und das Beste, was einem ein Fahrzeug bieten kann, ist Ausdauer, gar nicht so sehr die 'Doble Traction', wie Vierradantrieb auf Spanisch heißt.

Es ist immer besser, mit einem oder mehreren Begleitfahrzeugen loszufahren. Mit gemeinsamen Vorräten und Erfahrungen kann jeder die Last des anderen erleichtern, physisch und psychisch. Findet man niemanden, dann sollte das einen natürlich trotzdem nicht davon abhalten! Nur sollte man dann sicherere und ungefährlichere Wege und Ziele aussuchen und daran denken, daß man ganz auf sich selbst gestellt ist.

Obwohl die Nebenwege auf der Baja in Bezug auf die Landschaft ziemlich unterschiedlich sind und von tiefem Sand und hustenreizenden Staub bis zu hohen Bergen und Flußgranit alles bieten, haben sie alle 2 Dinge gemeinsam:
Erstens ist es auf der Baja immer so, daß man auf eine Durchschnittsgeschwindigkeit von 15 km/h kommt - Durchschnittszeit für Fotografier- und Reparierpausen, schnellere und langsamere Abschnitte, Nachschauen von komischen Geräuschen und Aussicht genießen eingerechnet.
Zweitens ist die Routenführung sehr eigen: der mexikanische Pickupfahrer mußte immer den Arroyos folgen und wenn sie aufhörten, auf Bergrücken weiterfahren. Es gab halt kein Strassenbauamt!

Wenn man länger als einen Tag oder zwei auf den Nebenwegen herumholpern will, dann sollte man sich einen weichen Sitz zulegen, aber keine (Autofahrer-) Handschuhe oder Lenkradhüllen, die eine griffigere Oberfläche bieten sollen. Dies hilft nur sich den Daumen schnell zu brechen, wenn einer der großen Superreifen in ein Loch fährt und das Lenkrad schnell herumreißt. Aaaaaaaaaauuuuuuhhh!!!
Dieses schnelle Drehen passiert am häufigsten bei geringer Geschwindigkeit, wenn man gegen einen großen Felsen fährt und das ganze Gewicht des Fahrzeugs gegen das Lenkrad hat.
Die Hände immer oben am Lenkrad halten. Wenn es ganz durchgedreht hat, wieder von neuem anfangen. Die Daumen zeigen nie nach innen!

Auf den Seitenwegen der Baja sollte man auf einen konstanten Staubfilm gefaßt sein. Im Gegensatz zu Motorradfahrern, die dem Staub voraus sind, müssen ihn die Geländewagenfahrer schlucken. Alles Wertvolle wie Kamera (siehe dazu auch Kap. 'Die Kamera auf der Baja') oder Angelzeug muß gut eingepackt werden, wenn man es staubfrei halten will.
Jedesmal, wenn man langsamer wird oder anhält, wird man von einer Staubwolke eingehüllt. Manchmal, auf Kalksteinböden und auf Felsen, ist der Staub zeitweise weg und macht das Fahren umso angenehmer.

Und 'last but not least' ein paar Weisheiten, die mir zwei Sierra- und Baja-Geländefahrerveteranen, Dan Tolleson und Les Leslie anvertrauten:
Laß den Fuß von der Kupplung! Fahr über die Felsen!
Beide meinen, daß man dem Motor seinen eigenen Willen lassen soll. Kein Gas geben, nur lenken.
In schlechtem Gelände nicht versuchen, um die großen Felsen rumzufahren. Drüberfahren! Das Fahrzeug ist dafür gebaut; ebenso die Reifen. Sie halten es aus, die Kupplung und das Getriebe aber nicht.
Auf schlechten Strecken heißt es Fuß runter von der Kupplung und mit den Rädern über die Felsbrocken!!!

Die lange Halbinsel hält für jeden ihre besonderen Freuden und Attraktionen bereit. Baja für Allrad ist eine sichere Garantie für Abenteuer - und das jeden Tag: die halbrunde Bucht in der Ferne; der Geruch der Meeresbrandung; der Schrei der Seevögel, wenn man den Motor abgestellt hat und jene endlose sternenklare Nächte um das ruhige campfeuerlose Lager.

Im folgenden noch ein paar Tips für den Geländewagenfahrer:

Benzin (dazu siehe auch Kap. 'Unter Freunden - Benzin')

Mexikanisches Benzin macht den Zündkerzen oder dem Motor nichts aus. Man wird vielleicht ein bißchen Ruß bemerken und von Zeit zu Zeit ein leises Klingeln oder Fehlzündungen wegen der geringen Oktanzahl, aber das einzige Problem ist, Blei für seinen Motor zu bekommen (vorausgesetzt natürlich, er braucht Blei), da Mexikos einzig akzeptables Benzin - Extra, das mit der höheren Oktanzahl - ohne Blei ist.
Nur Nova mit der niederen Oktanzahl hat Bleigehalt. Wenn der Motor Blei braucht, ist es am besten, beides zu mischen.

Die Baja ist ein schmaler Streifen Land und man ist in der Regel nie zu weit von der nächsten Tankstelle weg. Aber man sollte trotzdem volltanken, wenn immer dies möglich ist. Den

Tankstellen geht nämlich ab und zu das Benzin aus!
Es reichen aber zwei 20 l Kanister oder ein 40 l fassender Ersatzkanister für alle Unternehmungen aus.
Hat man Platz genug, um mehr Benzin mitzunehmen, dann sollte man dies natürlich auch tun. Wenn Gewicht kein Problem ist, dann tut es nicht weh, wenn man viel mehr Benzin dabei hat, als man braucht.

Die Benzinkanister am besten außen befestigen.
Hat man ein langes Fahrzeug, dann wird man wahrscheinlich die 100 Pfund nicht gerne über dem hinteren Stoßdämpfer haben wollen. Jedoch hatte ich auf der Baja mit dem 2 m langen Radstand des 1970er FJ Toyota Landcruiser, den ich fuhr, keinerlei Probleme.

D a c h g e p ä c k t r ä g e r

Der Dachgepäckträger sollte eine stabile Verankerung an der Regenrinne haben.
Auf keinen Fall einen nehmen, der nur festgespannt wird und sich mit Gummisaugnäpfen abstützt. Die sind für Teerstraßen konstruiert und lösen sich im Gelände in ihre Einzelteile auf!

W a s s e r

Niemals von der Teerstraße runterfahren ohne nicht mindestens 20 l (5 Gallonen) Wasser pro Kopf mitzunehmen. Man braucht zwar unterwegs nicht so viel, aber wenn man eine Panne hat, dann wird einen dies so lange am Leben halten, bis Hilfe kommt.
Da fast alle Offbeat Wege der Baja für jemanden einen praktischen Nutzen haben, wird fast immer mindestens einmal am Tag jemand vorbeikommen.
Hat man eine Panne, sollte man deshalb sein Fahrzeug nicht verlassen! Sieht die Spur natürlich so aus, wie wenn sie offensichtlich über Jahre von niemandem mehr benutzt worden ist, dann sollte man vorsichtig Pläne machen, einen Tag auf das Unwahrscheinliche warten und sich dann auf den Weg machen. Aber dazu sollte man physisch auch in der Lage sein. Die Wüste kann leise und ohne Anstrengung töten - und tut es auch!

W e r k z e u g

Auf alle Fälle sollte man ein metrisches bzw. Zoll Werkzeugset mitnehmen, das für alle Erfordernisse des Fahrzeugs ausreicht. Zum Ölwechseln einen übergroßen 'Helfer' für die Ablaßschraube. Oft auch die Radmuttern checken! Das ist eine

gute Ausrede für eine Erholungspause. Dazu sollte man einen Kreuzschlüssel mitnehmen, das einzige Werkzeug, mit dem man die Muttern bei den großen Reifen erreichen kann. Mit ihm hat man auch genug Kraft, um die in der Werkstatt mit Druckluft angezogene Schrauben wieder zu lösen.
Was man auch immer dabei haben sollte, ist eine Flachzange mit langen Backen. Man kann sie z.B. dazu verwenden, Kaktusstacheln aus dem Profil der übergroßen Reifen rauszuziehen.

Reifen

Es ist zwar möglich, mit Serienreifen auf die Baja zu fahren, aber übergroße Felgen und Reifen sind wirklich besser und geben einem mehr Sicherheit und Vertrauen.
Vor allem, was Kakteenstacheln anbelangt. Und davon liegen genug versteckt herum. Der Cholla Kaktus verstreut seine kleinen Dinger wie Kaktusgranaten über die ganzen Dirt Roads der Baja.
Auf meinem letzten Trip, wo ich mehr als 8000 km in zwei Monaten gefahren bin, habe ich nicht einen einzigen Platten gehabt. Das allein ist die Anschaffung von großen Reifen wert.
Die großen Reifen haben noch eine andere Funktion. Im Sand kann der Luftdruck gesenkt werden, damit man nicht so weit einsinkt. Aber ich empfehle dieses Manöver nur in Notfällen, nicht als normale Praxis! Die Gefahr, daß dabei ein Reifen von der Felge runterspringt, ist dies nicht wert.
Wenn man den Luftdruck vermindern muß, sollte man mindestens 1 atü im Reifen drin lassen.

Radwechsel

Mit großen stabilen Reifen kriegt man auf der Baja eigentlich keinen Platten. Aber wenn es doch passiert und man keinen Wagenheber drunter bekommt und man an einer schlechten Stelle ist, dann sollte man den 'mexikanischen Wagenheber' versuchen: zuerst einen Felsen unter die Achse schieben, damit sie an der Stelle bleibt, wo sie gerade ist, dann unter dem Reifen ein Loch graben. Dann kommt der platte Reifen herunter, das Ersatzrad drauf und man fährt einfach aus dem Loch heraus. Fertig!

Für übergroße Reifen empfehle ich 'no flat' nicht. Wenn man dann nämlich einen Platten hat, wird das Flicken zu einer Sauerei. Die Wahrscheinlichkeit, daß man einen Platten bekommt, ist ohnehin ziemlich gering, wenn man große Reifen drauf hat.

F a h r z e u g w a r t u n g

Und wie siehts mit der Fahrzeugwartung im Sand und Staub der Baja aus?
Das Öl sollte man alle 1500 km wechseln.
Den Ölfilter alle 3000 km.
Den Luftfilter alle 4000 km.
Die beiden letzten sogar alle 1000 km, wenn man für mehr als 2 oder 3 Tage oder mehr als 1000 km am Stück durch den dicken pudrigen Sand fährt.

Öl gibts auf der Baja in jeder Viskosität. Es gibt die meisten amerikanischen Marken in unterschiedlicher Quantität zu kaufen.

Das Fahrzeug wird auf diesen rauhen Wegen einige Schläge einstecken müssen. Deshalb sollte man öfters aussteigen und Muttern und Schrauben überprüfen, damit sie nicht verloren gehen. Die Dauervibration auf einer Waschbrettstrecke ist das größte Problem! Falls irgendwelche Teile mal losvibirieren, dann geht man ein Stückchen Weg zurück und sucht danach. Mehr als ein Trip wurde gerettet, indem man ein Teil wiedergefunden hat, das irgendwo auf dem Weg lag.

W i n d e

Eine Winde ist fast nie notwendig. Aber sie gibt einem soviel Vertrauen und Sicherheit, daß ich nie ohne eine auf die Baja fahre.
Oft kann man mexikanischen Lastwagenfahrern helfen. Aber dabei sollte man vorsichtig sein: die bleiben stecken, weil sie soviel geladen haben oder weil es an der Stelle wirklich tiefen Schlamm hat. Man sollte die Winde nicht dadurch zerstören, daß man ihr zuviel zumutet.
Wenn man eine Winde hat, dann nimmt man auch eine Umlenkrolle und ein Stück Kette mit, um die Zugkraft zu verdoppeln. Obwohl Bäume oder andere Gegenstände, an denen man seine Winde befestigen könnte, auf der Baja recht selten sind, ist es besser, die Ausrüstung für alle Fälle dabei zu haben, als sie zu Hause in der Garage liegen zu lassen.

M i t n a h m e l i s t e für Fahrten mit Geländewagen

1. Spaten
2. Starterkabel
3. hydraulischer Wagenheber, dazu stabile Holzunterlage
4. großer Hi-Lift Wagenheber, dazu stabile Holzunterlage
5. 1, besser 2 20 l Reservekanister für Benzin
6. 2 stabile 20 l Kanister für Wasser
7. Wasserbehälter (ca. 5 l) für den täglichen Gebrauch
8. Warnfackeln ('Road Flares')
9. Umlenkrolle und 6 m stabile Kette, um die Windenwirkung zu verstärken
10. Montiereisen und Flickzeug
11. Handluftpumpe
12. Elektrische Luftpumpe oder Einsatz fürs Zündkerzengewinde
13. Luftdruckmesser (am besten von hier mitbringen, in den Staaten gibt's nur so wackeliges Zeug)
14. Radkreuz
15. Benzintrichter (paßt er auch in den Tankstutzen?)
16. Feiner Stoff, um 'Landbenzin' zu filtern
17. 3 m langer Schlauch, um Benzin abzufüllen
18. 15 m langes und 10 mm dickes Seil
19. 15 m lange Nylonschnur
20. große Rolle Isolierband
21. 2 Paar stabile Handschuhe, falls man die Winde braucht und gegen Kälte
22. Handflaschenzug
23. Säcke (falls die Räder durchdrehen)
24. 1 Satz Zündkerzen
25. 1 neuer Keilriemen am Motor und noch einen extra
26. 1 Ölfilter (bei längeren Fahrten mehr)
27. 1 Luftfilter (bei längeren Fahrten mehr)

28. eine extra Ölablaßschraube für:
Motor, Verteiler- und Schaltgetriebe und Differentiale
29. Bindedraht, Kabel, div. Schrauben und Muttern
30. extra Benzinfilter
31. Sicherungen
32. extra Zünd- bzw. Türschlüssel fürs Auto
33. Werkstatthandbuch (ausführlich - wenn man nicht selbst durchblickt, vielleicht kann einem jemand helfen)
34. komplettes Werkzeug mit Steckschlüsseln und Schraubenschlüsseln, sinnvoll fürs jeweilige Fahrzeug zusammengestellt
35. Öl, mehrere Liter
36. jeweils 1/2 l (1 pint) Bremsflüssigkeit, Getriebeöl, Kühlerflüssigkeit, Kupplungsflüssigkeit (für hydraulische Kupplung)
37. 1 Dose Kühlerdichtungsmasse
38. langer Hebel für Ölablaßschraube
39. Ölfilterschlüssel
40. mittelschwerer Hammer (500 g)
41. kleiner Vorschlaghammer (um verbogene Teile zu richten)
42. stabile Bügelsäge
43. Taschenlampe
44. Handfeger für den Innenraum
45. Staubtücher, z.B. alte Handtücher
46. Mittel zum Fenster reinigen
47. Papiertücher
48. Lappen
49. 1 Büchse Caramba ('Penetrating Oil' oder 'WD 40')

DIE KAMERA AUF DER BAJA von Robert Western

Ich langte nach meiner Kamera und dem 600 mm Tele. Als ich meine Hand zurückzog, war sie staubig. Das Tele war so voll Staub, daß das schwarze Gehäuse eine helle Farbe angenommen hatte. Scharf einstellen konnte ich auch nichts, da sich der feine goldene Staub seinen Weg bis hinter die Linsenkappe vorgearbeitet hatte.
Ich zog meine Blasbürste heraus und säuberte die Linse. Schnell stellte ich nochmals scharf, aber der Vogel, den ich eigentlich aufnehmen wollte, war in der Zwischenzeit über einen Elefantenbaum und Cholla Kakteen weggeflogen.
So kann das Leben eines Fotografen in Baja California aussehen! Aber trotz meiner Schwarzmalerei gibt es eigentlich nur vier Dinge besonders zu beachten, wenn man auf der Baja eine Kamera dabei hat: Staub, Vibration, Hitze und statische Elektrizität.
Mit geringem Aufwand und wenig Geld können diese Probleme einfach gelöst werden.

Staub

Staub und Sand auf der Baja hat zwei recht ärgerliche Eigenschaften: er ist sehr fein und statisch aufgeladen. Das bedeutet, daß er sich an völlig unerwarteten Stellen festsetzt und dort mit elektrostatischer Haftung kleben bleibt.
Unglücklicherweise ist die einzig sichere Methode, wie man die Kamera davor schützen kann, sie in einem Plastiksack eingepackt zu Hause zu lassen!
Es ist aber bei weitem nicht so hoffnungslos, wenn man die Ausrüstung täglich in Ordnung hält. Die Hälfte des Staubproblems ist gelöst, wenn man die Ausrüstung während der Fahrt zugedeckt hält.

Diejenigen, die nur ein paar Filme auf der ganzen Reise verschießen, sollten ihre Kamera abgeschlossen in einer Tasche aufbewahren. Wer aber viel fotografiert und seine Kamera so zugänglich wie nur möglich haben will, der sollte sie auf jeden Fall in ein Handtuch einwickeln. So ist es möglich, die 'once in a lifetime' Schnappschüsse zu machen und gleichzeitig noch die Kamera zu schützen. Feiner Staub kann die Bildqualität ziemlich beeinträchtigen. Deshalb sollte man die Linse möglichst vor jeder Aufnahme säubern. Um sie dabei vor Kratzern etc. zu schützen, verwendet man am besten einen Schutzfilter (z. B. Skylight, UV). Mit einem speziellen Linsensäuberungstuch und

einer Flüssigkeit kann man Fettflecken wegbringen.
Vorher sollte man aber den Staub mit einer antistatischen Bürste wegmachen. Antistatische Bürsten sind beim Entfernen der Staubpartikelchen viel effektiver als die konventionellen Kamelhaarbürsten. Man findet solche in den meisten Kameraläden und in einigen Schallplattengeschäften.

Auf was man fast nicht verzichten kann ist eine Dose Druckluft. Es sind verschiedene Marken erhältlich. Ich würde auf jeden Fall eine solche nehmen, wo kein Freon als Treibmittel verwendet wird, da Freon leicht mit der Luft entweicht und Fettflecken auf der Linse hinterläßt.
Gewöhnlich ist bei den Dosen auch eine Art Sprühröhrchen dabei, mit dem man an die sonst unerreichbaren Stellen kommt. Damit die Dose lange hält, nur kurze Luftstöße machen und sich auf die beweglichen Teilchen um den Verschluß herum konzentrieren.
Wenn man das Kamerainnere mit Druckluft säubert, muß man sehr vorsichtig sein. Niemals direkt auf die Lamellen der Verschlüsse zielen, da dadurch der Verschluß beschädigt werden kann. Besonders achtsam auch bei der Filmandruckplatte sein, da ein kleines Staubkörnchen eine ganze Filmrolle verkratzen kann.

Vibration

Diejenigen, die mit Geländefahren Erfahrung haben, kennen wahrscheinlich die Effekte der Vibration. Mechanische und elektrische Vorrichtungen können unbemerkt beschädigt werden. Eine kurze Waschbrettstrecke oder eine Fahrt in einem kiesigen Flußbett reicht schon dazu aus.
Selbst die robustesten Kameras müssen behutsam vor teuren Vibrationsschäden geschützt werden.
Am besten checkt man die Kamera jeden Tag durch, alle Schräubchen an Linsen und am Gehäuse. Wechselobjektive vorsichtig festdrehen, so daß sie fest auf der Kamera sitzen. Wenn sich die Linse auch nur ein kleines Stückchen drehen läßt, kann durch die Vibration leicht der Verschlußmechanismus ausgeleiert werden.
Das schlimmste Vibrationsproblem sind Schläge! Wenn z. B. die kleinen teuren Teile der Kameraausrüstung gegen große unbewegliche Gegenstände schlagen. Dies ist das größte Problem auf holprigen Strecken, wo das Fahrzeug mitsamt Inhalt kurz in die Luft gehen kann, nachdem man über einen unerwartet schlechten Abschnitt gefahren ist. Das Auto hat eine Federung, um solche Schläge aufzufangen, bei der Kamera gibts nichts

dergleichen. Deshalb sollte man immer Schaumgummistückchen oder was Ähnliches dabeihaben. 5 cm dicke Schaumgummiunterlagen gibt es in vielen Längen zu kaufen und sie sind sowohl als Kissen wie auch als Ausrüstungsschutz verwendbar.
Wer soviel Ausrüstung dabei hat, daß sich ein Aluminiumkoffer rentiert, soll darauf achten, daß jedes Teil vom anderen durch ein mindestens 2 cm dickes Schaumgummistück getrennt ist.

Hitze

Das Bajawetter ist teilweise ziemlich unterschiedlich. Im Sommer und Anfang Herbst können die Temperaturen auf über 40 Grad steigen. Im Winter ist es nachmittags oft noch recht warm, während es dann abends und morgens empfindlich kühl sein kann.
Eine gute Regel, die man überall befolgen soll, ist:
die Kamera niemals in der heißen Sonne liegen lassen, z.B. auf dem Armaturenbrett oder im Handschuhfach. Dort können die Temperaturen oft weit über die normale Außentemperatur steigen. Hat man die Kamera in etwas eingewickelt, zum Schutz vor Vibration, so hilft dies natürlich auch gegen Hitze. Beim Film allerdings nicht! Die meisten Filme kann man zwar bedenkenlos gute 2 Wochen oder länger aufbewahren, wenn die Temperatur nicht über 24 Grad ansteigt. Wenn die Filme bei höheren Temperaturen gelagert werden, können sie in kürzester Zeit kaputt gehen.
Das letzte Mal, als ich auf der Baja war, entdeckte ich einen kleinen Trick, mit dem man Filme und Getränke tagsüber problemlos kühl halten kann. Dazu braucht man eine gut isolierte Kühltasche (eine aus Styropor ist zu diesem Zweck ausgezeichnet, außerdem auch billig - man bekommt diesen 'Cooler' in den Staaten in jedem Kaufhaus). Nachts läßt man einfach den Deckel davon offen. Da die Nächte auf der Baja fast überall kühl sind, kann alles recht gut abkühlen. Morgens macht man dann den Deckel wieder gut zu und alles bleibt den ganzen Tag über schön kühl.
Falls man Essen und Filme zusammen in einem Behälter aufbewahrt, ist es gut, wenn man die Filme noch extra in eine Plastiktüte einwickelt, falls etwas verschüttet wird.

Statische Elektrizität

Dies ist eine Folge der geringen Luftfeuchtigkeit. Wer an die wasser- und salzhaltige Luft an der Küste denkt, für den ist das ein Geschenk des Himmels. Aber es ermöglicht auch mehr statische Entladungen. Dieses unsichtbare Problem hat schon

manches vielversprechende Foto mit einer Art dünner Spinnweben überzogen. Die einzig praktische Lösung ist, den Film ganz langsam zu spannen und auch beim Rückwärtskurbeln vorsichtig und langsam sein.
Wenn einem die Haare zu Berge stehen oder wenn man einen leichten Schlag bekommt, wenn man den Türgriff berührt, dann ist alles um einen herum elektrostatisch aufgeladen und man sollte im Umgang mit der Kamera besonders vorsichtig sein.

Die Kamera und das Gesetz

Abgesehen von den vier genannten Problemen kann man noch Ärger mit den mexikanischen Gesetzeshütern bekommen.
Laut Gesetz ist es nämlich Vorschrift, daß jeder, der nach Mexiko einreist, nur e i n e Kamera und/oder e i n e n Filmapparat mitbringen darf und nur 1 0 Rollen Film.

Normalerweise wird man auch nicht mehr Film verknipsen, aber ein richtiger Fotoenthusiast wird sich ziemlich eingeschränkt vorkommen.
Für dieses Dilemma gibt es zwei Möglichkeiten:
entweder man schert sich nicht um die Bestimmungen und bringt soviel Filme mit wie man denkt, daß man braucht und geht so das Risiko ein, daß es einem irgendwann weggenommen werden kann - oder man kauft zusätzlich Filme in Mexiko.
Schwarz-Weiß Filme gibt es allerdings selten auf der Baja!
In beiden Fällen kann es teuer werden, denn die Filme auf der Baja sind i.a. viel teurer als in den Staaten und in Deutschland.

Gesetze wie dieses sind dazu da, die illegale Einfuhr von ausländischen Gütern nach Mexiko zu stoppen. I.a. wird bei Touristen nicht nachgeschaut, aber wenn man dabei erwischt wird, daß man das Gesetz bricht, egal wie leicht das Vergehen auch ist, kann das die Beschlagnahmung der gesamten Ausrüstung bedeuten und lästige Verzögerungen!

Falls die Ausrüstung wertvoll ist, sollte man auf jeden Fall eine Gepäckversicherung abschließen.

Mitnahmeliste für die Kamera

1. kleiner Feinmechanikerschraubenzieher
2. Handtuch
3. Schaumgummi
4. Linsenreinigungstuch
5. Linsenreinigungsflüssigkeit
6. Druckluft mit Sprühröhrchen
7. Schutzfilter (Skylight, UV)
8. Antistatische Bürste

ADRESSEN, PREISE und andere nützliche INFOS

AAA

Die American Automobile Association hat die gleichen Funktionen wie ein Automobilclub bei uns. Der AAA vermittelt z.B. Haftpflichtversicherungen für USA und Canada und verteilt kostenlos Karten und Informationsmaterial über die verschiedenen US-Staaten und andere Länder.
Der Automobilclub of Southern California bringt alljährlich eine sehr gute Broschüre über die Baja California heraus und noch ein Heftchen über die Hotels, Motels und Campingplätze auf der Baja (mit aktuellen Preisangaben). Außerdem bringen sie jedes Jahr ihre Baja-Straßenkarte einigermaßen auf den neuesten Stand. Die AAA-Straßenkarte über die Baja ist die genaueste von allen. Diese Karte und die Broschüre bekommt man in allen Niederlassungen des AAA, nicht nur in Kalifornien.
Die Adresse kann man jeweils im örtlichen Telefonbuch nachschlagen.
In den Niederlassungen des AAA in Kalifornien kann man eine Haftpflichtversicherung für Mexiko (siehe dazu auch S. 22) abschließen. Allerdings ist diese Versicherung dann doppelt so teuer wie die, die man direkt an der Grenze abschließen kann!

Automobile Club of Southern California
2601 South Figueroa Street
Los Angeles, California 90007

BEHÖRDEN

Mexikanisches Konsulat:	Eugen-Langen-Straße 10 5000 Köln 51 Tel.: 0221/372560
Mex. Honorarkonsulate:	Eberhard-Bauer-Straße 48 7300 Esslingen Tel.: 0711/35181
	Kurgartenstraße 37 8510 Fürth/Bayern Tel.: 0911/703790
	Am Marstall 18-24 3000 Hannover Tel.: 0511/27321

Vogelweidestraße 5/1
8000 München 80
Tel.: 099/981617

Bei den Konsulaten erhält man die Touristenkarte, die man zur Einreise benötigt. (Näheres zur Einreise siehe S. 15.)

Deutsche Behörde in Mexiko:

Embajada de Alemania
Calle Lord Byron 737
Mêxico 5, D.F.

Tel.: 5456655

BENZIN

Die Tankstellen auf der Baja werden alle von der staatlichen Ölmonopolgesellschaft Petróleos Mexicanos beliefert - nicht von der Familie Pemex!

Benzinpreise (Stand Herbst 1981):

1 l Nova:	2,8 Pesos
1 l Extra:	7 Pesos
1 l Diesel:	1 Peso

Näheres zu Benzin siehe auch S. 255.

BUS

Greyhound-Busse verkehren zwischen Los Angeles, San Diego und Tijuana.

Buspreise: (Stand Herbst 1981):

Von Los Angeles nach Tijuana	14,10 US $ (einfach)
Von San Diego nach Tijuana	3,25 US $ (einfach)

Von Tijuana nach La Paz fährt täglich ein oder mehrere Busse der Tres Estrellas de Oro Buslinie. Die Fahrt bis ganz hinunter ans Landesende dauert ungefähr 25 bis 30 Stunden.
Wer nicht an einem Rutsch durchfahren will, muß Teilstreckentickets kaufen!
Von Tijuana nach La Paz kostet es 27 US $ (einfach).

FÄHRE

1. Von Santa Rosalia nach Guyamas

Die Fähre verkehrt 3 x wöchentlich.

Preise:	pro Person	60 bis 110 Pesos
	Auto	ab 400 Pesos (je nach Länge verschieden)
	Motorrad	50 Pesos

2. Von La Paz nach Topolobampo

Die Fähre verkehrt 4 x wöchentlich.

Preise:	pro Person	100 bis 200 Pesos
	Auto	ab 600 Pesos
	Motorrad	75 Pesos

3. Von La Paz nach Mazatlan

Die Fähre verkehrt 6 x wöchentlich.

Preise:	pro Person	100 bis 700 Pesos
	Auto	ab 600 Pesos
	Motorrad	75 Pesos

4. Von Cabo San Lucas nach Puerto Vallarta

Die Fähre verkehrt 2 x wöchentlich.

Preise:	pro Person	125 bis 500 Pesos
	Auto	ab 750 Pesos
	Motorrad	90 Pesos

(Siehe dazu auch S. 17.)

FLUGGESELLSCHAFTEN (mexikanische)

Aeromexico
Schubertstraße 27
6000 Frankfurt 1

Mexicana
Buchung erfolgt über:
Lufthansa
Von-Gablenz-Str. 2 - 6
5 Köln 21

FREMDENVERKEHRSVEREIN

Staatliches mexikanisches Verkehrsamt
Wiesenhüttenplatz 26
6000 Frankfurt a.M. 1

HAFTPFLICHTVERSICHERUNG

Eine Kfz-Haftpflichtversicherung ist in Mexiko zwar nicht Gesetz, trotzdem ist es empfehlenswert, eine abzuschließen. (Siehe dazu auch S. 22.)
Die Preise sind unterschiedlich. Man muß pro Tag für ein Auto mit 2 bis 3 $ (US) rechnen - je nach Dauer des Versicherungsschutzes.

MELING RANCH

Die Meling Ranch liegt in der Nähe des Nationalparks Sierra San Pedro Mártir.
Gegen vorherige Reservierung kann man hier übernachten, Pferde mieten und einen Führer anheuern.

Meling Ranch
Box 224
Ensenada, B.C.N. Mexiko

MIETWAGEN

In Mexiko werden von den Mietwagenfirmen häufig geländegängige VWs und teilweise sogar Allradfahrzeuge angeboten. Am besten, man schreibt die Firmen bereits in Deutschland an, um auch in aller Ruhe Preisvergleiche anstellen zu können.

AVIS Autovermietung GmbH
Eschersheimer Landstraße 55
6000 Frankfurt a.M.

Autovermietung SIXT
Seitzstraße 9-11
8000 München 22

HERTZ Autovermietung GmbH
Mainzer Landstraße 129
6000 Frankfurt a.M.

Die Firma Hertz vermietet in einigen mexikanischen Städten einen VW Safari (VW 181), welcher ein sehr geländegängiges Fahrzeug ist.

VW-Campingbusse verleiht:

Mexico Touristik
Aussiger Straße 31
Pfaffenhofen/Ilm
Tel.: 08441/2403

Info

ORGANISIERTE TOUREN

Prospekte können bei folgenden Veranstaltern angefordert werden:

BOOJUM Wilderness Institute
P.O. Box 3725
San Diego, CA 92103
USA

California Pacific Adventures
24302 Del Prado, Suite C
Dana Point, CA 92629
USA

(Siehe auch S. 223)

WÄHRUNG

Der Wert des mexikanischen Pesos schwankt stark. Die Inflation im Land beträgt über 20%.
Im Frühjahr 1982 betrug der Wechselkurs etwa 10 Pesos für 1 DM.

ACHTUNG: Die Mexikaner benützen das gleiche Symbol ($) für Pesos wie die Amerikaner für Dollar!

INTERESSANTE BÜCHER

Deutschsprachige Bücher über die Baja sind mehr als rar. Der Band 'Niederkalifornien' vom Time-Life Verlag enthält sehr schöne Bilder von der Baja.

John Steinbeck hat ein herrliches Buch über eine Forschungsreise rund um die Baja geschrieben:
Logbuch des Lebens, John Steinbeck, Ullstein Taschenbuch 2980

Allgemeine Informationen über Mexiko und praktische Reisetips für den Individualreisenden gibt der Reiseführer:
Mexiko (Ost)/Guatemala von Wolfgang Abel (Selbstverlag)

Amerikanische Bücher über die Baja gibt es natürlich eine ganze Reihe. Die Broschüre 'Baja California' vom kalifornischen AAA und das Heftchen 'Accomodations and Camping Areas' ist ausgezeichnet - und kostenlos!

Dann gibt es ausführliche Streckenbeschreibungen von den Straßen auf der Baja:
The Baja Book II von Tom Miller und Elmar Baxter, Baja Trail Publications Inc., 1980

Baja California Guidebook von Walt Wheelock und Howard Gulick, The Arthur Clark Company, 1980

Über die Höhlen- und Felsmalereien der Indianer auf der Baja gibt es das bereits im Text erwähnte Buch:
The Cave Paintings of Baja California von Harry Crosby, Copley Books, 1975

Jim Hunter arbeitet gerade an einem Buch über die vergessenen Missionen auf der Baja. Es erscheint noch '82:
The Baja Missions von Jim Hunter, Darwin Publications, L.A.

Erle Stanley Gardner hat sich oft und lange auf der Baja aufgehalten und einige sehr schöne Bücher darüber geschrieben:
Off the Beaten Track in Baja, 1967
Mexico's Magic Square, 1968
The Hidden Heart of Baja, 1962
(Alle sind bei Wm. Morrow & Sons, N.Y. erschienen.)

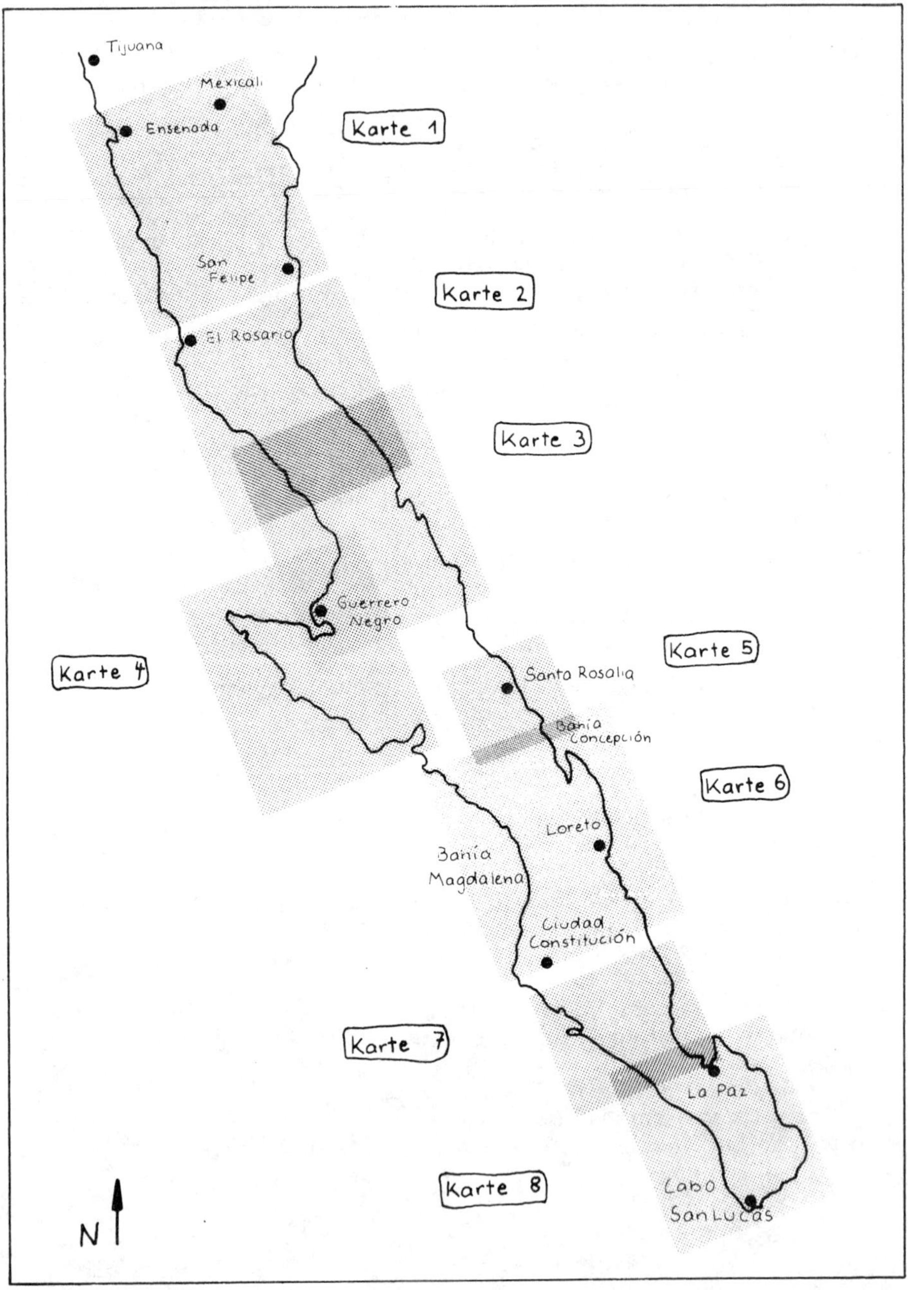

Übersichtskarte

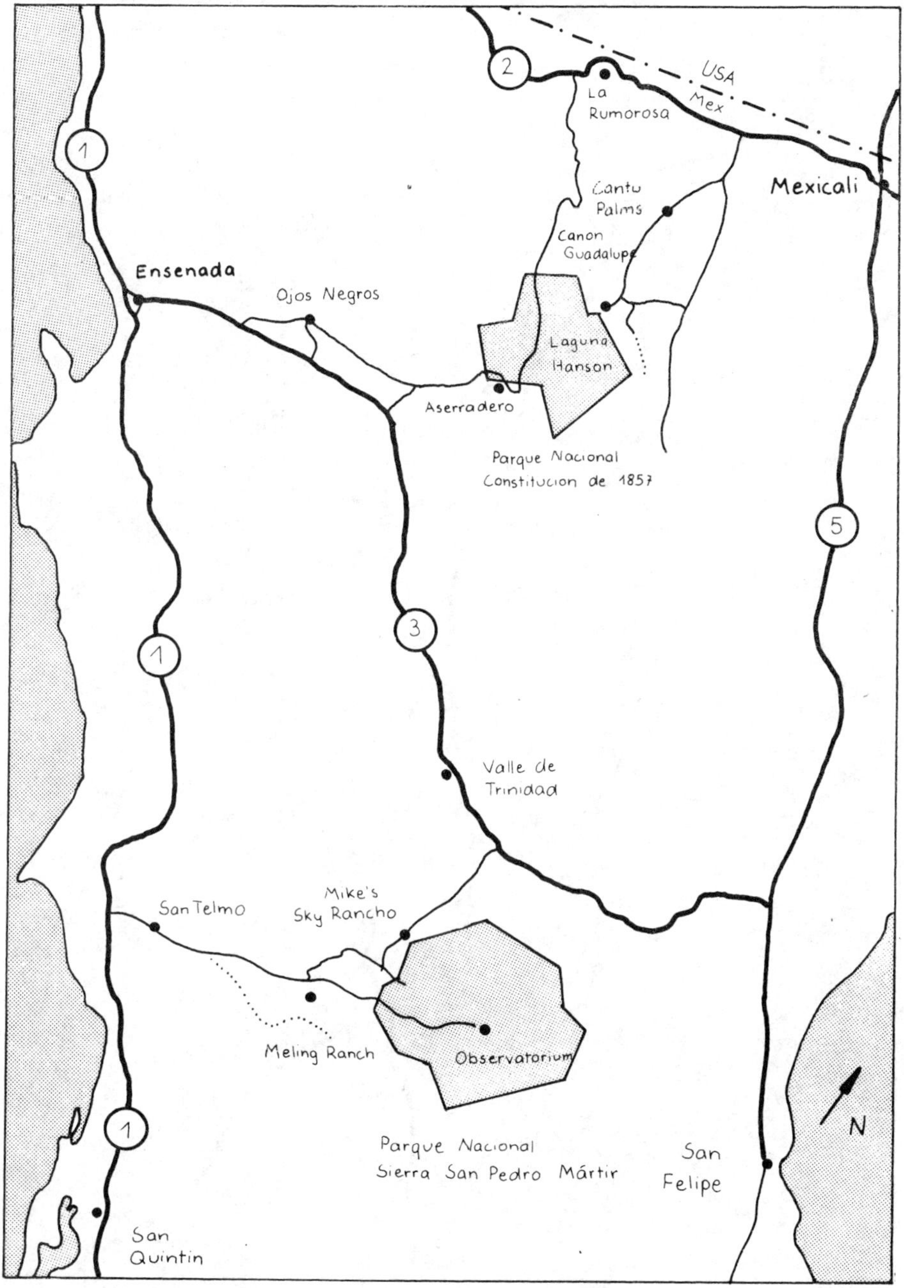

USA
Mex
2
La Rumorosa
1
Mexicali
Cantu Palms
Canon Guadalupe
Ensenada
Ojos Negros
Laguna Hanson
Aserradero
Parque Nacional Constitucion de 1857
5
3
1
Valle de Trinidad
Mike's Sky Rancho
San Telmo
Meling Ranch
Observatorium
1
N
Parque Nacional Sierra San Pedro Mártir
San Felipe
San Quintin

Karte 1

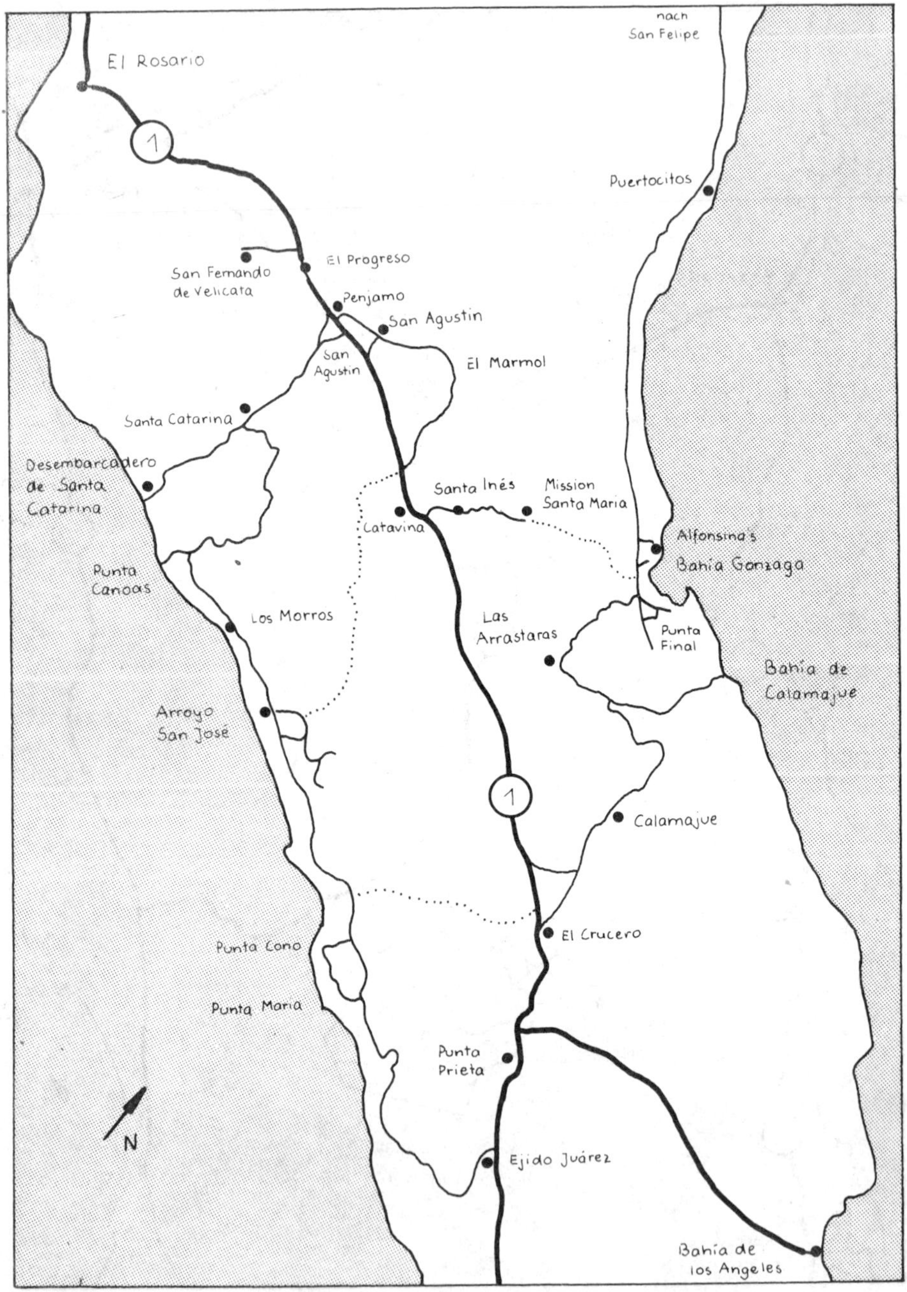

nach San Felipe
El Rosario
1
Puertocitos
El Progreso
San Fernando de Velicata
Penjamo
San Agustin
San Agustin
El Marmol
Santa Catarina
Desembarcadero de Santa Catarina
Santa Inés
Mission Santa Maria
Catavina
Alfonsina's
Bahia Gonzaga
Punta Canoas
Los Morros
Las Arrastaras
Punta Final
Bahia de Calamajue
Arroyo San José
1
Calamajue
El Crucero
Punta Cono
Punta Maria
Punta Prieta
N
Ejido Juárez
Bahia de los Angeles

Karte 2

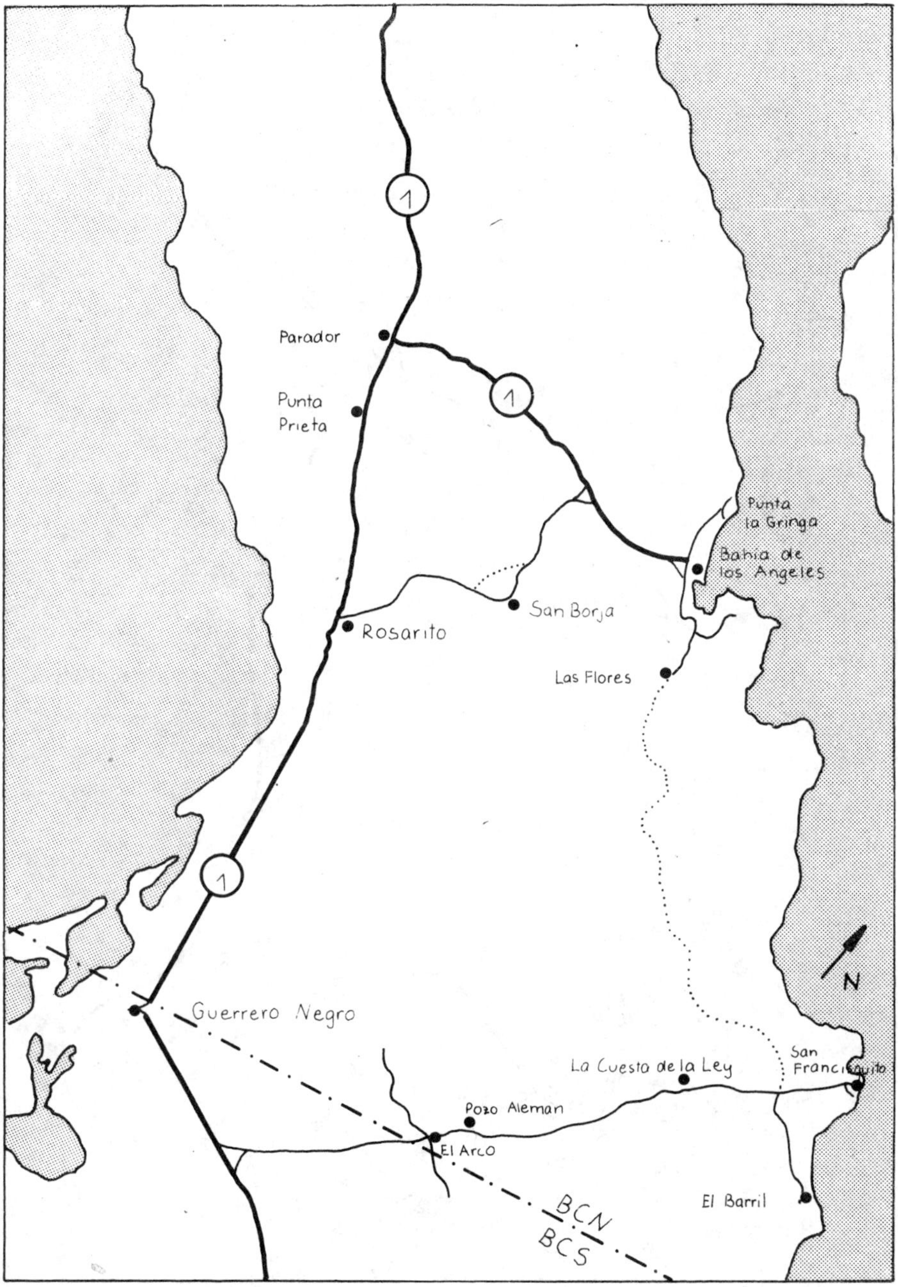

1
Parador
1
Punta
Prieta
Punta
la Gringa
Bahia de
los Angeles
San Borja
Rosarito
Las Flores
1
N
Guerrero Negro
San
Francisquito
La Cuesta de la Ley
Pozo Aleman
El Arco
El Barril
BCN
BCS

Karte 3

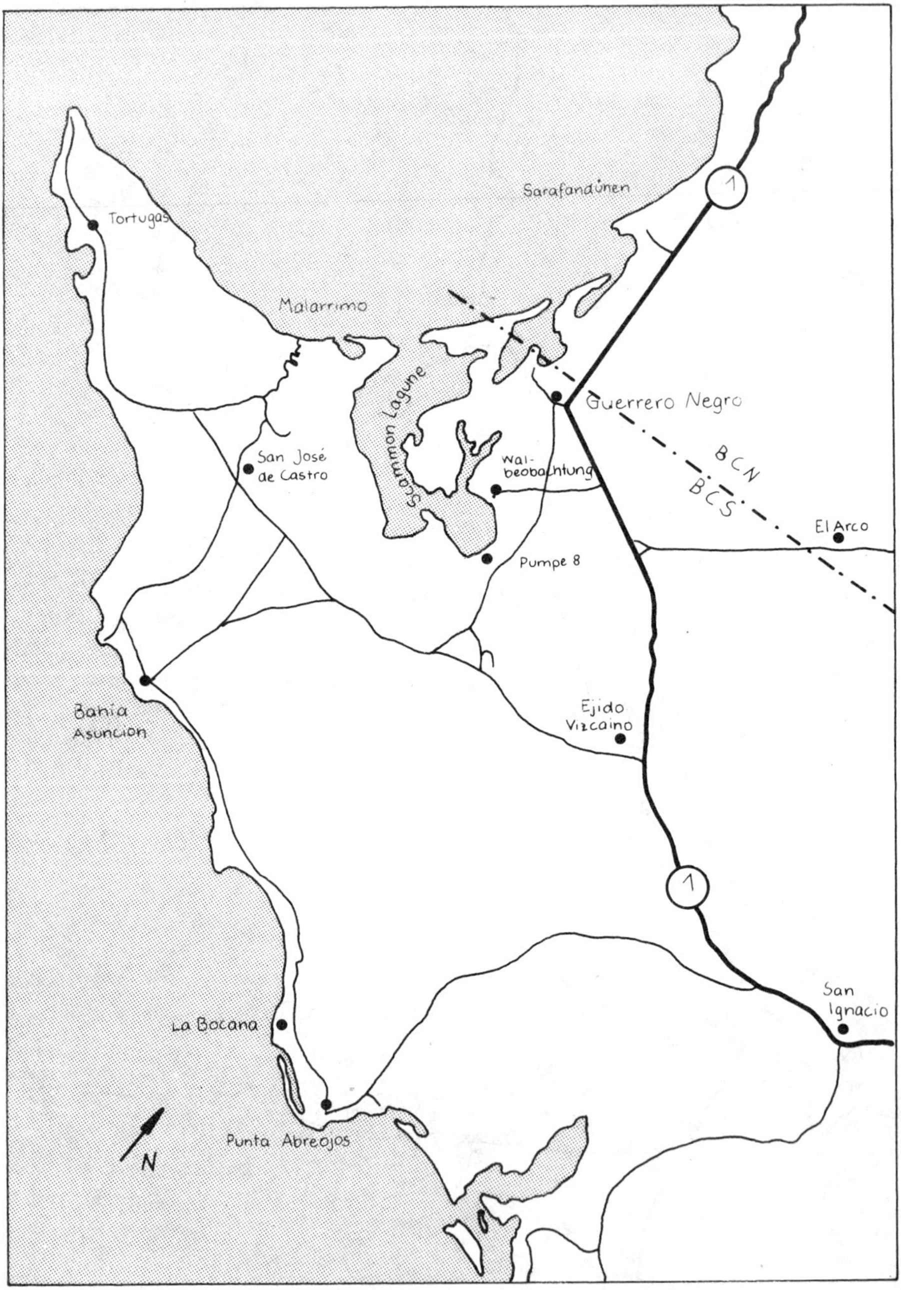
Sarafandünen
Tortugas
Malarrimo
Scammon Lagune
Guerrero Negro
BCN
BCS
San José de Castro
Wal-beobachtung
El Arco
Pumpe 8
Bahia Asuncion
Ejido Vizcaino
1
1
San Ignacio
La Bocana
Punta Abreojos
N

Karte 4

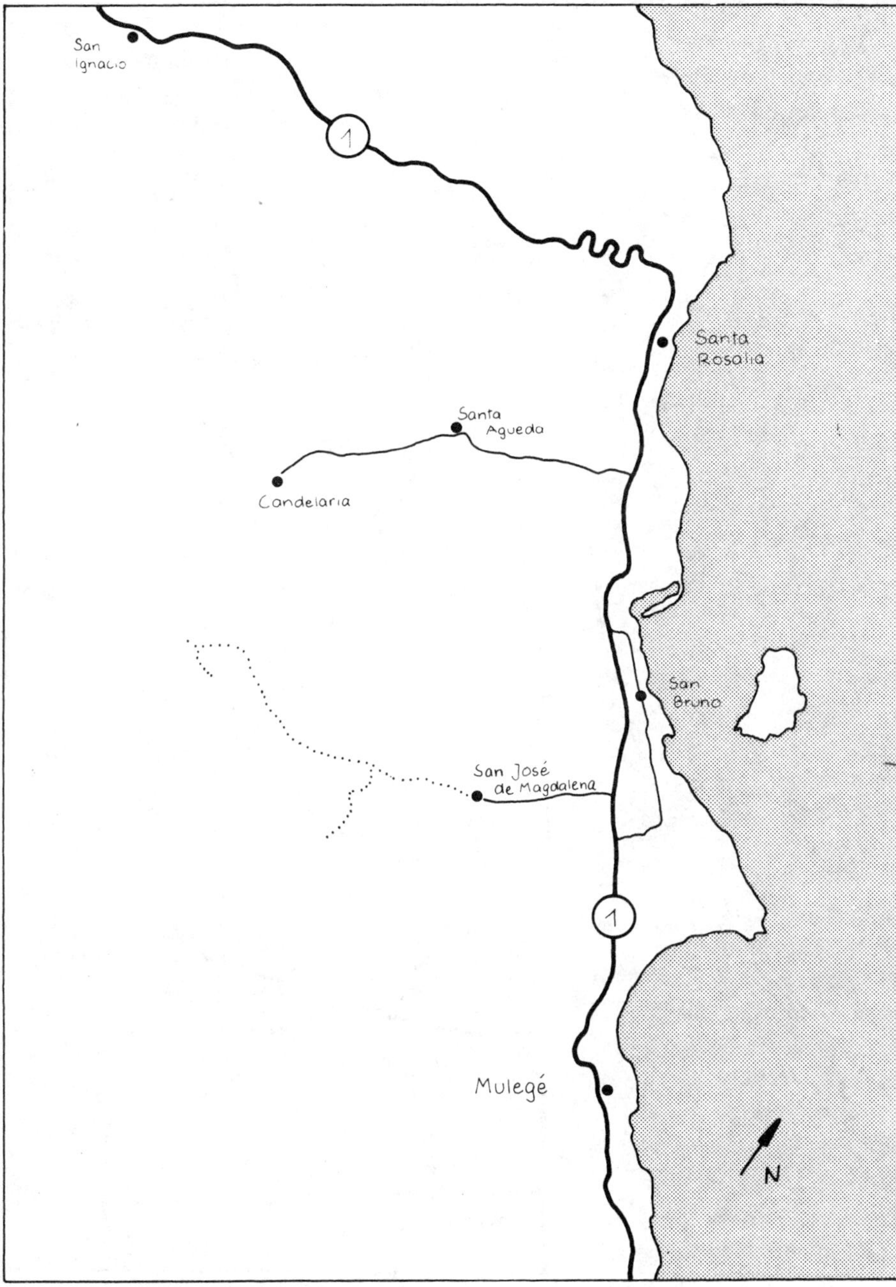
San Ignacio
1
Santa Rosalia
Santa Agueda
Candelaria
San Bruno
San José de Magdalena
1
Mulegé
N

Karte 5

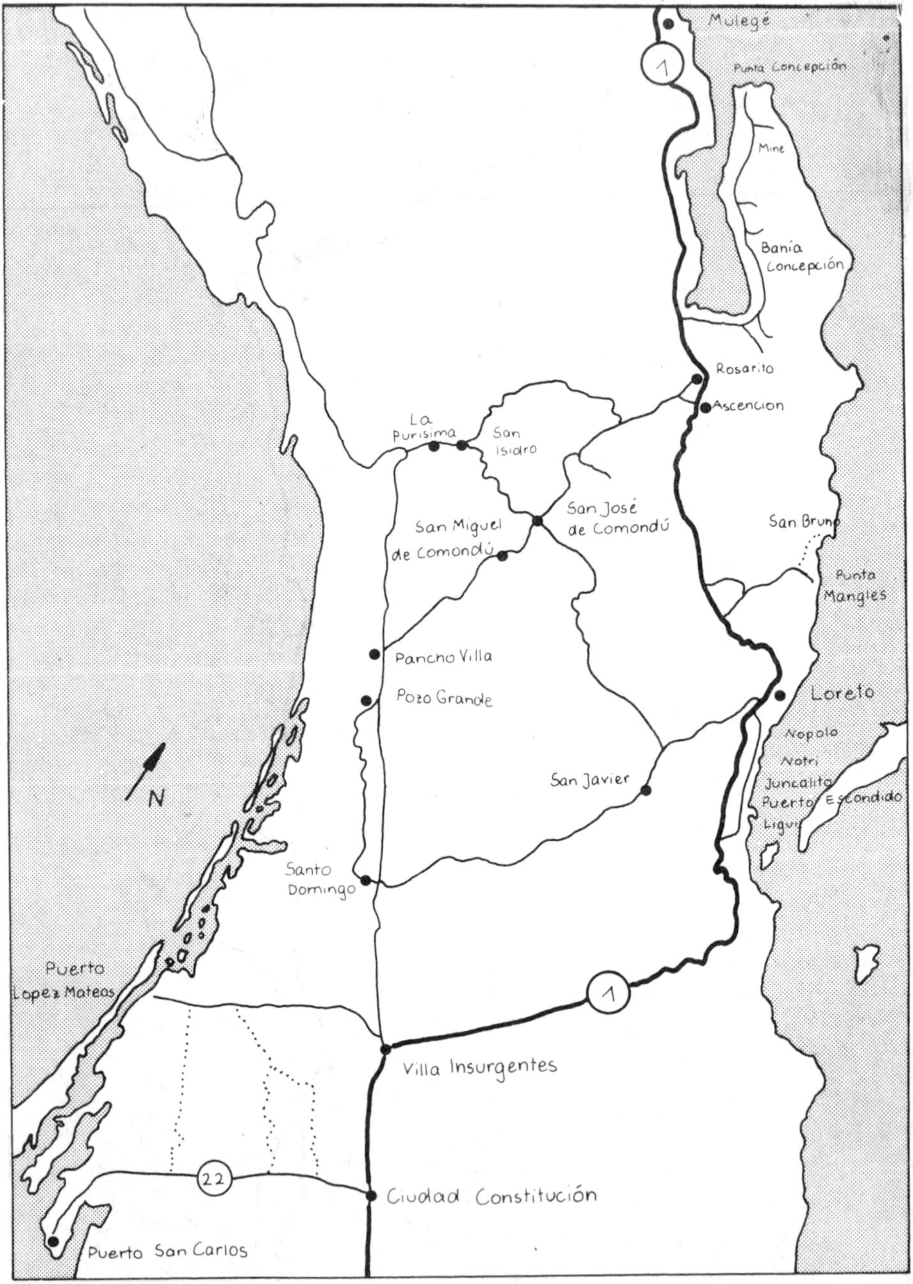

Mulegé
1
Punta Concepción
Mine
Bahía Concepción
Rosarito
Ascencion
La Purisima
San Isidro
San José de Comondú
San Miguel de Comondú
San Bruno
Punta Mangles
Pancho Villa
Pozo Grande
Loreto
Nopolo
Notri
Juncalito
Puerto Escondido
Ligui
San Javier
N
Santo Domingo
Puerto Lopez Mateos
1
Villa Insurgentes
22
Ciudad Constitución
Puerto San Carlos

Karte 6

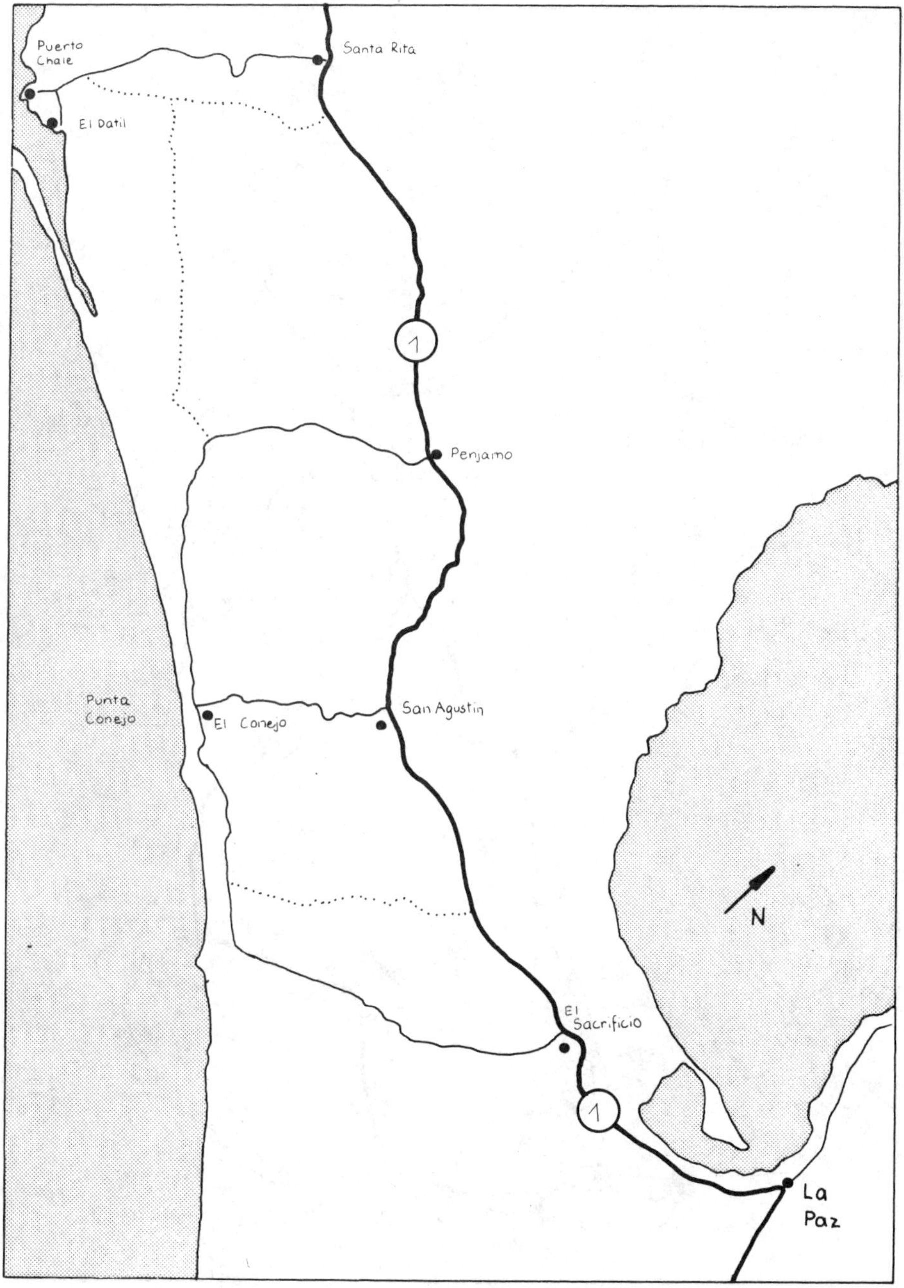
Puerto Chale
Santa Rita
El Datil
1
Penjamo
Punta Conejo
El Conejo
San Agustin
N
El Sacrificio
1
La Paz

Karte 7

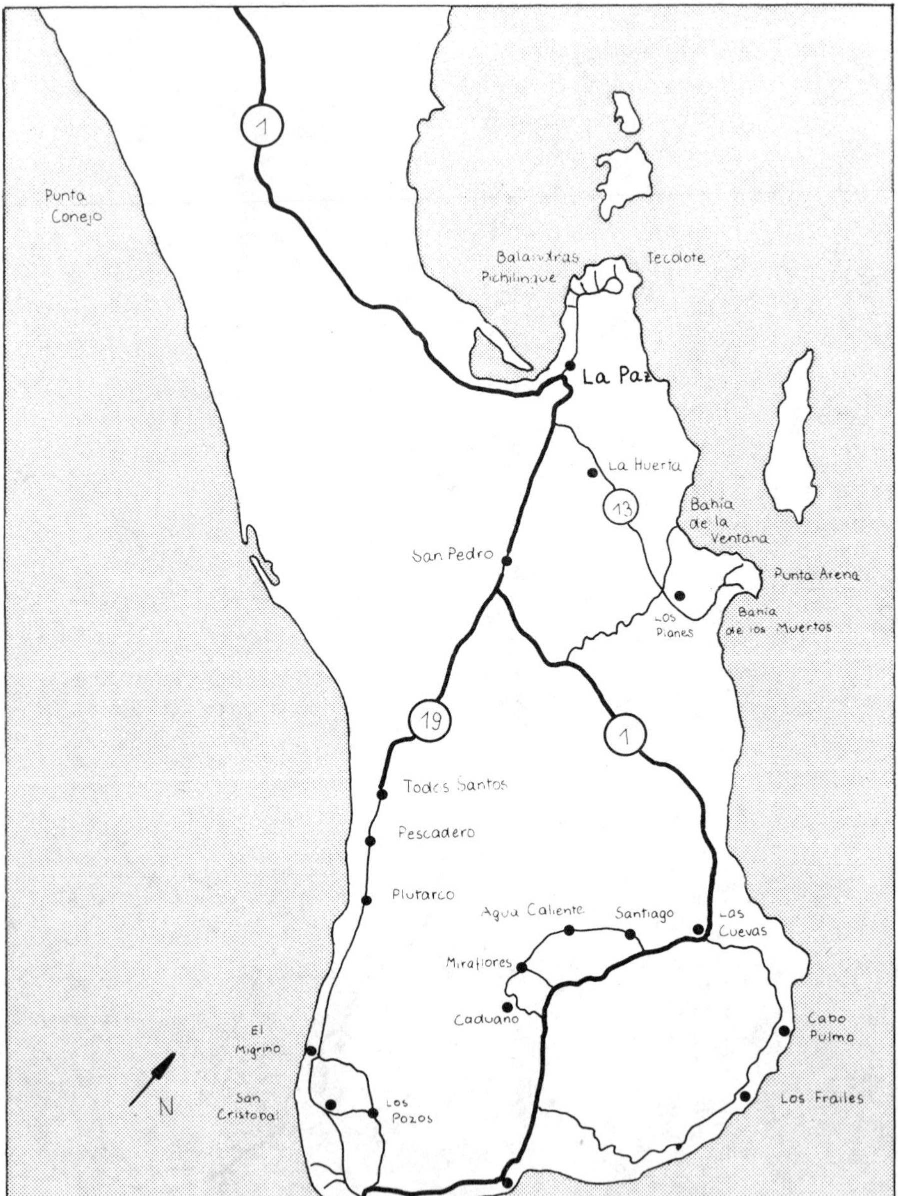

1
Punta Conejo
Pichilingue
Tecolote
La Paz
La Huerta
13
Bahía de la Ventana
San Pedro
Punta Arena
Los Planes
Bahía de los Muertos
19
1
Todos Santos
Pescadero
Plutarco
Agua Caliente
Santiago
Las Cuevas
Miraflores
Caduano
Cabo Pulmo
El Migrino
San Cristobal
Los Pozos
N
Los Frailes
San José del Cabo
Cabo San Lucas

Karte 8

GREENPEACE ist eine 1971 gegründete Organisation, die sich in direkten und gewaltfreien Aktionen gegen die Vernichtung unserer Umwelt einsetzt. Gleichzeitig will sie eine neue, umweltbewußte Denkweise verbreiten - im Hinblick auf die Welt, in der wir leben und unsere Nachkommen leben müssen.

GREENPEACE ist international. Zur Zeit bestehen bereits in 10 Staaten Organisationen, die alle dem Dachverband 'Greenpeace International' unterstehen, der Kampagnen plant und koordiniert.

GREENPEACE ist überparteilich und lebt nur von Spenden.
Niemand kann jedoch mit einer Spende die Ziele beeinflussen.
Augenblickliche Ziele:

- 10jähriges Fangverbot für Wale
- drastische Verminderung der Fangquoten für Robben
- Stop der weiteren Verschmutzung unserer Gewässer durch Atom- und Chemiemüll.

Wer Förderer von GREENPEACE ist, unterstützt finanziell und ist bereit, bei Bedarf Aktionen mit zu tragen - durch Spenden, eventuell durch direkte Teilnahme, auf jeden Fall moralisch.
Förderer kann werden, wer uns Name und Adresse mitteilt und pro Kalenderjahr DM 50 (oder mehr), Schüler, Azubis etc. DM 30, auf unser Konto überweist. Er erhält sofort unsere laufenden Infos zugeschickt.

Bank für Gemeinwirtschaft - Konto-Nr. 1120 700 000 BLZ 200 10111

Greenpeace

Greenpeace e.V. · 2000 Hamburg 11
Hohe Brücke 1 · ☎ 040 - 37 33 44